철학과 삶

토론하는 철학수업

철학과 삶
토론하는 철학수업

philosophy
& Life

김기성 김 현 김현구
김혜영 류근성 이경배
이향준 정미라 조우진

한국문화사

머리말

　짧지 않은 시간 동안 대학에서 철학을 강의하고 연구해 온 필자가 여전히 가장 난감해하는 질문 중의 하나가 "철학이 어떤 학문인가요?"이다. 단순해 보이는 이러한 질문이 난감하게 느껴지는 데에는 여러 가지 이유들이 있겠지만 무엇보다도 철학이라는 학문이 지닌 오랜 역사와 주제의 포괄성 때문인 듯싶다. 철학은 2,500년이 넘는 학문의 역사 속에서 자연과 인간, 그리고 사회에 대한 다양한 질문과 대답, 그리고 논의들을 포괄하고 있으며, 이처럼 오랜 역사를 통해 전개된 수많은 논의를 한마디로 정의한다는 것은 거의 불가능한 일로 여겨진다. 또한, 인간의 삶과 연관된 모든 사유와 고민이 철학이라는 이름으로 불릴 수 있다는 학문의 특성으로 인해 철학이 무엇인지 간단하게 답하는 것은 더욱더 어려운 문제가 된다. 오랜 역사 동안 학문은 지속적으로 분화되어 왔으며, 인간의 삶을 다루는 방식 또한 다양화되었다. 이러한 현대사회에서 인간의 삶과 관련된 모든 사유를 철학이라고 말하기는 어려운 일이다.

　철학이 무엇인지에 대한 답이 어려운 만큼, 필자는 대학에서 강의를 시작한 이래 철학 강좌, 특히 철학일반을 다루는 철학 교양 강좌를 어떻게 진행할지에 대한 고민에서 자유롭지 못했다. 우선 대부분의 학생들이 고등학교 교과과정에서 철학수업을 경험해 본 적이 없기 때문에 한 학기 동안 철학이 무엇인지를 알리는 것은 쉬운 일이 아니었다. 철학적 사유가 어떻게 시작되었으며, 이후 철학은 어떠한 방식으로 자연과 인간, 그리고 사회에 접근하였는지를 설명하고자 시도하는 경우, 한 학기라는 시간은 2500년이 넘는 철학의 역사를 주마간산식으로 담기에도 너무나 짧으며, 더구나 이러한 시도는 학생들에게 수많은 철학자의 이름만 어수선하게 소개할 뿐, 진정으로 철학이 무엇인지를 알리는 데는 실패할 가능성이 크다.

또한, 철학서들이 일반적으로 지닌 난해함은 학생들이 철학에 접근하는 것을 더욱더 어렵게 만든다. 물론 이러한 난해함은 잘못된 번역이 원인인 경우도 있지만, 개념에 대한 사전 이해 없이 내용을 파악하려 한다거나, 혹은 각각의 철학자들이 지녔던 문제의식은 배제한 채 추상화된 이론만을 이해하려 함으로써 야기된 경우도 적지 않다. 처음으로 철학을 접하는, 혹은 철학에 호기심을 느끼는 많은 학생이 유명한 철학자의 책을 마주했을 때 느끼는 당혹감과 절망감은 너무도 당연한 것으로 여겨지며, '철학은 어렵다'라는 선입견이 자명하게 받아들여지기도 한다.

'자신의 시대를 사유 속에서 포착하는 것'이 철학의 과제라는 헤겔의 말을 빌리지 않더라도 철학은 오랜 역사 속에서 각각의 철학자들이 자신의 시대적 문제를 해결하고자 하는 노력에서 나온 사유의 결과물이라 할 수 있다. 어떤 철학자들은 자신의 시대에 국한되지 않고 보편적인 인간의 문제를 철학적 사유의 중심에 놓기도 했지만, 보편적인 인간의 문제를 해결하기 위한 구체적 접근 방식은 결국 자신이 살고 있는 시대의 문제의식 속에 머물러 있는 경우가 대부분이다. 따라서 각각의 시대가 안고 있었던 문제의식 없이 단순히 추상화된 철학적 이론만을 이해하려는 시도는 실패할 수밖에 없다.

이 책은 철학적 가르침이 철학적 지식과 이론을 단순히 설명하는 방식이 되어서는 안 된다는 사실로부터 출발한다. 철학교육은 단순히 철학적 지식을 전달하여 그것을 축적하게 만드는 데 목적이 있는 것이 아니라, 현실의 문제들에 대해 고민하고, 이러한 문제의 해결을 함께 모색함으로써 무엇보다도 철학적으로 사유할 수 있는 능력을 기르는 것을 목표로 삼아야 한다. 따라서 이 책은 다양한 철학 이론을 소개한 개론서도 아니며, 여러 철학자의 철학적 사유를 심도 있게 다룬 이론서도 아니다. 이 책의 궁극적 목적은 무엇보다도 '철학함'을 훈련하기 위한 것이며, 이를 위해 이 책은 현실의 다양한 문제들에 대해 함께 논의할 수 있도록 현실 속에서 '철학함'의 실마리가 될 수 있는 주제들로 구성되었다. 목차에서도 알 수 있듯이 이 책은 다양한 현실적 주제들을 통해 철학적 사유와 우리가 살고 있는 현실을 연결하고자 하였으며, 무엇보다도 토론을 통해 학생들의 사유를 확장시키고, 함께 논의함으로써 상호 소통하는 능력을 향상시키고자 하였다.

이 책에서 다루고 있는 17개의 주제는 여러 철학자에 의해 논의되어 왔을 뿐 아니라, 우리가 살고 있는 현실 속에서도 다양하게 논의되는 주제들이다. 동양철학을 전공하신 분들과 서양 철학을 전공하신 분들이 함께 책을 집필함으로써 독자들은 각각의 주제들에 대해 동·서를 넘나드는 철학적 사유를 배울 수 있으리라 기대한다. 한 가지 아쉬운 점은 각각의 주제와 관련된 철학자들의 글을 함께 싣지 못한 것이다. 각각의 주제와 관련된 철학자들의 글을 발췌해서 읽을 자료로 제공할 수 있었다면 독자들이 철학책을 접하는 데 있어서 일반적으로 지니는 두려움을 조금이나마 감소시킬 수 있을 뿐만 아니라, 철학자들의 사유를 현실적인 문제의식과 연결해 이해할 수 있는 기회도 제공할 수 있었을 것이라 생각한다. 이러한 시도는 다음 기회로 미루기로 한다.

이 책은 이전에 출판된 "철학의 이해"를 수정하고 보완해서 새롭게 출판한 책이다. 이전에 있던 주제들이 삭제 되기도 했으며, 대신 새로운 주제들을 담아내기도 했다. 학문연구와 강의에 분주한 시간을 쪼개어 원고를 집필하고 새롭게 수정해주신 필자들께 진심으로 감사하다는 말씀을 전하고 싶다. 마지막으로 인문학 분야의 어려운 출판 환경에도 불구하고 이 책의 출판을 기꺼이 맡아주신 조정흠 차장님과 교열에 애써주신 김주리 선생님을 비롯한 임직원분들께도 감사의 말씀을 드린다.

2020년 10월
정미라

차례

머리말 ··· 005

첫 번째 주제
인식론 ·· 011

　우리의 지식은 어떻게 가능한가? ································· 013
　몸, 마음, 그리고 철학이란? ··· 029
　언어와 세계는 어떤 관계인가? ····································· 043

두 번째 주제
사회 및 역사철학 ·· 059

　노동은 자유의 실현인가? ·· 061
　기술문명은 인간을 해방할 것인가? ····························· 075
　역사는 진보하는가? ·· 091
　정의란 무엇인가? ·· 107
　사회와 개인이란 무엇인가? ·· 119
　유교적 근대화와 개인의 조화는 가능한가? ················ 135

세 번째 주제

윤리학 ……………………………………………………………… 151

양심, 선천적인가 후천적인가? ………………………………… 153
인간은 본래 선한가 악한가? …………………………………… 167
삶과 죽음, 그 너머는? …………………………………………… 179
욕망이란 무엇인가? ……………………………………………… 195

네 번째 주제

문화, 예술, 언어, 종교 ……………………………………… 207

문화적 다양성은 인정되어야 하는가? ………………………… 209
예술이란 무엇인가? ……………………………………………… 223
언어란 무엇인가? ………………………………………………… 235
점을 통해서 미래를 예측할 수 있는가? ……………………… 249

첫 번째 주제

인식론

- 우리의 지식은 어떻게 가능한가? (정미라)
- 몸, 마음, 그리고 철학이란? (이향준)
- 언어와 세계는 어떤 관계인가? (김현구)

첫 번째 주제: 인식론

우리의 지식은 어떻게 가능한가?

앎에 대한 철학적 사유

세계를 알고자 하는 인간의 욕구는 인간의 삶의 역사만큼이나 오래된 것이라 할 수 있다. "지에 대한 사랑"을 의미하는 철학의 그리스어 어원 또한 철학의 시작이 앎에 대한 욕구와 밀접하게 관련되어 있음을 보여준다. 또한, 고대 그리스의 대표적인 철학자인 아리스토텔레스의 『형이상학』이라는 책이 "모든 사람은 태어나면서부터 알고자 한다"로 시작하는 것은 앎에 대한 욕구가 인간이 지닌 가장 중요한 욕구 중의 하나임을 나타내준다.

이러한 앎에 대한 욕구는 인간이 본래 지닌 지적 본능에 의해서 추동되기도 하며, 때로는 생존을 위한 필요성에 의해서 촉발되기도 한다. 언어를 배운 아이들이 끊임없이 "저건 무엇이야?"라고 묻고 "왜?"라는 질문을 한다는 사실은 인간이 타고나면서부터 주변 세계에 대해 알고자

하는 욕구가 있음을 보여준다. 또한, 자연과학이 발달하기 이전에 천둥이나 번개 등의 다양한 자연현상에 대해 가졌을 공포심과 폭풍이나 지진 등 자연적인 현상에 의해 야기되는 생존에의 위협은 인간에게 주변 세계를 알아야만 한다는 절박함을 갖게 했다. 자연에 대한 공포심이나 자연현상으로부터 야기되는 생존에의 위협은 자연을 앎으로써 비로소 어느 정도 극복될 수 있기 때문이다.

각각의 자연물에 신적인 능력을 부여했던 고대인의 애니미즘적 사유나 그리스 신화를 비롯한 고대 신화에서 일반적으로 나타나는 자연에 신적인 성격을 부여했던 특성들은 고대인들이 경이로움과 두려움을 동시에 가졌던 자연을 이해하고, 자연에 대한 공포를 극복하기 위한 방식이라 할 수 있다. 예를 들어 바다가 많은 지역에서 선원들이 항해하기 전에 바다에 처녀를 제물로 바쳤던 관습은 바닷속에 있다고 믿었던 바다의 신을 숭배하는 제식이지만 실제로는 폭풍과 풍랑으로부터 자신들을 보호하고자 하는 절박한 생존 행위였다. 폭풍이 부는 원인을 몰랐던 고대인들은 그들 나름대로 바다의 신이 이러한 현상을 일으키는 원인이라고 생각했기 때문에 바다의 신에게 처녀를 제물로 바침으로써 자연재해를 극복할 수 있다고 믿은 것이다. 타고난 지적인 호기심에 의한 것이든, 혹은 생존을 향한 절박함에 의한 것이든 앎에 대한 욕구는 인간만이 지닌 고유한 능력이며, 이러한 욕구에 의해 인간은 자신이 살고 있는 세계를 이해하고 변화시켜 왔다.

앎에 대한 욕구가 인간의 삶과 더불어 시작되었다면, 철학적 사유는 올바른 앎, 즉 진리에 대한 관심으로부터 출발했다고 할 수 있다. 기원전 6세기경 고대 그리스에서 시작된 것으로 알려진 서양철학의 주된 관심은 "아르케란 무엇인가?"였다. 아르케는 일반적으로 시초, 지배, 그리고 원리라는 뜻을 함축하고 있는 그리스어이며 따라서 아르케는 '모든 것의 시초이면서 모든 것을 지배하는 궁극적 원리'를 의미한다고 할 수 있다. 아리스토텔레스에 의해 최초의 철학자로 알려진 탈레스부터 시작해서 소크라테스에 이르기까지 서양의 고대 철학자들은 아르케, 즉 '모든 것의 시초이면서 모든 것을 지배하는 궁극적인 원리'에 대한 물음과 함께 철학적 사유를 시작했으며, 이러한 물음에 대한 답을 찾는 것을 철학의 주된 과제로 생각했다. 아르케에 대한 그리스 철학자들의 철학적 탐색은 그들이 끊임없이 변화하는 현실 세계에 존재하는 다양한 사물들을 진리와는 거리가 먼 것으로 이해하였다는 것을 나타내준다. 그들은 무엇보다도 변화하는 세계 이면에 존재하는 변하지 않는 궁극적인 원리를 탐구했으며, 변하지 않으면서 세계를 지배하는 이러한 원리를 참된 존재, 즉 아르케로 정의했다. 탈레스는 이러한 아르케를 '물'로, 피타고라스는 '수'로, 그리고 헤라클레이토스는 '불'로 규정했다. 그 밖의 많은 고대 철학자들은 다양한 자연물 중의 하나를 아르케로 정의하였는데, 중요한 것은 그들이 어떤 자연물을 아르케로 규정했느냐가 아니고, 그들이 이 세계를 지배하는 궁극적인 원리를 찾아내려 했다는 점이다. 최초의 고대 그리스 철학자들은 이러한 원리를 대부분 물질적인 세계나 자연에서 찾으려는 경향이 강했지만, 철학적 사유가 발전하면서 이러한 궁극적 원리를 우리의 감각만으로는 인지할 수 없는 정신적인 것으로 이해하려는 경향이 생겨나기 시작했다.

참된 앎인 아르케, 즉 진리에 대한 고대의 철학적 사유는 플라톤과 아리스토텔레스에 의해 좀 더 정교하게 체계화된다. 플라톤은 끊임없이 변화하며 우연성에 의해 지배되는 개별적인 사물과는 달리 변함없이 완전하고 영원한 참된 존재를 이데아로 규정한다. 그에 따르면 이 세계에 아름다운 것들은 무수히 많고 다양하지만, 세상에 존재하는 어떠한 아름다움도 영원한 것은 없다. 플라톤은 변하지 않는 영원한 아름다움 자체, 즉 오직 하나인 아름다움의 이데아를 상정하고, 세상에 존재하는 생성하고 소멸하는 다양한 아름다운 것들은 아름다움의 이데아를 모사한 것에 불과한 것으로 규정한다. '아름다움'에 관한 예에서 알 수 있듯이 플라톤은 참된 존재를 이데아로, 그리고 현실 세계에 존재하는 생성하고 소멸하는 모든 개별적인 사물들을 이데아의 그림자로 규정함으로써 진리는 참된 존재인 이데아에 대한 직관에 의해 가능하다고 생각했다. 그에 의하면 인간은 원래 참된 세계인 이데아의 세계에 살았지만, 지상의 세계로 오면서 '망각의 강'을 건너게 되는데, 이 때문에 이데아의 세계에서 지녔던 참된 지식을 잊어버리고, 감각적인 육체에 사로잡혀 현실 세계를 참된 것으로 믿는다는 것이다. 따라서 플라톤은 감각적 경험과 육체의 속박에서 벗어나 오직 영혼에 의한 관조와 과거에 자신이 속했던 이데아의 세계에 대한 상기(想起)에 의해 참된 존재인 이데아를 직관할 수 있다고 믿었다.

 현실 세계에 존재하는 생성하고 소멸하는, 이데아의 그림자와 같은 사물들과 영원하고 불변하는 이데아의 세계를 엄격히 분리한 플라톤과 달리 플라톤의 제자였던 아리스토텔레스는 현실 세계와 분리된, 완전한 존재인 플라톤의 이데아를 부정한다. 아리스토텔레스에 의하면 참된 존재는 실체, 즉 우시아인데, 우시아는 플라톤의 이데아처럼 현실 세계로부터 독립해서 존재하는 불변하는 완전한 존재가 아니라, 끊임없이 변화하고 생성되는 현실 세계의 개별적인 사물 속에 있는 존재이며, 이러한 개별적인 사물들을 가능하게 하는 궁극적인 원리라 할 수 있다. 이러한 우시아는 형상과 질료로 구성되는데 질료는 사물을 이루는 물질이고 형상은 질료를 일정한 사물이 되게 하는 원리이다. 아리스토텔레스는 현실적인 세계를 질료가 부단히 형상화되는 동적인 과정으로 보았다. 또한, 지상의 세계가 아닌 천상의 세계에서 진리를 찾았던 플라톤과 달리, 아리스토텔레스는 현실 세계에 존재하는 개별적인 사물들이 지닌 보편적인 원리에 대한 인식을 진리로 규정한다.

플라톤과 아리스토텔레스의 사유는 변화하지 않는 본질적이고 궁극적인 존재에 대한 인식을 진리로 간주한다는 점에서 유사성을 갖지만, 그러나 이러한 존재를 현실 세계에 나타나는 다양한 개별적 사물과 관계 맺게 하는 방식에 있어서 현저한 차이를 보인다고 할 수 있다. 즉 플라톤은 참된 존재를 현실 세계와 분리된 완전한 세계인 이데아에서 찾고자 한 데 반해 아리스토텔레스는 참된 존재를 현실 세계에 존재하는 개별적인 사물 속에 내재하는 우시아에서 발견한 것이다. 따라서 르네상스 시대에 라파엘로가 〈아테네 학당〉이란 그림에서 플라톤의 오른손이 하늘을, 아리스토텔레스의 오른손이 지상을 향하고 있는 것으로 묘사한 것은 플라톤과 아리스토텔레스의 진리에 대한 관점 차이를 잘 드러낸 것이라 할 수 있다.

진리를 찾기 위한 방법

변하지 않는 참된 존재에 대한 고대 그리스 사상가들의 철학적 관심은 유럽 사회에 기독교가 전파되고 4세기경 콘스탄티누스 대제에 의해 기독교가 공인되면서 유일자인 기독교적인 신에 대한 관심으로 변화한다. 그러나 중세 유럽 사회를 지배했던 기독교의 신 중심적인 사고는 17세기에 시작된 근대세계와 함께 서서히 무너지기 시작한다.

서양의 근대사회는 무엇보다도 자연과학의 발전에 의해 특징지어질 수 있다. 근대에 들어서면서 시작된 자연과학의 비약적인 발전은 고대와 중세에 걸쳐 오랫동안 유럽세계를 지배했던 종교적 세계관으로부터 결별을 의미했다. 지동설을 주장한 갈릴레오의 종교재판은 중세의 기독교적 세계관과 근대의 과학적 사유의 충돌을 구체적으로 보여 주는 대표적인 예라 할 수 있다. 즉 기독교적 세계관에 의하면 신이 만든 작품에서 최고의 지위를 차지했던 인간이 살고 있는 지구는 모든 천체의 중심이 되어야 했다. 그러나 지구는 태양을 돌고 있는 수많은 행성 중의 하나라는 새로운 사실이 인간의 이성 능력에 근거한 과학적 사유에 의해 밝혀진 것이다. 코페르니쿠스에 의해 처음 가설로서 확립되고, 갈릴레오가 지지한 지동설은 중세의 종교적 세계관의 몰락과 함께 과학적 세계관의 시작을 암시하는 수많은 사건 중의 하나였다. 기존의 종교적 진리들은 신뢰를 상실하기 시작하였으며, 자연을 과학적으로 파악하고자 한 인간의 이성 능력이 진리를 알 수 있는 유일한 수단으로 중심적인 지위를 차지하게 되었다.

과학의 발전과 함께 초래된 중세로부터 서양 근대사회에로의 이러한 이행은 많은 철학자로 하여금 무엇보다도 새로운 학문적 방법을 모색하게 하였다. 새로운 학문적 방법을 찾고자 하는 노력은 특히 근대의 대표적인 철학자인 베이컨(F. Bacon)과 데카르트(R. Descartes)에 의해 명확하게 나타난다. 베이컨은 『새 오르가논』에서, 그리고 데카르트는 『방법서설』에서 진리에 대한 기존의 전통과 권위를 부정하고 새로운 방법을 통해 진리를 발견하고자 하였다.

"아는 것이 힘이다"라는 말로 유명한 베이컨은 실험에 근거한 과학적 사고를 중시하였으며 이와 함께 기존의 종교적 사유를 신랄하게 비판한다. 그는 자신의 책 『새 오르가논』을 통해 학문이 나아가야 할 진정한 길을 구체적으로 보여 준다. '오르가논'은 본래 수단이나 방법을 의미하는데, 아리스토텔레스의 논리학을 담은 책 이름이기도 하다. 베이컨의 『새 오르가논』이라는 책 제목은 아리스토텔레스의 학문적 방법론을 넘어서는, 그리고 전통적인 중세의 종교적 사유를 벗어나는 새로운 과학적 방법을 제시하겠다는 그의 확고한 의지를 보여 준다. 베이컨은 두 부분으로 구성된 『새 오르가논』의 1부에서는 올바른 지식을 획득하기 위해 버려야 할 우상(idol)들을 다루고 있으며, 2부에서는 새로운 학문의 방법으로서 경험에 근거한 귀납법을 다루고 있다. 그는 구체적인 사실로부터 출발하여 보편적인 진리를 찾아가는 귀납법을 실험과 관찰을 중시하는 과학적 진리 인식에 가장 적합한 학문적 방법으로 이해하였다.

학문적 방법에 있어서 감각과 경험을 중시한 베이컨과 달리 데카르트는 진리 인식에 있어서 인간의 이성 능력을 신뢰하였다. 데카르트는 기존의 지식과 진리를 모두 부정하는 것으로부터 출발한다. 특히 그는 감각에 의존한 인간의 경험을 의심하였는데, 그에 따르면 감각은 불확실하고 우리에게 착각을 일으키며, 따라서 이러한 감각에 의존한 경험 또한 믿을 수 없는 것이다. 또한 데카르트는 감각적 경험을 인간의 마음속에 생긴 심상으로 이해함으로써 감각적 경험에 의해 획득한 이러한 심상이 우리의 마음 밖에 있는 사물과 일치하는지는 확인할 수 없다고 주장한다. 감각적 경험에 대한 의심으로부터 시작하여 모든 것을 의심하는 '방법적 회의'를 통해 데카르트는 궁극적으로 의심할 수 없는 '사유하는 존재인 나'에 도달하게 된다. "나는 사유한다. 고로 존재한다"라는 명제는 데카르트 철학에서 제1원리의 위치를 차지하는데 데카르트는 이러한 원리로부터 진리의 기준을 이끌어낸다.

근대의 대표적인 철학자인 베이컨과 데카르트는 진리를 찾는 데 있어서, 베이컨은 경험과 관찰을 우선시한 데 비해 데카르트는 이성을 중시함으로써, 서로 다른 학문적 방법을 모색하였지만, 베이컨은 우상에 대한 비판을 통해, 그리고 데카르트는 회의적 방법을 통해 기존의 진리에 대한 편견을 제거하고 새로운 학문적 방법을 통해 진리를 구축하려는 공통의 목표를 지니고 있었다. 고대 그리스의 철학자들과 중세의 신학자들이 인간의 외부에 존재하는 참된 존재, 즉 진리 자체에 대해서 관심을 쏟은 것과는 달리 베이컨과 데카르트를 비롯한 근대의 철학자들은 "우리가 참된 존재를 어떻게 알 수 있는가?"라는 진리에 대한 방법론적인 접근을 중요시하였다. 인간의 주체성이 강조되었던 근대에는 인간 외부에 있는 참된 존재보다는 인간 자신이 주체로서 중심적인 지위를 차지하게 되며, 이와 함께 "이러한 주체적 인간이 자신의 외부에 있는 대상을 어떻게 알 수 있는가?"라는 인식론적 관심이 무엇보다도 중요한 의미를 지니게 된다. 근대 철학자들은 외부 대상에 대해 올바르게 알 수 있는 인간의 인식 능력, 즉 인간 인식의 가능성의 조건들을 철학의 주된 과제로 삼았으며, 외부 대상에 대해 정확하게 알고자 하는 이들의 노력은 이성을 진리 인식의 유일한 수단으로 보는 합리론과 진리 인식에 있어서 인간의 감각적 경험을 중시하는 경험론으로 발전하였다.

지식의 원천으로서 경험

근대에 비약적인 발전을 하게 된 자연과학과 더불어 학문적 방법에 있어서 인간의 경험과 관찰은 무엇보다도 중요한 의미를 지니게 된다. 근대 경험론의 대표적인 철학자인 로크(J. Locke)는 "우리의 모든 지식은 경험에 기초하고 있으며 궁극적으로는 경험으로부터 나온 것이다"라는 표현을 통해 인간의 모든 지식이 경험에 의존하고 있음을 주장한다. 그에 의하면 인간의 마음은 아무것도 쓰여 있지 않은 백지와 같은 것이며, 거기에 후천적으로 감각과 반성에 의해 관념들이 만들어지고, 이러한 관념들을 토대로 지식이 성립된다.

감각적 경험을 지식의 출발점으로 삼는 로크를 비롯한 근대 경험론자들의 주장을 도외시하더라도 우리는 일상에서 외적 대상에 대한 판단을 경험에 의존하는 경우가 많으며, 대상의 진리성도 감각적 경험에 근거해 설명하곤 한다. "소나무의 잎은 초록색이다"라는 아주 단순한 판단이나, 혹은 "장미는 늦봄에 꽃이 피고 여름에 진다" 등과 같은 시간의 경과와 함께 하는 판단, 혹은 "철수는 죽는다"라는 개별적인 경험을 토대로 하는 귀납적 추론에 의한 판단은 모두 감각적 경험에 의존해 있다. 이와 같이 감각적 경험을 벗어나 대상에 대해 무엇인가를 안다는 것은 불가능한 일처럼 보인다. 따라서 모든 인간이 공통으로 지닌 감각기관을 통해 획득한 경험이야말로 지식의 유일한 원천이 될 수 있을 것으로 생각된다.

그러나 모든 사람이 어떤 대상에 대해 동일한 경험을 하는 것도 아니며, 또한 감각적 경험이 우리에게 항상 신뢰할만한 형태로 주어지는 것은 아니다. 동일한 고추를 어떤 사람은 맵다고 느끼지만 다른 사람은 전혀 맵지 않다고 느끼기도 한다. 또한, 우리는 바다에서 들리는 파도 소리를 때로는 빗소리로 착각하기도 한다. 하지만 지식에 있어서 무엇보다도 감각적 경험을 중시하는 사람은 감각적 경험에서 나타나는 개별적 차이나 착각을 해소하고, 감각적 경험으로부터 누구나 타당한 것으로 받아들일 수 있는 보편적인 내용을 끌어낼 수 있다고 생각한다.

특히 근대 이후 중요한 지식으로 간주되는 과학적 지식은 이러한 감각적 경험을 토대로 하고 있다. 자연과학은 감각에 의해 수집된 경험적인 자료들을 관찰하고 실험을 통해 검증함으로써 지식을 확장시킨다. 따라서 과학의 발전은 감각적 경험으로부터 출발할 뿐 아니라 오직 감각적 경험을 토대로 지속 가능하며, 감각적 경험을 통해서만 정당성을 확보할 수 있는 것으로 보인다. 특히 과학이 의존하고 있는 귀납적 방법은 개별적인 경험을 통해 축적된 지식으로부터 보편적인 원리를 찾아냄으로써 확실한 지식을 가능하게 하며, 따라서 지식의 형성에 있어서 가장 중요한 요소가 개별적인 감각적 경험이라는 사실을 분명하게 보여준다.

경험의 한계와 진리

앞서 살펴보았듯이 인간의 감각적 경험은 지식이 가능할 수 있는 원천이다. 그러나 조금만 더 생각해보면 인간의 감각적 경험이 진리 인식에 있어서는 불완전한 것임을 알 수 있다. 물속에서 막대가 굽어 보이는 것과 같은 순간적인 착각이나 오해를 배제하더라도 우리는 감각적 경험에 근거해 사실이라고 생각했던 것들이 종종 잘못된 판단이었음을 인지하게 된다. 예를 들어 우리의 감각적 경험에 의하면 '해는 아침에는 동쪽에서 떠서 저녁이 되면 서쪽으로 진다.' 하지만 우리에게 보이는 것과는 달리 사실은 해가 움직이는 것이 아니라 지구가 해를 돈다는 것은 이론적으로 검증된 확실한 사실이다. 또한, 자외선은 우리의 감각기관을 통해서는 알 수 없지만, 자외선이 존재한다는 사실을 누구도 부인하지는 않는다. 물론 이러한 사실 또한 감각적 경험에 의존한 다양한 실험과 관찰에 의해 획득된 지식이지만, 그러나 우리의 일상적 경험을 통해서는 이러한 사실을 알아내기가 쉽지 않다.

또한, 외부 대상에 대한 지식을 오직 감각적 경험에 의해서만 알 수 있다는 경험주의적 태도와 관련해 문제가 되는 것은 인간의 감각기관이 지닌 불완전성이다. 인간의 감각기관은 모든 것을 볼 수 있거나, 혹은 들을 수 있거나 냄새를 맡을 수 있는 것은 아니다. 따라서 인간의 감각기관이 외부 세계를 정확하게 인지하는 데는 한계가 있다. 어떤 동물은 보는 능력이, 혹은 어떤 동물은 소리를 듣거나 냄새를 맡는 능력이 인간보다 훨씬 더 탁월하며, 인간이 감각적으로 인지하지 못한 것을 인지하기도 한다. 인간의 감각기관이 지닌 불완전성은 감각적 경험의 이러한 한계뿐 아니라 감각에 의존한 경험의 주관주의적인 성격에서도 나타난다. 인간의 감각은 개인의 주관적 심리상태나 외적인 환경의 변화에 따라 동일한 대상을 다르게 인지한다. 우리는 오랫동안 존재하는지조차 몰랐던 집 앞에 서 있는 나무를 어느 날 문득 새롭게 발견하기도 하며, 어둠 속에서 나무를 사람으로 잘못 오인하기도 한다. 또한, 어두운 밤에는 사물들을 구별할 수 없을 뿐 아니라 모든 것을 검은색으로 경험한다. 캄캄한 밤에 목이 마른 원효대사가 해골에 고여 있는 물을 맛있게 마셨던 일화는 사물에 대한 우리의 판단이 주관적인 상태나 외적 환경에 따라 어떻게 달라질 수 있는지를 명확하게 보여 주는 중요한 예이다.

개별적 경험을 근거로 추론해내는 귀납적 방법 또한 우리에게 확실한 지식을 제공해 주지 않는다. 귀납에 기초한 지식은 새로운 사실의 등장이나 예외적인 경우가 발견되면 언제든지 수정되거나 폐기될 수 있으며, 오직 확률적인 타당성만을 제공해 줄 수 있을 뿐이다. 봄이 되면 돌아왔던 강남 갔던 제비들이 어느 순간에 오지 않을 수도 있으며, 수만 마리의 검은 색 까마귀를 관찰한 다음 도출된 "모든 까마귀는 검은색이다"라는 귀납적 추론에 의한 지식은 한 마리의 예외적인 흰색 까마귀에 의해 폐기될 수 있다. "아무리 많은 실험을 하더라도 내가 옳다고 단정할 수는 없다. 단 하나의 실험으로도 내가 틀렸다는 것이 드러날 수 있기 때문이다"라고 한 아인슈타인(A. Einstein)의 고백은 귀납적 원리에 의존하는 과학적 지식의 한계를 잘 표현해주고 있다. 또한, 감각적 경험에 의한 지식은 우리의 감각이 대상을 정확하게 모사할 수 있다는 사실을 전제하고 있다. 그러나 우리의 감각은 대상을 정확하게 모사할 수 없을 뿐 아니라 감각적 경험에 의한 우리의 지식이 실제 대상과 일치하는지도 확인할 수 없다. 우리는 경험에 의해 대상에 대한 관념을 지닐 뿐이며, 우리가 비교할 수 있는 것은 감각적 경험에 의해 획득한 관념과 또 다른 관념일 뿐이며, 우리 밖에 존재하는 실재 세계에 대해서는 알 수 없다. 따라서 경험주의는 필연적으로 변하지 않은 진리에 대해 회의주의적 성격을 지닐 수밖에 없다.

지식과 이성의 역할

감각적 경험에 의존한 지식의 불완전성과 불확실성은 지식을 획득하거나 진리에 도달하기 위해 이성의 역할이 중요하다는 사실을 인지시킨다. 특히 데카르트를 비롯한 근대의 대표적인 합리론자들은 지식을 획득하는 데 있어 인간의 감각을 신뢰하지 않는다. 그들은 인간의 감각적 경험이 거짓될 뿐 아니라 진실을 왜곡할 가능성을 함축하고 있다고 생각한다. 그들에 따르면 감각적 경험은 의식의 양태, 혹은 마음의 상태로서 주관주의적 성향을 벗어날 수 없으며, 따라서 이러한 감각적 경험을 통해 외부 세계에 대한 객관적이고 확실한 지식을 획득하는 것은 불가능한 일로 간주한다.

그러나 우리가 외부 세계를 이해하는데 당연한 것으로 받아들이는 감각적 경험을 전혀 신뢰할 수 없다면 확실한 지식을 획득하는 방법은 무엇인가? 이에 대한 답으로 데카르트를 비롯한 근대의 대표적인 합리론자들은 모든 인간에 내재해 있는 인간의 이성 능력을 제시한다. 그들은 감각 경험으로부터 독립된 선험적 인식 능력인 이성을 지식의 유일한 원천으로 이해하며, 이러한 이성 능력에 의해 비로소 인간은 참과 거짓을 구별할 수 있을 뿐 아니라 올바르게 판단하는 것이 가능하다고 생각했다. 특히 그들은 이성에 근거한 지식의 모델을 수학에서 찾았으며, 인간의 이성적인 능력이 명료하고 확실하며 보편적인 수학적 지식을 가능하게 한 것으로 이해하였다. 예를 들면 3+4=7이라는 수학적 지식은 언뜻 경험을 통해 알아낼 수 있는 것처럼 보인다. 그러나 27835642+32573535등과 같이 셈을 해야 하는 숫자가 커질수록 경험은 이러한 계산에 전혀 기여할 수 없음을 알게 된다. 이러한 수를 계산할 수 있는 능력은 오직 우리의 이성이며, 이성 능력을 통해 누구나 동일하고 확실한 결론을 도출해낼 수 있다. 그들은 이와 같이 수학적 방법에서처럼 이성을 사용한다면 확실한 다른 지식도 가능하다고 생각하였다.

또한, 그들은 이성에 의해 인식되는 것은 우리의 정신 속에 본래부터 내재해 있었던 것으로 이해함으로써 인간에게 선천적으로 내재해 있는 본유관념이나 선천적 진리를 인정하였다. 물론 그들이 선천적인 진리를 인정한다고 해서 어린아이들이 타고나면서 진리를 인식할 수 있다고 생각하는 것은 아니다. 그들에 따르면 본유관념이나 진리 인식에 있어서 감각적 경험이 아무런 역할도 하지 않으며, 이러한 것들은 우리의 경험 이전에 이미 주어져 있는 것이다. 또한, 태어나면서부터 모든 인간에게 내재해 있는 이성만이 이러한 진리를 파악할 수 있는 유일한 능력이라는 것이다. 합리론자들은 감각적 경험이 대상을 이해하는데 중요한 요소임을 인정한다. 그러나 그들에 따르면 감각적 경험은 진리 인식에 있어서 계기만을 부여할 뿐이며, 우연성에 의해 지배되므로 경험을 통해서는 결코 필연적이며 절대적 지식에 도달할 수 없다. 따라서 인간은 오직 이성적 통찰로 감각적 경험이 범할 수 있는 오류에서 벗어날 수 있으며, 분명하고 명확한 진리를 획득할 수 있다.

경험론자들이 경험적 사실들로부터 보편적 원리를 끌어내는 귀납적인 방법을 사용한 것과는 달리 합리론자들은 경험과 무관하게 존재하는 선험적인 진리를 전제하고 이로부터 개별적 사실들을 증명하는 연역적인 방법을 중시하였다. 합리론자들이 경험을 배제함으로써 얻을 수 있다고 생각한 확실한 지식은 이 세계에 이미 내재해 있는 것으로서 오직 인간의 이성적 사유를 통해 파악 가능한 것이다. 따라서 그들이 지식을 획득하는 데 있어서 중요하게 여기는 이성은 이미 존재하는 진리를 알아내는 데 중요한 역할을 할 뿐 새로운 지식을 확장하는 데는 어떠한 기여도 할 수 없다. 그들은 확실한 지식을 획득하는 데는 성공하였지만, 경험에 의해 획득된 새로운 지식이 어떻게 확실성을 획득할 수 있는지는 어떠한 답도 줄 수 없었다. 따라서 경험에 의존한 새로운 과학적 지식처럼 확장 가능하면서 동시에 객관적이고 확실한 지식이 어떻게 가능할 수 있는가 하는 문제는 근대 이후 철학자들에게 가장 중요한 인식론적인 주제가 되었다.

토론 주제

1 우리의 참된 지식은 어떻게 가능한가?
2 서양 근대의 합리주의자들에 의하면 진리를 인식할 수 있는 유일한 수단은 이성이라고 한다. 인간의 이성은 어떤 능력이 있는지 토론해 보시오.
3 우리는 어떻게 우리 외부에 있는 대상을 정확하게 알 수 있는가?

참고 문헌

서양근대철학회 엮음, 2004. 『서양근대철학』, 창작과 비평사.
F, 코플스톤, 2004. 김성호 옮김, 『합리론』, 서광사.
김효명, 2001. 『영국 경험론』, 아카넷.

첫 번째 주제: 인식론

몸, 마음, 그리고 철학이란?

몸과 마음

메를로 퐁티(M. Merleau-Ponty)는 짤막하게 말했다. "나는 나의 몸이다." 과연 그럴까? 대답하기 쉽지 않은 주장이다. "인간이란 무엇인가?"라는 철학적 질문에 대한 최초의 대답은 몸과 마음이라는 두 낱말이었다. 그 이후 이 대답을 둘러싸고 네 가지 서로 다른 주장이 철학사에서 제시되었다. 퐁티의 주장은 그 가운데 세 번째 단계에 해당한다. 같은 낱말을 둘러싼 주장이 하나가 아니라는 것은 간단하게 말해 아직까지 이 질문이 제대로 대답되지 않았다는 것을 의미한다. 우리가 확인할 수 있는 것은 몸과 마음을 둘러싼 숱한 철학적 논쟁의 기본 뼈대를 이루고 있는 네 가지 주장을 확인할 수 있다는 것뿐이다.

몸 위의 마음인가?

첫 번째 주장은 두 가지를 가정한다. 첫째 인간은 몸과 마음이라는 두 부분으로 구성되어 있다. 그리고 마음은 몸에 비해 훨씬 우월하다. 이럴 경우 대부분의 인간에 대한 가설들은 마음의 기원을 인간의 바깥 어딘가로 설정하는 것이 공통적이다. 예를 들어 『창세기』 2장 7절에서는 이렇게 말한다.

여호와 하나님이 흙으로 사람을 지으시고 생기를 그 코에 불어 넣으시니 사람이 생령이 된지라.

사람의 기원은 흙과 하나님에게서 기원하는 것으로 추정되는 '생기'라는 두 가지 요인에 의해서 설명된다. 이 둘 가운데 어느 것이 보다 더 우월한가 하는 질문은 답이 너무나도 명약관화하다. 삶은 하나님의 생기에 의해 형성된 영혼의 목적에 종속되어야 한다. 육체의 최종적인 귀결점은 하나님이 아담에게 했다는 다음과 같은 말에서 잘 드러난다. "네가 흙으로 돌아갈 때까지 얼굴에 땀을 흘려야 먹을 것을 먹으리니 네가 그것에서 취함을 입었음이라 너는 흙이니 흙으로 돌아갈 것이니라 하시니라." 즉, 몸은 자신이 왔던 바로 그곳, 즉 흙으로 돌아간다. 하지만, 이 구절은 아직 영혼으로서의 생기가 어디로 돌아가는지에 대해 말하지 않는다. 과연 생기는 어디로 갈 것인가? 『마태복음』 22장에서 카이사르에게 세금을 내는 것이 옳으냐는 질문을 받고 예수가 했다는 대답 즉 "가이사의 것은 가이사에게, 하나님의 것은 하나님께"라는 선언 속에 인간이 흙과 생기로 해체될 때 어떤 일이 일어날 것인가에 대한 해답이 제시된다. 즉, 몸이 흙에서 와서 흙으로 돌아가는 것처럼 생기는 그것이 온 곳으로 돌아갈 것이다. 이제 남는 것은 썩어가는 흙을 대신해서 생기에 영원불멸성을 부여하는 것이다. 즉, 생기로서의 마음은 불멸성을 획득한다. 이러한 구도를 위해서 고전 철학은 여러 가지 이원론을 가정해야만 했다. 사멸하는 몸과 불멸하는 마음의 이런 이원론적 구도는 자연스럽게 서로 다른 두 가지 세계를 가정해야 하기 때문이다. 듀이는 그러한 고전 철학의 이원론적 특징을 다음과 같이 요약한다.

> 고전적인 유형의 모든 철학은 두 존재 영역을 고정되고 근본적인 방식으로 구분해왔다. 그중 하나는 민간 전통의 종교적이고 초자연적인 세계에 해당하는데, 그 세계는 그 형이상학적 표현을 통해서 고차적이고 궁극적인 실재의 세계가 되었다. …… 철학 자체의 체계적인 훈련을 통해서만 이해될 수 있는 이런 절대적이고 본질적인 실재에 대립해서 일상적으로 경험적이며, 상대적으로 실재적인, 일상적 경험의 현상 세계가 존재한다. 인간사와 유용성이 관련을 맺게 되는 것은 바로 이 세계이다. 사실적이고 실증적인 과학이 언급하는 것은 이 불완전하고 사라지게 될 세계이다(『철학의 재구성』).

여기에서 언급되는 것은 사실 초월적 세계와 경험 세계, 본질과 현상, 하늘과 땅의 이분법이다. 이 이분법은 인간을 몸과 마음으로 나누고 다시 이 둘의 결합에 의해 설명한다. 몸과 마음의 존재론적 속성을 달리 설정함으로써 그들의 위계에 대한 발판을 마련해준다. 하나의 사례를 들자면 이러한 이원론은 몸과 마음뿐만 아니라, 둘로 나뉘는 인간의 종류, 즉 남자와 여자라는 인간의 위상을 이해하는 데에도 동원되었다. 예를 들어 그리스 신화에서 진리의 여신은 아테네이다. 단순하게 말하자면 '진리'라는 소중한 낱말이 여성적인 성격을 포함하는 것처럼 보인다. 하지만 이 여신은 출생의 기원이 남성인 제우스의 머리다. 아테네는 갑옷을 입고 무장을 한 성인의 모습으로 제우스의 머리를 안에서부터 도끼로 부수고 태어났다고 한다. 그러므로 진리는 최종적으로 남성적 기원을 갖는다. 결국, 진리란 남성성이 여성성을 경유해서 그 자신에게 복귀하는 폐쇄적인 원환 운동의 궤적을 그리는 것이다. 이것은 마음이 몸과 일시적으로 결합했다, 죽음을 통해 자신에게로 복귀하는 운동과도 일치한다. 이런 사례들은 모든 이원론의 원초적 위험성이 어디에 있는지를 잘 보여 준다. 이원론 자체는 어떻게 봉합을 하든지 둘 가운데 어느 하나에 보다 높은 이론적 위상을 부여할 경우, 두 가지 요소로 구성된 세계 전체를 어느 하나의 이념 아래 복종시키려고 시도한다. 즉 여성성에 대해서는 남성성에 복종하라고 말하고, 몸에 대해서는 마음에 복종하라고 말한다. 물론 당면한 문제의 해결을 위해 우리가 몸의 요구를 무시하고 마음의 인도를 따라야 할 순간들이 있다. 하지만 모든 삶의 순간이 그래야만 한다고 말할 수 있을까? 여기에는 늘 의문의 여지가 충분하다.

고전 철학은 이러한 이원론의 위험성을 비판하는 대신, 보다 손쉬운 지름길을 택했다. 즉, 이 이원론을 받아들이고 그것을 정교화했으며, 나아가 보다 나은 것으로 간주하는 세계의 영역에 관심을 집중함으로써 자신의 우월성을 자부하고자 했던 것이다.

> 내 생각에는 이것이 철학의 본성에 관한 고전적인 개념에 가장 깊이 영향을 미친 특징이다. 철학은 초월적이고 절대적이며 내적인 실재의 존재를 논증하는 일을 자신이 하고 있다고, 그리고 그 궁극적이고 고차적인 실재의 본성과 특징을 인간에게 드러내 준다고 사칭해왔다(『철학의 재구성』).

몸과 마음에 대한 주된 철학적 견해의 첫 번째 유형은 이렇게 볼 때 형이상학적 세계관에 근거한 인간관, 즉 형이상학적 인간관이라고 명명할 수 있다. 형이상학이란 그 이면에 늘 "두 세계 이론"을 함축한다. 그것은 인간적인 삶의 전일성을 둘로 쪼개는 오래된 사고와 행동의 관행에 대한 복종이다. 플라톤의 이원론과 그의 인간론은 가장 고전적인 형이상학적 인간관의 전형을 보여 준다. 그러므로 고전 철학에 대한 비판은 이러한 사고와 관행에 대한 불복종으로서 그들이 이원성이 가져다주는 것들에 대한 비판적 성찰을 토대로 한다. 이러한 반성으로부터 반걸음 정도를 더 나아간 것이 몸과 마음에 대한 두 번째 견해이다.

유령(The Ghost)인가? 기계(The Machine)인가?

근세 철학의 대표자 가운데 하나인 데카르트를 통해 몸과 마음에 대한 두 번째 견해의 개요를 파악할 수 있다. 이 견해는 첫 번째 견해와 한 가지 전제를 공유한다. 즉 인간은 여전히 몸과 마음이라는 이원론적 구도를 벗어나지 못하고 있다. 반면에 차이는 인간을 이루는 몸과 마음 둘 가운데 어느 것도 상대방에 대해 의존적이지 않다는 점이다. 이것은 데카르트의 실체(Substantia) 개념에 의해 뒷받침되었다. 실체는 데카르트에 의하면 다음과 같이 정의된다.

> 존재하고 있기 위해서 다른 그 어떤 것도 필요로 하지 않는 그런 방법으로 존재하는 것(『철학의 원리』)

데카르트는 기본적으로 기독교 신학의 근본 원리를 부정하지 않기 때문에 모든 사물이 하느님에 의해 창조되었다는 주장을 당연시한다. 여기까지만 보면 데카르트는 플라톤과 『성경』의 세계관 및 인간관과 차이가 없어 보인다. 하지만 다음 순간 데카르트는 교묘한 방법으로 짧은 발걸음을 내딛는다.

데카르트는 유일한 실체가 하느님밖에 없다는 것을 받아들인다. 하지만, 그는 이어서 하느님을 제외하고 창조된 피조물들 속에서도 실체가 있을 수 있지 않는가 하고 생각하기 시작한다. 두 가지 실체, 즉 유일한 실체로서의 하느님과 하느님에 의해 '창조된 세계 속'이라는 조건 속에서 다른 어느 것에도 의존하지 않고, 스스로 완전히 독립해 있는 실체를 구분하는 것이다. 전자는 무한한 실체로 후자는 유한한 실체라고 불린다. 그리고 바로 이 유한한 실체를 데카르트는 두 종류로 구분한다. 즉 물체(substantia finita sive corpus)와 정신(substantia finita cogitans sive mens)이다. 이렇게 해서 데카르트는 하느님, 물체, 정신이라는 세 가지 실체를 제시한다. 그리고 바로 이 견해 속에 몸과 마음에 대한 첫 번째 주장의 뼈대 하나를 슬그머니 변경시키는 내용이 들어 있다. 데카르트의 실체 개념에 의하면 실체는 자신의 존재를 위해 다른 그 어떤 것을 필요로 하지 않는다. 즉 물체는 정신을 필요로 하지 않고, 정신은 물체를 필요로 하지 않는다. 비록 물체와 정신의 결합으로 인간을 설명한다는 점에서 첫 번째 견해와 다를 것이 없어 보이지만 물체와 정신의 어디에도 더 이상 다른 하나를 지배하는 우월함은 부여되지 않는다. 이제 물체와 정신은 거의 수평적인 관계에 도달한 것이다. 이것은 몸과 마음에 대한 첫 번째 주장으로부터 불철저하기는 하지만 분명히 반걸음을 진보한 견해였다.

반면에 바로 이것이 데카르트 철학의 근본적인 결함 가운데 하나를 가져온 것도 사실이다. 왜냐하면, 그의 실체 개념에 따르면 독립적인 물체와 정신이 결합해서 사람을 구성해야 할 아무런 상호 연관이 없기 때문이다. 결국, 데카르트는 인간의 물체적 요소와 정신적 요소 사이의 상호 연관을 제대로 설명하지 못했던 것이다. '송과선'이라고 불리는 애매한 낱말은 바로 이 딜레마를 표현하고 있다. 반면에 그의 철학은 한 가지 철학적 분기점을 이룬다는 면에서 후세의 철학적 발전에 큰 영향을 끼쳤다. 즉 물체와 정신이란 이원론적 실체 개념을 전달받은 후세의 철학자들은 이것을 일원적으로 수렴시키기 위해 제각각 물체의 운동을 통해 세계를 설명하는 기계론적 철학과, 정신의 관념을 통해 세계와 인간을 설명하려는 관념론적 전통으로 분기되었다.

세계를 향해 열린 존재?

세 번째 단계를 대표하는 퐁티의 주장은 이런 데카르트적 사고의 한계를 극복하려는 것이라고 할 수 있다. 그러나 데카르트가 유한한 실체 개념을 통해 플라톤적이자 기독교적인 이분법의 외양을 추상적인 실체 개념으로 유지하려고 했다는 점을 고려한다면, 퐁티의 주장은 근본적으로 플라톤에서 데카르트까지 유지되고 있는 이분법 자체를 거부한다. 나아가 데카르트 철학에 영향을 받아 나타난 여러 가지 철학적 경향들, 즉 기계주의적, 물질주의적, 경험주의적 세계관과 관념론적, 주지주의적, 이성주의적 세계관 역시 거부한다. 세계의 이분법이 철폐되기 때문에, 마음과 세계가 독립적으로 존재하고, 이들이 상호 작용한다는 이분법적 구도 역시 철폐된다. 이러한 구도의 철폐를 상징적으로 대표하는 몇 가지 모토가 있다.

첫째, '본질이 아니라 현상으로'라는 현상학의 모토이다. 본질 현상 이분법은 고전적인 이분법의 철학적 표현 가운데 하나이다. 이제 주어진 본질 개념이 거부되고 '현상속으로'라는 모토로 대체되고, 이 현상이

다름 아닌 '몸의 현상'이라고 간주함으로써 인간에게서 불멸하는 본질로서, 혹은 독립적인 실체로서의 마음이라는 개념은 사라진다.

둘째, '의식의 지향성'이다. 퐁티는 몸과 마음의 이분법을 폐기함으로써 두 가지 이분법을 동시에 폐기한다. 즉 객관적으로 속성이 구분되는 몸과 마음이 있다는 것과 인간이란 주체에 대립하는 객관이 존재한다는 것이 그것이다. 퐁티는 마음도 아니고 몸도 아닌 어떤 것을 상상한다. 즉 그것은 '신체화된 마음' 혹은 '마음화된 신체'다. 이에 따르면 인간이란 몸과 마음이라는 독립적 실체의 이상한 결합이 아니다. 인간은 신체화된 정신이고, 몸은 마음화된 몸인 것이다. 이러한 일원론적인 인간의 존재 양식에 공통적인 것이 세계를 향한 몸의 운동적 지향성이다. 이러한 몸의 자연적 지향성이 우리 존재의 근원적 조건이 됨으로써, 의식이란 이러한 지향성이 형태를 갖춘 어떤 것으로 간주된다. 즉 인간은 몸의 지향성을 통해 운동하고 경험하며 그 과정의 내용과 경험들이 마침내 의식이라는 형태로 나타나는 것이다. 그러므로 바로 이 과정 즉 신체적 지향성에서 출발해서 의식이 나타나는 전 과정에 대한 연구가 곧 현상학의 핵심이며, 여기에는 마음이 의존하고 있는 지평이 바로 몸이라는 것이 전제된다. 그리고 이것이 몸과 마음 이론의 가장 혁신적인 면이다. 오늘날의 몸과 마음 이론은 기본적으로 퐁티의 이러한 견해를 수용하고 있기 때문이다.

그러나 퐁티의 주장은 한 가지 통찰과 한 가지 숙제를 동시에 던져주었다. 퐁티는 우리의 의식, 의식 작용의 대표로서 지각과 인식이 우리의 몸에 기초한다는 놀라운 통찰을 제시함으로써 이전의 몸과 마음의 관계에 대한 역전을 이루어냈다. 그러나 의식의 지향성이 증명되려면 그것이 몸의 자연적 지향성에서 출발해서 우리가 의식이라고 부르는 것으로 전이되어 가는 각 단계에 대한 정밀한 관찰과 서술이 뒷받침되어야 한다. 이런 점에서 퐁티는 몸으로의 관점 전환을 이룩해 내었지만, 그 몸의 운동적 특징들을 서술할 방법론적 기초가 불충분했다고 할 수 있다. 왜냐하면, 그는 아래와 같은 방식으로 말할 수 없었기 때문이다.

> 뇌들을 비교해 보면, 지향성의 메커니즘이 후각계에서 가장 먼저 나타난 것으로 드러난다. 그다음에 시각계와 청각계와 체지각계가 그 메커니즘으로 들어왔다. …… 여러 감각 중에서도 후각은 지금도 독특한 지위를 누리고 있다. 후각계의 수용기 뉴런들은 대뇌피질에 직접 연결되어 있는 것이다(월터 프리먼, 『뇌의 마음』).

뇌와 뉴런 및 대뇌피질, 후각을 비롯한 시청각계 등의 낱말들은 20세기 후반 들어 정교화되기 시작한 인간의 몸에 대한 광범위한 경험과학적 탐구들의 결과로서 나타난 것들이다. 이런 점에서 볼 때 퐁티의 이론은 잘못이라기보다는 인간의 몸과 몸의 작동 방식에 대한 정교한 이해가 없이는 근원적으로 사변에 의해서밖에 모호하게 서술될 수 없는 부분들을 포함하고 있기 때문이라고 말해야 할 것이다.

마음속의 몸인가? 몸속의 마음인가?

이 때문에 퐁티의 견해는 오늘날에도 여전히 재서술이 가능한 것으로 여겨진다. 예를 들어 존슨이 다음과 같이 말할 때 그는 퐁티의 견해를 기반으로 현대적으로 더 나아간 몸과 마음에 대한 견해가 무엇인지를 잘 보여 준다.

제임스, 듀이, 메를로 퐁티, 그리고 최근의 많은 철학자들이 주장하는 것처럼 '마음'과 '몸'은 사실상 유기체와 환경 사이의 지속적인 상호작용 과정인 그 무엇인가를 개념화하기 위해서 우리가 구성하는 추상물들이다. 몸은 마음속에 있고, 마음은 몸속에 있으며, 몸-마음은 세계의 일부다(『마음속의 몸』).

이것이 사실상 몸과 마음에 대한 네 번째 주장이자 가장 최근의 버전이다. '마음속의 몸'과 '몸속의 마음'이라는 낱말은 이제 퐁티의 지향성을 넘어서 몸과 마음의 불가분리적인 일체성을 강조한다. 도대체, 인간이란 무엇인가? 그것은 도저히 분리할 수 없는 유기체-환경 상호작용의 전일성 자체를 의미하는 낱말이다. 몸과 마음이란 낱말은 이러한 전일성을 추상화된 이원성의 양식으로 파악하려 할 때 사용되는 낱말이다. 이 전일성의 총체는 인간이라기보다는 우리를 인간으로 만들어주는 경험 그 자체이다.

사람은 마음과 몸이 아니다. 다소 이상스럽게 짜맞추어진 두 '사물'이 아니다. 우리가 '사람'이라고 부르는 것은 몸 내에서 작용하는 뇌를 지닌 일종의 신체적 유기체이다. …… 지속적인 경험 과정의 어떤 차원을 '마음'이라 부르고 다른 차원은 '몸'이라 부르지만, 단지 사색적으로 그리고 우리 경험을 이해하고자 할 때 발생하는 매우 특정한 이유 때문에 그런 것이다. 요컨대, '마음'과 '몸'은 유기체-환경 상호작용 흐름의 추상된 양상일 뿐이다. 우리는 이런 흐름을 경험이라고 부른다(마크 존슨, 『몸의 의미』).

일찍이 퐁티는 우리가 알고 있는 세계는 '살아진 세계(lived world)'라고 불렀고, 듀이는 우리가 알고 있는 모든 경험은 '살아진 경험(lived experience)'이라고 불렀다. 즉, 그들은 인간과 객관적으로 분리된 세계는 추상적 사고 속의 가상적 대상일 뿐이라고 지적했다. 세계는 언제나 우리 경험의 전일성 속에서 파악된 그 세계일 뿐이다. 따라서 우리에게 의미 있는 것, 사고의 기초, 행동의 제약된 반경 이 모두는 유기체로서 우리의 조건을 이루는 낱말들 살과 피, 뼈, 내부 장기의 리듬과 그 결과 야기되는 온갖 감정의 뒤얽힘 그 자체다. 몸과 분리된 마음, 자유로운 마음의 순수한 사고는 불가능한 꿈인 것이다.

확실하고 영원하고 좋은 것에 대한 순수한 사고를 생각하며, 마음이 육체의 얽힘에서 자유로이 떠다닐 수 있으면 좋겠다. 그러나 그것은 역기능적 꿈이다! 우리가 찾을 수 있는 모든 의미를 제공하고, 사고를 이루는 것은 다름 아닌 우리의 유기체적 살과 피, 생체 구조의 뼈, 내부 기관의 오래된 리듬, 우리 정서의 고동치는 흐름이다(『몸의 의미』).

이런 최근의 인간관이 중요한 이유는 정작 따로 있다. 단순한 몸과 마음의 이분법, 이성과 감정의 이분법이 철폐된다는 사실보다 더욱 중요한 것은 이 변경 속에서 철학의 의미도 변화를 겪는다는 점이다.

그러므로, 철학이란?
온갖 뒤얽힘의 전일성 속에서 우리는 어떤 중요한 것, 보다 나은 것, 아니면 또 다른 어떤 목적을 위해서 전체로서의 경험을 주의 깊은 평가를 위해 분리한다. 그리고 이러한 과정에서 의식적 사고로서 철학의 초입 단계에 접어든다. 이런 주장에 따르면 고도화된 철학의 최고 단계는 듀이(J. Dewey)가 말한 것처럼 인간 경험의 모든 영역에 대한 일반화된 비판이자, 그 비판을 위한 이론 그 자체의 발전이다. 왜냐하면, 우리 삶의 전 경험을 최종적으로 평가하고, 구분하며, 그들의 층차를 절대불변의 것으로 만드는 그 어떤 형이상학적 기준들도 우리에게는 주어져 있지 않기 때문이다.

> 철학은 일반화된 비판이론이다. 인생 경험을 위한 철학의 궁극적 가치는 그것이 신념이든, 제도이든, 행동이든, 산물이든, 경험의 모든 국면에서 발견되는 이들 가치의 비판을 위한 도구들을 계속적으로 제공한다는 것이다(『경험과 자연』).

> 철학은 본래 비판이며, …… 철학은 비판의 비판이다. 비판은 식별하는 판단, 주의 깊은 평가이며, 판단은 식별의 주제가 선, 혹은 가치에 관한 것일 경우 적절하게 비판이라고 불리워진다 (『경험과 자연』).

우리에게 주어진 최종적인 기준이 없기 때문에, 우리는 우리 자신의 경험의 전일성을 파편화시키는 우리 자신의 사유와 행위의 내용에 끊임없이 주의를 기울여야 한다. '비판의 비판'으로서의 철학은 그보다 한 걸음 더 나아가 그 주의 집중의 내용과 형식에조차도 비판을 기울여야 한다는 입장을 천명한다. 비판을 우리의 최고의 활동으로 간주하는 것은 그 자체로 우리 자신의 사유와 행위가 오류 가능하다는 사실을 고백

하는 것이다. 철학의 가장 놀라운 위력은 우리가 이 오류가능성을 인정한다는 고백 위에서 우리 자신이 저지른 오류의 가능성을 축소하기 위해 노력한다는 사실 그 자체에 놓여 있다. 아무도 우리를 강제하지 않았지만, 우리는 우리 자신의 삶을 위해 그렇게 한다는 점에서 독특한 행동양식을 가진 셈이다. 이 양식의 중요성은 우리가 스스로를 인간으로 규정하고, 인간이 무엇이냐는 질문을 포기하지 않고 유지해오면서 깨달은 몸과 마음, 나아가 인간과 세계에 대한 최근의 통찰에 기대고 있다는 점을 고려할 때 더욱 두드러진다.

토론 주제

1 몸과 마음이 인간의 전부인가?
2 인간과 다른 생물체, 특히 동물과의 차이란 무엇인가?
3 현대적인 관점에서 '인간다움'을 이루는 선천적 요소란 과연 무엇인가?

참고 문헌

스티븐 미슨, 2001. 윤소영 옮김, 『마음의 역사』, 서울:영림카디널.
길버트 라일, 1994. 이한우 옮김, 『마음의 개념』, 서울:문예출판사.
박문호, 2008. 『뇌 생각의 출현』, 서울:휴머니스트.

첫 번째 주제: 인식론
언어와 세계는 어떤 관계인가?

인식에 관하여

 '장미의 빨강', '오렌지의 신맛' 등과 같은 감각정보들은 우리가 보거나 먹어보기 이전에, 다시 말해 우리가 인식하기 이전에 이미 존재한다. 인식의 결과라고 볼 수 있는 색이나 맛 등은 모두 우리의 인식 여부와 관계없이 사물 그 자체가 가진 고유한 특성이라고 볼 수 있기 때문이다. 따라서 인식을 논하는 데 있어서 최소한 "어떤 지각의 대상이 우리의 인식 밖에 이미 존재하고 있다."라는 것은 누구도 부정할 수 없는 사실이다. 이와 더불어 인식 결과의 동일성 또는 유사성은 감각정보가 객관적으로 존재한다는 믿음의 바탕이 된다. 즉 우리의 인식과는 무관하게 그 자체로서 독립적인 '객관적 세계'가 있고, 우리는 보고 맛보는 등의 지각 활동을 통해 그 세계를 최종적으로 인식한다는 믿음이 생겨나는 것이다.
 이러한 믿음의 종착역은 세계와 우리의 인식이 모종의 대응 관계에 놓여 있으며, 이때 언어는 인식 재료인 대상을 그대로 그려내는 역할을 한다는 '그림 이론(picture theory)'이라고 할 수 있다. 비트겐슈타인(L. Wittgenstein, 1889-1951)은 『논리·철학 논고』를 통해 언어와 세계가 서로 밀접한 관계를 맺고 있으며, "명제의 형식이 세계를 표현한다."라는 이른바 '그림 이론'을 탄생시켰다. 그림 이론의 골자는 우리는 명제들을 통해 세계의 사실을 그려낸다는, 즉 명제는 곧 현실의 '모형'이자 '그림'이라는 것이다. 좀 더 이해를 돕고자 실제 생활에서 접할 수 있는 기사의 한 단락을 간략히 읽어보자.

> "전남대학교가 디지털 캠퍼스로 전면 전환된다. 전남대는 미래형 교육과 포스트 코로나 시대의 교육환경 변화에 선제적으로 대응하기 위해 ICT(정보통신기술) 고도화 사업을 통해 단계적으로 디지털 인프라를 구축한다. … 화상강의, 동영상교육 등 교육방식의 변화에 선제적으로 대응하고, 앞으로 더욱 늘어나게 될 디지털정보의 대량 생산과 송수신을 원활하게 하기 위해 초고속 미래형 네트워크로 전환하고 하이브리드형 클라우드 시스템도 구축한다." (2020.9.16. CNU뉴스)

우리는 기사의 내용을 바탕으로 전남대학교와 디지털 캠퍼스를 연상하거나 둘이 결합한 이미지를 상상함으로써 기사에 대응하는 사실을 파악할 수 있다. 다시 말해 우리는 기사에 나타난 언어를 통해 그것이 가리키는 사실을 함께 이해할 수 있는 것이다. 이것은 무엇을 의미하는가? 명제를 이해한다는 것은 그것에 의해 묘사된 상황을 함께 이해할 수 있다는 것을 의미하며, 이는 곧 명제가 현실과 그대로 연결되고 있다는 것을 의미하는 것이다. 비록 명제와 현실 간의 연결의 구체적인 내용과 구조에 대한 논란의 여지는 있지만, 우리는 여전히 언어를 통해 세계를 접하고 이해한다.

한편 여러 사람이 동일한 하나의 사건을 이해하더라도 서로 다른 생각과 감정이 들 수 있듯이 동일한 하나의 기사에 대해 모두가 동일한 인식을 했다고 볼 수는 없다. 예를 들어 하나의 대상을 두고 각각의 고유한 문화에 따라 서로 다른 인식 결과가 나타날 수 있다. 음식금기(food taboo)의 경우, 민족 고유의 문화마다 서로 다른 인식을 하고 있으며, 특히 종교적 규제에 의해 문화마다 그 특성이 뚜렷하게 드러난다. 가령, 미국의 인류학자 메리 더글러스(Mary Douglas, 1921-2007)는 구약성서에서 먹어도 좋은 고기와 금지된 고기를 정교하게 구분하고 있다는 사실에 착안하여 돼지고기 금기에 대한 유대교 입장을 설명한 바 있다. 그에 따르면 한 사회에서 특정 음식에 대한 금기는 자연사·고고학·생태학이나 영양과 관련되어 있는 문제가 아니라, 그 사회 구성원이 문화를 보는 정신적 이미지와 더 많이 관련되어 있다는 것이다. 반면에 동아시아의 식문화에서 돼지는 자산이면서 우리 식단의 주요한 식재료로 인식된다.

인식의 대상이 동일할지라도 그것에 대한 나와 다른 사람의 인식 결과는 유사할 수도 혹은 전혀 다르게 나타날 수도 있다. 특별한 경우를 제외하고, 대체로 물리적인 층위에서 이루어지는 인식은 대체로 유사한 결과를 보이지만, 문화적인 층위로 넘어올수록 그 결과는 상대적으로 전혀 다르게 나타난다. 이는 인식을 논하는 데 있어서 유사성에 대한 논의만큼 차이에 대한 논의도 함께 이루어져야 한다는 것을 의미한다. 17세기의 인식론이 주로 인식 결과의 유사성을 설명하기 위한 시도였다고 한다면 20세기의 언어철학, 특히 후기 언어철학은 인식 결과의 차이의 문제에 관심을 두고 있다고 할 수 있다. 이하에서는 인식과 언어에 관한 주요 논쟁들을 17세기 인식론 논쟁에서 출발하여 20세기 언어철학에서 재구성된 '실재론/반실재론(realism/antirealism)' 구도에서 살펴볼 것이다.

실재론/반실재론 논쟁

'실재론/반실재론' 논쟁이 인식과 언어를 핵심으로 하는 까닭은 언어와 대상 사이의 지시 관계를 전제한다는 점 때문이다. 본래 실재론/반실재론 문제는 우리의 인식 내용이 외부의 실재에 의해서 결정되는지, 아니면 우리의 정신에 의해서 결정되는지의 문제로 집약된다. 더미트(M. Dummett)에 의해 구분된 실재론/반실재론은 객관주의에 기반을 둔 실재론 진영과 이에 반론을 제기하는 반실재론 진영 사이의 논쟁이다. 또한, 실재론과 관념론 논쟁을 계승하고 있는 언어 철학적 논쟁의 핵심적 주제이다.

먼저 언어철학에서 제기된 실재론/반실재론 논쟁의 핵심을 살펴본다. 이 논쟁은 우리의 인식 내용이 외부의 실재에 의해서 결정되는지, 아니면 우리의 정신에 의해서 결정되는지의 문제로 집약된다. 실재론자들이 옹호하는 우리의 밖에 최소한 '어떤 것이 존재한다'라는 차원의 소박한 실재론적 믿음은 양도될 수 없는 원초적인 것이다. 무엇이라고 인식적으로 규정되기 이전에 무엇인가 존재한다는 '원초적인 있음'이라고 부를 수 있는 어떤 것에 대한 믿음은 옳은 것으로 보인다. 여기에서 실재론적 주장은 강력한 지반을 갖는다.

실재론에 반대하는 반실재론을 지지하는 이들은 정신 이전의 세계를 인정하지 않으려 하며, 실재론자는 세계의 존재를 전제하지 않는 인식이란 불가능하다고 주장한다. 여기에서 논란의 쟁점이 정신 활동에 주어지기 이전의 세계, 즉 '세계자체'로 모인다는 것을 알 수 있다. 실재론/반실재론 논쟁에서 더미트는 실재론의 문제를 문장의 진리치 문제로 전환하여 다음과 같이 규정한다.

> 실재론은 명제들이 그 진리치에 대한 우리의 인식 방식과 상관 없이 객관적 진리치를 갖는다는 신념으로 특징된다. 즉 그 명제들은 우리와 상관없이 존재하는 실재에 의해서 참 또는 거짓이 된다. 반실재론자들은 이에 반대하여, 명제들은 우리가 그 명제의 증거로 간주하는 어떤 것에 의해서만 이해된다(고 주장한다)(Truth and Other Enigmas, p. 146.).

실재론자들이 갖는 강력한 지반은 무엇이라고 인식적으로 규정되기 이전에도 무엇인가 존재한다는 '원초적 있음'이라고 부를 수 있는 어떤 것에 대한 믿음이다. 반실재론자는 정신 이전의 세계를 인정하지 않으려고 하며, 실재론자는 세계의 존재가 전제되지 않는 인식이란 불가능하다고 주장한다. 두 진영의 논쟁은 어느 쪽도 상대방을 확고하게 논파하지 못하고 있으며, 우리는 필연적으로 반실재론을 선택하거나 실재론의 입장에 서야 하는 딜레마를 안고 있다.

실재론 비판

20세기의 언어철학이란 전통적으로 제기되었던 철학적 문제들을 언어를 통해 해결하려는 철학의 한 흐름이다. 언어철학에서 주요한 논의 주제 가운데 지칭 개념은 언어와 세계의 일대일대응이라는 구도를 위한, 즉 우리와 독립적으로 존재하는 객관적인 세계를 언어를 통해 이해하려는 시도에서 비롯된 개념이다. 다시 말해 객관주의적 의미 이론은 언어와 세계의 대응 관계에 토대한 것이며, 언어와 외적 세계 사이에 직접적 관계를 전제하고 있다. 더불어서 나와 타자 사이에 의사소통이 이루어질 때 화자인 나와 청자인 타자 사이에 동일한 어떤 것의 교환이 가능하다는 것이다. 이와 같은 생각은 두 가지 관점에서 비판된다. 즉 대상에 대한 객관적인 인식의 가능 여부와 언어와 대상 간의 구체적인 관계에 대한 지적으로 요약된다.

1) 대상에 대한 객관적인 인식은 가능한가?

먼저 대상에 대한 객관적인 인식에 관한 논의이다. 이 논의는 불교사상사에서 전개된 논쟁과 관련지어 구성할 것이다. 불교사상사에 있어 언어와 세계 사이의 직접적 관계를 인정한 학파는 설일체유부(Sarvāstivādin)이다. 설일체유부의 인식이론은 객관 대상에 기초한다. 따라서 감각기관과 실재하는 대상과의 접촉에 의하여 지각(知覺)이 생긴다. 실재론자들의 생각은 인식 객체와 접촉하면서 지각이 발생한다고 주장한다. 여기서 접촉이란 시각의 경우 우리의 망막 세포에 도달한 객체의 빛은 별도의 해석, 추리 없이 그대로 우리에게 지각된다는 것이다.

실재론에 근거한 인식론은 과학적인 검증에 대해 효과적으로 대응하지 못한다. 우리가 대상을 인식하는 방식에 관한 다각적인 연구는 실재론자들의 주장을 옹색하게 만든다. 왜냐하면, 우리가 대상을 인식하는 것은 그 대상을 독립적으로 인식하는 것이 아니라 주변 인식 대상과의 관계를 통해 인식하기 때문이다.

예를 들어 나뭇잎을 바라볼 때 우리의 눈은 그것이 초록색이라고 인식한다. 하지만 초록색 자체가 나뭇잎의 고유한 특성은 아니다. 이는 나뭇잎 속 엽록소들이 태양(광원체)의 빛이 지닌 여러 가지 색들을 흡수시키는 반면, 초록색은 반사하고 있기 때문에 우리가 그것을 초록색이라고 인식한다는 과학적 원리를 바탕으로 한다. 다시 말해 반사된 초록색을 우리의 시세포들이 뇌에 있는 뉴런들과 상호작용을 통해 최종적으로 인식하는 것이다.

이를 보다 구체적으로 살펴본다면, 외부에서 오는 어떤 자극은 감각 기관을 통해 우리 뇌 수용체에 도달함으로써 크게 수용, 변화, 부호화의 세 단계를 거친다.

> 수용(reception): 물리적 에너지를 단순히 흡수, 인지한다.
> 변환(transduction): 뉴런에서 물리적 에너지를 전기화학적 패턴으로 전환한다.
> 부호화(coding): 물리적 에너지의 한 측면과 신경계의 순간적 활동의 일대일 대응 관계가 성립된다.

결국, 우리가 존재한다고 믿는 것은 우리의 지각 작용을 거쳐 수용되고 변환된 '부호(符號)'인 셈이다.

또한, 심리학에서 선택적주의(選擇的注意)이론이 있다. '칵테일 파티 효과'라는 심리학 용어가 바로 그것인데, 우리가 파티장에 가면 많은 사람의 이야기들 때문에 나의 소리조차 제대로 들리지 않을 만큼 시끌벅적한 경우가 많다. 그런데 유독 파티 중에 자신에 관한 이야기만 들리는 일이 있다. 이는 인간이 한 번에 처리할 수 있는 정보의 양에 한계가 있듯이 우리의 인식 능력 역시 한계를 가지고 있기 때문이다. 따라서 다른 소리는 들리지 않고 자신에 관련된 소리만 우리가 받아들이게 되는 것이다. 이를 심리학에서는 '한계 용량설'이라고 한다. 인식 주체는 다양한 정보들 가운데 필요한 정보만 받아들일 뿐, 나머지 객체의 정보는 무시해버리거나 인식하지 못하는 것이다. 그런데 실재론에 근거한 인식은 인식대상이 우리에게 전달해주는 모든 정보를 우리가 사전에 차단하거나 분류할 수 없다고 주장하고 있다.

2) 단어와 대상과의 관계란 고정적인가?

우리에게 있어서 용(龍)이란 무엇인가? 동양에서의 용은 재난을 막아주고 복(福)을 내려주는 긍정적인 성질이 강하다. 이러한 유래는 중국의 창조신화 속의 복희와 여와를 통해 잘 드러나는데, 그들의 아랫도리는 용처럼 뱀으로 이루어져 있다. 그들은 대홍수를 막고 흙으로 인간을 빚음으로써 중국인들의 시조가 된다.

반면에 서양에서의 용은 어떠한가? 서양에서 용의 기원은 그리스·로마 신화의 에키드나(Echidna)에서 유래하였다. 중국인들의 시조였던 복희와 여와와 마찬가지로 에키드나 역시 아랫도리가 뱀으로 이루어져 있는데, 중요한 차이점은 에키드나는 그리스·로마 신화의 여러 위험한 괴물들을 낳는 존재로 그려지고 있다는 점이다. 이러한 차이점에서 만들어진 편견은 기독교가 지배적이던 중세 시대까지 그대로 전파되어, 복을 불러오는 동양의 용과는 달리, 서양의 용은 물리치고 경계해야 할 애물단지로 전락하게 된다. 똑같이 '용'이라는 단어를 인식하고 있지만, 그것을 인식하는 가치론적 문맥(Context)에 있어서는 서양과 동양이 서로 판이한 차이점을 보이고 있다.

이와 같은 상대적인 관점의 적용을 받는 단어와 대상과의 관계를 실재론자들의 관점에서 살펴보자. 설일체유부를 비롯한 실재론자들은 용이라는 단어 자체가 용을 지시하는 성질을 가지고 있기 때문에 우리는 언어를 통하여 타자와 소통할 수 있다고 주장한다. 어쩌면 그들의 생각은 서로 다른 문화권 사이의 소통이 있기 전까지는 제법 그럴 듯해 보인다. 그러나 실재론의 관점을 따르면 우리가 하나의 인식대상으로서 용을 두 명 이상이 인식하고 있을 때, 단지 그것은 용이라는 언어로만 인식될 뿐 다른 어떤 것으로도 인식되는 것은 아니라고 한다. 실재론에 근거한 인식론에는 문맥(Context)이 없다. 단지 '용'이라고 하는 객관적인 객체만 남아있을 뿐이다. 이러한 사고방식은 설일체유부와 실재론의 맥락을 같이 이어가는 인도 철학 중 하나인 와이셰시카(Vaiśeṣika)학파에서 적나라하게 드러나게 된다. 와이셰시카 학파의 주장에 따르면 하나의 보편은 비공간적이고 비시간적이다. 다시 말하면 '용'이라는 단어에는 시간성도, 공간성도 없기 때문에 용에 대한 견해를 서양과 동양으로 나누어야 할 이유도 없는 것이다. '용'은 용이라는 단어 그 자체로 보편성을 갖는다.

이제 한 번 질문해보자. "용이란 무엇인가?"라는 질문에 실재론자들은 제대로 된 답변을 할 수 있는가? 물론 동아시아의 문화권 안에서 용의 개념을 어느 정도 합의할 수 있다. 즉 '모양은 뱀의 모양과 비슷하고', '날카로운 발톱을 지닌 채 하늘을 자유롭게 날아다닌다'라는 등의 합의점들을 말이다. 실재론자들의 주장이라면 인식과 마찬가지로 언어에 대응하는 대상이 1:1의 관계가 성립되어야 한다. 그런데 우리가 내린 '용'의 정의는 기술적(記述的)인 것일 수밖에 없으며 더욱이 용을 기술한 내용은 동양과 서양에서 상이(相異)하다. 즉 우리가 생각하고 있는 용의 모습은 비슷할지언정 가치적 측면은 달라질 수 있다. 따라서 우리는 '용'을 설명할 수 있을지는 몰라도, 단어 그 자체로서 모두가 동일한 인식을 가능하게 하는 '용'을 만드는 것은 사실상 불가능하다.

또한, 엑스칼리버가 부서지고 사라졌다면 지칭체가 사라졌는데도 이름과 지칭의 대응 관계가 성립할 수 있을까? 더구나 구체적인 단어가 아닌 추상적인 단어들은 그것을 지시하는 내용이 불분명해진다. "사랑이란 무엇인가?"라는 질문에 대해서 제대로 답변할 수 있는 사람이 있을까? 실제로 우리가 경험하는 사랑이라는 개념을 동일하게 전달하는 것은 애초부터 불가능한 것일 수도 있다. 이처럼 지칭(Reference)하는 대상과 단어 간에는 1:1의 고정된 관계가 성립되지 않음을 알 수 있다. 그것은 상대적이지, 결코 객관적일 수 없는 것이다.

반실재론 비판

대상과 단어의 1:1 대응 관계에 근거한 인식론을 바탕으로 설일체유부는 세계와 존재에 관해 실재론의 견해를 밝히고 있다. 설일체유부의 입장을 비판하는 경량부(Sautrāntika)는 외계는 찰나적으로만 실재하기 때문에 오직 추리에 의해서 인식될 뿐이라고 주장한다. 다시 말해 지식이 대상의 형상을 띠고 생겨 날 때에 원인으로서 외계의 대상은 일순간 전에 이미 멸한 것이기 때문에 지식이 외계의 대상 자체를 볼 기회가 없다고 주장하는 것이다. 그래서 경량부의 주장을 따르면 우리는 외계에 있는 대상의 존재를 알 수가 없기 때문에, 외계의 대상이란 지각되지 않는 무엇일 뿐이다.

경량부는 지식과 대상의 1:1 대응을 인정하지 않으며, 인식 주관에 관한 논의를 중심으로 한다. 경량부의 인식론은 단어와 그 단어가 가리키는 '지칭체(reference)' 사이의 고정된 관계는 없다는 것이다. 그 단어가 물리적인 사물이나 추상적인 대상을 지시할지라도 언어적인 표현으로만 인정될 뿐이다.

   설일체유부의 사유에서 의사소통의 근거나 인식의 성립근거로 삼은 단어와 대상 사이의 직접적 관계는 객관성을 확립하려는 열망에서 비롯된 것이다. 이와 같은 단어와 외적 세계의 직접적 관계는 언어 현상에 대한 해명이라기보다는 객관성의 지반을 확보하려는 요청에 근거한 것으로 보인다. 이는 아주 오래된 문제로서 성경의 창세기 11장의 바벨탑에 관한 이야기에서도 등장한다. 하느님의 권위에 도전하던 지상의 인간들이 하느님으로부터 벌을 받아 공통언어가 여러 가지 언어로 분리되어 버린다. 언어를 통한 의사소통이 불가능해진 인간은 결국 바벨탑 건축을 포기할 수밖에 없었다. 여기에서 한 가지 재미있는 점은, 바벨탑의 '바벨'이라는 언어의 기원은 '혼란(混亂)'의 뜻을 가지고 있다는 것이다. 설일체유부를 비롯한 실재론자들이 염려하는 점도 바벨탑에서의 혼란과 다르지 않다.

   즉 실재론/반실재론 논쟁을 하다 보면 의사소통의 객관적 기준에 대한 논의를 반드시 거쳐야 한다. 경량부는 설일체유부의 주장에 담긴 실재론의 한계를 간파했으나 의미의 객관성 또는 의사소통의 지반을 확보해야 하는 과제를 남겼다. 현대의 언어철학자들 역시 고심한 문제는 극단적인 '유아론(solipsism)'을 피하면서 의사소통의 가능성을 확보하는 것이었다. 이는 의사소통의 가능성이 부정되지 않을 근거를 모색하는 것이며, 상대주의라는 혐의에서 벗어나려는 것이다. 하지만 경량부의 주장처럼 언어 현상은 반실재론적인 형태로만 우리에게 드러나게 된다. 이러한 생각이 극단적으로 전개되면 의사소통 자체가 부정될 수도 있다. 아무런 연결고리가 존재하지 않는다면 우리가 애초에 언어를 통하여 다른 사람들과 이야기를 할 이유가 없다. 설일체유부를 비롯한 실재론자들은 "객관성이 확보되어 있지 않은 상태에서 어떻게 의사소통을 할 수 있겠는가?"라고 반문한다. 경량부와 같은 반실재론자들은 '사회적 합의'를 통해서 의사소통할 수 있다고 주장한다. 다만 지금까지 반실재론이 언어에 대한 모종의 회의주의적 시각을 가지고 있었던 이유는 특히 서구 지성사에서 지배적 주류로 자리 잡아 왔던 정신주의·이성주의 때문일 것이다.

결국, 경량부는 결국 실재론자만큼은 아니어도 납득할만한 수준의 공통 지반을 사회적 합의라는 것을 통해 제시한다. 그렇다면 의사소통의 공통 지반은 사회적 합의 이외에 어디에서 찾을 수 있을까?

최소한의 공통 지반

실재론/반실재론의 근원적 구도를 듀이(J. Dewey)는 인식 작용에 있어서 중심적 역할을 세계 아니면 관찰자에 두는 '선택적 강조(selective emphasis)'라고 지적한다. 또한, 노양진에 따르면 근대 인식론에 나타났던 순수한 인식론적 '주체'는 바로 선택적 강조의 산물이다. 듀이가 밝히고 있듯이 우리는 세계와 지속적으로 단절 없이 '상호작용(Interaction)'하고 있다. 세계와의 상호작용에는 관찰이라는 평면적인 작용뿐만 아니라 우리의 신체적 활동과 같은 다양한 직접적 작용이 포함된다.

노양진은 실재론/반실재론 논쟁의 구도에 대한 새로운 시각을 체험주의를 통해 제시한다. 체험주의는 전통적인 철학적 탐구가 대부분 순수한 '선험적 사변'에 의존해 왔다는 점에 주목하고 오늘날 '인지과학(cognitive science)'이 제공하는 경험적 증거들을 적극적으로 수용함으로써 선험적 방법과의 결별을 촉구한다. 그는 체험주의의 제안을 실재론/반실재론의 대립적 논쟁에 적용하여 이 구도를 와해시키고 있다. 또한,

노양진에 따르면 언어가 물리적 경험의 층위에 가까울수록 공통 지반의 안정성을 확보하는 반면에, 언어가 추상성을 가질수록 공통 지반은 안정성이 약화한다. 그 이유는 우리의 체험이 물리적인 경험 영역에서 인간이라는 '종(種)'으로서의 공통성을 가지고 있는 반면, 의식의 영역에서는 환경과 문화에 따라 다르게 체험되기 때문이다. 다시 말해 하나의 단어는 그 단어가 지시하는 대상이 신체에 대한 직접성을 띨수록 더욱 공통성이 많아지게 된다. 이와 같은 언어의 특성을 인정한다면, 완전하지는 않지만, 최선이라고 불릴 수 있는 공통 지반을 우리는 확보할 수 있을 것이다.

지금까지 체험주의의 주장에 근거해 최선의 공통 지반으로서 물리적 경험의 유사성을 들었다. 이제 물리적 경험의 양상을 불교의 인식 성립 이론에 근거해 살펴보겠다. 불교의 전통적인 인식 성립 이론은 SN 86경에 나타나고 있다.

> 안(眼)과 색(色)을 연하여 안식(眼識)이 생겨난다. 세 가지가 화합하여 촉(觸)이, 촉을 연하여서 수(受)가, 수를 연하여 갈애(渴愛)가 생겨난다. 이것이 괴로움의 집기(集起)이다.……의(意)와 법(法)을 연하여 의식(意識)이 생겨난다. 세 가지가 화합하여 촉이, 촉을 연하여서 수가, 수를 연하여 갈애가 생겨난다. 이것이 괴로움의 집기이다(SN IV, 106.).

여기에서는 인식의 발생(觸) 조건을 세 가지의 화합에서 찾고 있으면서도 한편 느낌(受)이 번뇌의 근본 또는 괴로움의 원인이 된다고 보고 있다. 먼저 인식 성립의 조건이면서 인식 발생의 조건인 시각(眼)은 감각기관의 작용이고, 색(色)은 그 경험 대상이다. 구체적인 경험 내용으로서 하나의 꽃이 보이는 경우, 그 꽃이 다른 것과 구별된 하나의 특수한 꽃이 되기 위해서는 선택적으로 인식되지 않으면 안 된다. 붓다(Buddha)는 보이는 내용으로서 꽃을 식별하는 것은 대상에 대한 모사(模寫)가 아니라는 견해를 보여 주었다. 붓다는 인식이 대상의 모사라고 생각했던 실재론에 근거한 인식이론을 거부하였다. 붓다는 분명히 인식의 발생을 성립시키는 계기로 감각기관의 작용(눈), 경험 대상(꽃), 그리고 경험 내용(꽃이라는 앎) 세 가지를 제시한다.

　인식의 발생(觸) 조건으로서 세 가지의 화합에 근거한 인식은 객관 세계 자체가 감각기관을 통해서 인식에 그대로 모사된다는 인식론을 거부한다. 이는 설일체유부처럼 객관 대상에서 인식의 조건을 찾는 외경실재론이라거나, 경량부처럼 외경을 추리하는 외계요청설을 제시하지 않는다. 오직 감각기관의 작용(눈), 경험 대상(꽃), 그리고 경험 내용(꽃이라는 앎)의 상호적인 작용이 현상의 발생 조건이며 인식의 발생 조건이다. 이상의 주장은 실재론/반실재론 논쟁에서 간과해왔던 인식대상과 인식 주관의 대립 구도를 해체해서 바로 볼 수 있게 하는 주요한 단서다. 또한, 인식 발생의 객관성을 감각기관의 작용(눈), 경험 대상(꽃), 그리고 경험 내용(꽃이라는 앎)의 상호적인 작용을 바탕으로 한 물리적인 층위에서 공공성의 지반을 확보하는 것이다.

토론 주제

1 모든 사람이 하나의 대상이나 사건을 동일하게 인식할 수 있는가?
2 단어와 대상과의 관계란 고정적인가?
3 의사소통의 공통 지반은 사회적 합의 이외에 어디에서 찾을 수 있는가?

참고 문헌

제임스 칼랏, 2014. 김문수 외 옮김, 『생물심리학』. 시그마프레스.
노양진, 2009. 「지칭에서 의미로」 『몸, 언어, 철학』. 서광사.
_____, 2009. 「실재론과 반실재론을 넘어서」 『몸, 언어, 철학』. 서광사.

두 번째 주제

사회 및 역사철학

- 노동은 자유의 실현인가? (김현)
- 기술문명은 인간을 해방할 것인가? (이경배)
- 역사는 진보하는가? (이경배)
- 정의란 무엇인가? (김혜영)
- 사회와 개인이란 무엇인가? (김기성)
- 유교적 근대화와 개인의 조화는 가능한가? (류근성)

두 번째 주제: 사회 및 역사철학

노동은 자유의 실현인가?

'왜 노동을 하는가?'라고 묻는다면 대부분의 사람은 '먹고 살기 위해서'라고 답할 것이다. 물론 어떤 사람들은 자아를 실현하고 성취감을 얻기 위해서 노동을 한다고 답할 수도 있다. 그러나 오늘날 우리에게 노동은 자아실현이나 성취감의 획득 이전에 생계를 위해 당연히 혹은 어쩔 수 없이 해야만 하는 일이라는 의미가 더 강한 것처럼 보인다. 만약 우리가 생계를 보장할 만한 다른 수단을 가지고 있다면, 가급적 노동을 하지 않고서 사는 삶을 원한다는 것이다. 먹고 살기 위해 강제적으로 수행해야만 하는 활동으로서의 노동을 기꺼운 마음으로 받아들이기에는 그에 수반된 고단함과 수고로움이 지나치게 큰 것 같다.

'노동'이라는 단어의 의미 또한 긍정적인 것은 아니다. 노동의 한자어인 '勞動'은 '힘을 써서 움직인다'라는 뜻이다. 노동을 뜻하는 독일어 Arbeit는 원래 중세 시대 농노가 장원에서 수행하는 일들을 지칭하는 것으로 사용되었는가 하면, 동일한 의미를 갖는 프랑스어 travailler는 본래 '고문'을 의미하는 라틴어 tripalium에서 파생된 것이라고 한다. 기독교 역시 노동을 긍정적인 것으로 바라보지 않는다. 성경은 노동을 인간의 원죄에 대한 벌 혹은 그로 인해 치러야 하는 고통이라고 가르친다. 어떤 경우든 노동은 긍정적인 의미보다는 어쩔 수 없이 해야만 하는 고역스러운 활동이라는 부정적 의미가 더 강한 것 같다.

그렇다면 철학자들은 노동을 어떻게 이해해 왔을까? 노동의 본래 의미가 부정적이라고 하더라도 노동이 인간의 삶에서 차지하는 비중을 무시할 수 없는 한에서, 노동은 철학자들에게 중요한 철학적 고찰 대상 중의 하나였다. 우리는 여기에서 서양 철학자들이 노동 개념을 어떻게 해석했는가를 살펴봄으로써 노동에 대한 우리 자신의 이해를 확립해 보려고 한다.

노동은 동물적 욕구충족의 수단

인간이 그 자신의 삶을 보존하기 위해 수행해야만 하는 일로서의 노동을 철학적인 맥락에서 성찰한 이는 서양의 고대 철학자 아리스토텔레스(Aristoteles)다. 아리스토텔레스는 『정치학』에서 노동의 의미를 인간의 본성과 관련지어 탐구한다. 아리스토텔레스에 의하면 인간은 본성적으로 공동체 속에서 살 수밖에 없는 존재로서, '정치적 동물'이다. 그에게 노동은 인간의 동물적 부분, 즉 매일매일 반복되는 필요를 충족시키기 위한 필연성의 강제에 따른 활동을 의미하였다. 계급사회였던 고대 폴리스에서 노동은 노예계급이 수행하는 활동이자, 인간의 동물적 생존을 위해서 필요한 일로서 이해되었다. 반면 노동으로부터 면제된 시민계급은 정치적 행위를 통해 동물적 생존에서 벗어나 인간의 인간다운 부분을 실현하는 계급으로 이해되었다. 고대 폴리스에서 노동은 정치적 행위를 위해 반드시 전제되어야만 하는 필요불가결한 것으로 이해되기는 하였으나, 그것은 인간다움의 실현과는 무관한 것으로 간주하였으며, 따라서 노동을 수행하는 노예 역시 인간의 범주에는 들지 못하는 하나의 도구에 불과하였다. 삶의 필요를 위해 수행하는 활동으로서 노동은 아리스토텔레스에게 있어서 노예적 본질을 갖는 것이었으며, 시민적 자유는 인간의 삶에 내재하는 이 필연성을 충족시키기 위해 수행해야 하는 노동에서 벗어날 때야 비로소 가능한 것이었다. 이런 이유 때문에 아리스토텔레스는 육체를 가장 많이 쓰는 직업이란 가장 노예적인 직업이며, 시민은 생존을 위해 필요한 노동으로부터 면제된 사람들이라고 규정한다.

　노동을 인간의 동물적 필요에 연관된 천한 일로서 간주하는 철학적 태도는 아리스토텔레스 이후 중세에 이르기까지 계속되었다. 기독교의 강력한 영향 아래 놓여 있었던 중세 시대에 인간의 현세적 삶이 영위되는 지상에서의 시간이란 영원한 안식과 구원이 보장된 천상의 시간에 비해 열등한 것일 수밖에 없었다. 이 때문에 지상에서 인간이 수행하는 활동 또한 본질적인 가치를 부여받지 못하였다. 물론 중세의 수도원이 기도와 명상, 경건한 독서 이외에 육체노동을 수도승적 생활양식으로 간주함으로써 노동을 천한 인간의 동물적 기능으로 간주하는 고대적 관점에서 벗어나기는 하였지만, 여전히 노동을 인간의 다른 활동을 위한 부차적인 지위에 묶어 둠으로써 노동에 긍정적 의미를 부여하지는 않았다.

　고대와 중세에 걸쳐 유지되어 온 노동에 대한 이러한 부정적이고 소극적인 견해는 근대에 이르러 새로운 국면을 맞이하게 된다. 인간과 세계에 대한 새로운 발견으로 특징지어지는 르네상스 및 중세적 세계관의 붕괴를 초래한 종교개혁은 근대에 새로운 인간관과 사회관을 형성하도록 하였고, 이로 인해 노동에 대한 기존의 관념도 변화되기에 이르렀다. 서양 근대에 노동은 인간의 생존과 직결된 동물적 기능 및 천한 활동이라는 종래의 의미를 탈피하고 인간을 동물과 구별하는 가장 본질적인 징표로까지 격상되기에 이른다. 근대인에게 노동은 인간의 본질이자, 고대인들의 사유와는 반대로, 인간의 인간됨을 실현하기 위한 가장 중요한 활동이 된다.

노동은 소유권의 근거

근대의 시대적 맥락 안에서 노동에 긍정적인 의미를 부여한 최초의 철학자는 영국의 사회계약론자 로크(J. Locke)다. 로크는 그의 주저 『시민정부론』에서 노동을 사적 소유의 정당화 근거로 삼는다. 로크에 의하면 신이 이 세계를 인간에게 공유물로 하사하였다. 신은 부지런하고 이성적으로 행동하는 사람들을 위해 공유지를 하사하였고, 내가 이 공유지에 가한 노동은 신이 주신 공유지에 대한 나의 소유권을 주장할 수 있는 근거가 된다. 따라서 로크는 누군가 신께서 하사한 토지를 개간하여 그의 것으로 만들었다면 다른 사람은 이미 누군가가 개간해 놓은 토지에 간섭해서는 안 된다고 한다. 공유로 되어 있는 토지에 대해 그 누구도 노동 없이 울타리 쳐서는 안 되지만, 신께서 인간에게 노동할 것을 명령하고, 인간이 생활에 필요한 것들을 노동을 통해 마련할 수밖에 없는 이상, 어느 누군가가 그의 노동력을 투하한 토지는 그 자신의 소유물이 되고, 다른 사람이 이것을 빼앗을 수는 없다는 것이다. 이를 통해 로크는 사적 소유권에 대한 정당한 권리 행사가 타인의 동의를 통해 정당화되는 것이 아니라, 오직 노동을 통해서만 정당화된다고 주장한다. 로크에게 노동은 인간이 자신의 동물적 필요를 위해 수행해야만 하는 활동의 차원을 넘어서, 인간에게 사유재산을 형성하게 하고 그 재산에 대한 소유권을 정당화할 수 있는 근거로서 승격된다.

노동에 대한 로크의 견해는 노동을 고통스러운 동물적 활동으로만 이해하였던 고대적 사유 패러다임이나, 인간이 그의 지상에서의 삶을 영위하기 위한 일시적인 활동에 불과한 것으로 간주하였던 중세적 태도로부터 분명한 전환점을 이루는 것이었다. 물론 로크가 노동을 인간이 수행하는 다양한 활동 중에서 최고의 활동이라고까지 예찬하며 노동에 대한 본격적인 철학적 탐구를 수행한 것은 아니지만, 그런데도 노동을 이성적이고 근면한 인간이 수행하는 긍정적인 활동이자 소유권 확립의 근거로 이해한 것은 노동에 대한 새로운 사유 패러다임을 창출한 것이라고 볼 수 있다.

노동은 자기실현의 계기

노동에 대한 근대적 사유 패러다임의 성과를 수용하고 이에 대한 본격적인 철학적 탐구를 수행한 이는 헤겔(G.W.F. Hegel)이다. 헤겔은 서양 철학사상 최초로 노동에 철학적 의미를 부여하고, 노동개념을 통해 근대의 시대정신을 정초하고자 하였다. 노동에 대한 헤겔의 긍정적 의미부여가 가장 지배적으로 드러나는 곳은 그의 주저 『정신현상학』의 '주인과 노예의 변증법'에서이다. 헤겔에 의하면 인간은 자기의식으로서, 자신의 자립성을 견지하는 주체적인 자아이자, 자신을 대상으로 하는 반성적 자아이다. 헤겔은 이 자기의식을 욕망으로, 타인에 대해 스스로를 인정받고 싶어 하는 인정에 대한 욕망으로 간주한다. 타인을 통한 인정의 욕망은 두 개의 자기의식을 현실적인 인정 투쟁으로 내몰게 되는데, 이 투쟁에서 승리할 수 있는 관건은 자신의 목숨마저도 내던질 수 있는 자세이다. 두 개의 자의식이 벌이는 목숨을 건 인정투쟁은 동물적 생명에 집착함으로써 패배하게 되는 하나의 자기의식과 동물적 생에 대해서마저도 초연한 태도를 견지함으로써 이 인정투쟁에서 승리하게 되는 다른 하나의 자기의식으로 끝이 난다. 승리한 자기의식은 패배한 자기의식을 살려둠으로써 타인으로부터 인정받고자 하는 욕구를 충족시키고 주인이 되는 한편, 패배한 자기의식은 삶에 집착한 대가로 노예가 되어 주인을 위해 봉사하게 된다. 목숨을 건 인정투쟁 이후 주인이 된 자기의식은 자신의 동물적 욕구를 노예에게 내맡김으로써 노예의 봉사를 향유하는 한편, 삶에 대한 동물적 집착 때문에 패배함으로써 노예로 전락한 자기의식은 노동을 통해 주인에게 봉사하게 된다.

    헤겔에 의하면 노예가 된 자기의식은 이중적인 위협에 직면한다. 한편으로 노예는 끊임없이 주인으로부터 생명의 위협을 받는가 하면, 다른 한편으로 그의 뜻과 의지에 쉽사리 굴복하지 않는 자연의 저항에 맞서야만 한다. 그러나 이중의 위협 가운데 수행되는 노동을 통해서 노예는 첫째, 주인에 의해 지속적으로 가해지는 죽음의 위협 속에서 삶을 위협하는 절대적인 공포란 주인이 아니라 오히려 죽음 그 자체라는 것을 깨닫게 되고, 이 절대적 공포를 극복하기 위한 생존의 길이 오직 현실 세계 속에서 노동뿐이라는 것을 알게 된다. 노예는 인정투쟁의 패배로 인해 죽음의 공포 때문에 수행해야 했던 강제적 노동을 오히려 죽음의 공포에서 벗어나는 유일한 길로서 긍정하게 되는 것이다. 둘째, 자연의 저항에 직면한 노예의 노동은 자연의 저항에서 벗어나기 위해 대상을 객관적으로 인식할 수 있는 계기를 마련해 줌으로써 노동하는 노예의 의지에 대상을 굴복시키는 길을 열어주게 된다. 대상을 가공하는 변형하는 과정은 노예의 의지에 쉽사리 굴복하지 않는 자연의 저항을 이기고 이를 인간적 형태로 변형하는 과정이다. 또한, 노예는 노동을 통한 자연의 변형과 가공의 과정에서 자기 자신을 이론적, 실천적으로 도야하는 자기변형의 과정을 겪는다. 다시 말해 노동은 자연의 변형이자 인간 자신의 변형이라는 이중적 의미를 갖는다. 노예는 이 두 가지 과정을 통해 노동 속에서 자신의 능력을 키우고 진정한 자립성을 획득하게 된다. 반면 처음부터 노예의 노동에 그의 모든 욕구충족을 의존하였던 자립적 의식으로서의 주인은 노동으로부터 면제되어 있다는 바로 그 이유 때문에 자립적인 자기의식을 상실하게 되고, 노예에 의존하는 비자립적 의식으로 전도되고 만다.

헤겔은 주인과 노예의 인정투쟁을 통해 현실 세계에서 수행되는 노동이 인간을 동물적 욕구에 집착하는 자기 보존적 존재로부터 대상에 대한 가공과 변형을 통해 자기 자신을 인간적으로 실현하는 가장 중요한 활동이라고 주장한다. 노동이 자연과의 대면을 통해 인간의 필요를 충족시키는 활동이라는 것은 부정할 수 없는 사실이지만, 노동이 갖는 의미는 비단 그 차원에만 국한되지 않고 인간을 인간으로서 완성하고 현실 세계를 가공하고 완성하는 긍정적인 활동인 것이다. 노동이 없다면 자연의 변형도 불가능하며 인간 그 자신의 변형과 도야 또한 불가능하다. 이런 점에서 헤겔은 인간이 노동을 통해 동물적인 존재에서 인간적 존재로 고양될 수 있다고 이해한다.

소외된 노동, 소외된 인간

헤겔의 이러한 노동관은 마르크스(K. Marx)에 의해 적극적으로 계승된다. 마르크스는 헤겔이 노동을 인간의 자기실현 과정으로 이해함으로써 노동이 갖는 긍정적 의미를 적극적으로 부각했다는 점을 매우 높이 평가한다. 그러나 마르크스는 헤겔이 노동의 긍정적인 의미만을 강조하였을 뿐, 19세기 산업 자본주의 사회에서 노동이 겪는 부정적 양상에 대한 철학적 고찰을 소홀히 했다고 비판한다. 노동이 인간의 본질이자, 인간의 자기실현을 위한 긍정적 활동이기는 하지만, 마르크스는 노동이 갖는 긍정적인 의미가 사적 소유를 기반으로 하는 자본주의 사회에서 부정적 의미로 변형됨으로써 노동의 소외로 귀착될 수밖에 없다고 주장한다. 따라서 마르크스는 노동의 참다운 의미를 회복하기 위해서는 소외의 원인이 되는 자본주의 사회를 철폐해야만 한다고 주장한다.

마르크스에 의하면 "노동은 인간과 자연 사이의 한 과정, 다시 말하면 인간이 자기 자신의 행위를 통해 인간과 자연 사이의 물질대사를 매개하고 규제하며 통제하는 한 과정이다." 인간은 노동함으로써 자신의 욕망을 충족시킨다. 인간이 행하는 노동은 자연을 변형하고 가공하는 활동이다. 노동은 인간의 욕구를 충족시키는 토대가 될 뿐만 아니라, 외적 자연에 노동을 가함으로써 자연을 그의 필요에 적합한 형태로 가공해낸다. 그러나 노동은 인간의 욕구를 충족시키는 자연의 변형과 가공에만 그치는 것이 아니다. 마르크스는 인간이 노동함으로써 인간 자신의 내적인 자연(본성)도 변화시킨다고 한다. 다시 말해서 인간은 외적 자연을 변형하는 대상적 실천을 통해 자연과 마주한 그 자신의 본성도 변형시키고, 이를 통하여 자신의 경험과 인식을 넓혀가게 된다는 것이다. 이 때문에 마르크스는 노동이 자연의 변형과 인간의 변화라는 이중적 측면을 갖는다고 본다.

특히 노동의 이중적 측면 중에서 후자의 측면, 즉 인간의 변화라는 측면은 인간의 노동을 동물의 본능적 활동과 구별하는 매우 중요한 특징이 된다. 마르크스는 인간의 노동이 동물의 본능적 활동과 다른 점을 인간이 자연과의 관계에서 처음부터 목적을 뚜렷하게 의식하고 있다는 점에서 찾고 있다. "그(인간)는 단지 자연물의 형태를 변화시키는데 그치는 것이 아니라, 동시에 그 자연물을 통해 자신의 목적(즉 그가 잘 알고 있는 것이면서 동시에 자신의 행동방식을 결정하는 기준이기도 하며, 또한 자신의 의지를 예속시켜야만 하는 그런 자신의 목적)도 실현한다." 다시 말해 인간이 자연과의 사이에서 수행하는 활동으로서의 노동은 동물이 수행하는 일과는 달리 그것이 합목적적인 성격을 갖는다는 것이다. 마르크스는 이러한 예로 거미와 직물업자를 비교하면서 다음과 같이 말한다. "거미는 직물업자가 하는 것과 비슷한 작업을 수행하고, 또 꿀벌은 자신의 집을 지음으로써 수많은 인간건축가를 무색하게 만든다. 그렇지만 아무리 서툰 건축가라도 가장 우수한 꿀벌보다 처음부터 앞서 있는 점은 건축가는 밀랍으로 집을 짓기 전에 미리 그것을 자신의 머릿속에서 짓는다는 데 있다. 노동과정이 끝나고 마지막에 나오는 결과물은 노동과정이 시작되는 시점에 벌써 노동자의 머릿속에(따라서 벌써 관념적으로) 존재하고 있던 것이다." 이런 점에서 마르크스는 노동을 인간의 가장 본질적인 활동으로 규정하고 있다. 노동은 자연의 변형을 통해 산업의 발달을 초래할 뿐만 아니라, 인간의 인간다움을 실현할 수 있는 가장 본질적인 활동이다.

그러나 마르크스는 생산수단을 사적으로 소유하는 자본주의 경제체제 아래에서는 인간의 노동이 갖는 본래의 의미가 상실되고, 이로 인해 노동의 소외가 발생한다고 본다. 인간이 자기 자신을 실현하는 본질적 활동으로서의 노동이 생계를 위한 수단으로 전락함으로써 노동이 인간 자신에게 이질적이고 강제적인 활동으로 변화되는 부정적 현상이 초래된다는 것이다. 소외란 본래 '양도하다'라는 의미를 갖는 라틴어 동사에서 유래한 것으로서, '낯선' 또는 '이질적인'이라는 의미를 갖는다. 따라서 노동이 소외되었다는 것은 곧 인간 자신의 본래 기능이어야 할 노동이 인간 자신에게 낯설고 이질적인 것으로 변질되어 버렸다는 것을 의미한다.

생산수단이 소수의 몇 사람에게 집중되고, 생산수단을 갖지 못한 다수의 사람이 임금노동자로 전락하게 되는 자본주의 경제체제에서 노동은 더 이상 인간이 자신의 합목적성을 발휘하고 이를 통해 자기 자신을 도야하는 자기실현의 계기가 되지 못한다. 자본주의 경제체제 아래에서의 노동은 단순한 동물적 욕구를 충족시키기 위한 수단으로 전락한다. 마르크스는 이로 인해 다음과 같은 네 가지 소외가 발생한다고 한다.

첫째 노동이 생산하는 대상, 즉 노동생산물이 하나의 낯선 존재로서, 생산자로부터 독립된 하나의 힘으로서 노동과 대립한다. 즉 노동자는 자신이 산출한 대상(생산물) 속에서 자기를 발견하고 긍정하는 기쁨을 맛보지 못한다. 노동생산물은 그것을 만든 노동자와 무관한 이질적인 사물(상품)이 되어 노동자에 맞서게 된다.

둘째, 노동자는 그의 노동 속에서 더 이상 자기실현과 자기 긍정의 기쁨을 맛보지 못한다. 노동자는 그의 노동 속에서 자신을 긍정하는 것이 아니라 부정하며, 행복을 느끼는 것이 아니라 불행을 느끼고, 자유로운 육체적·정신적 에너지를 발휘하는 것이 아니라 고행으로 그의 육체를 쇠약하게 만들고, 그의 정신을 파멸시킨다. 그러므로 노동자는 자신이 노동하지 않을 때는 집에 있는 것처럼 편안함을 느끼고, 노동할 때에는 오히려 편안함을 느끼지 못하다. 노동자의 노동은 자발적인 것이 아니라 강요된 것, 강제노동이 된다.

셋째, 소외된 노동은 인간의 유적 본질을 소외시킨다. 노동이 노동자에게 인간의 본질적 활동이 되지 못함으로써, 즉 노동이 인간에게 외적으로 부과된 강제적 활동이 됨으로써 인간은 노동이 인간의 본질을 실현하는 활동이라는 생각을 하지 못한다. 소외된 노동 속에서 인간은 인간 자신의 유적 생활을 향유할 수 없다.

넷째, 소외된 노동은 인간으로부터 인간을 소외시킨다. 소외된 인간과의 관계는 인간적 관계가 되지 못하고 소외된 관계로 귀착된다. 노동이 인간이 수행하는 동물적 기능으로 전락하여, 더 이상 인간의 본질을 실현하지 못할 때, 인간은 인간 자신으로부터 소원해지고 멀어지게 된다. 또한, 인간과 인간 쌍방의 관계도 이질적이고 소원한 관계가 된다. 소외된 인간들은 서로 인간적인 관계를 맺지 못하고 단지 소외된 관계만을 맺기 때문이다.

그렇다면 마르크스는 소외된 노동의 근본적 치유책을 무엇이라고 보았을까? 다시 말해 어떤 방법을 통해 노동이 인간에게 자기실현의 기쁨이자 긍정의 힘을 되찾을 수 있다고 보았을까? 마르크스에 의하면 노동 소외의 근본적 치유책은 노동을 소외시키는 본질적 원인을 제거하는 것이라고 주장한다. 그것은 생산수단을 사적으로 전유하는 소수의 부르주아지와 다수의 프롤레타리아트의 계급적 대립을 폐지하는 것이고, 이는 곧 자본주의적 생산양식의 근본적인 변혁에서 찾을 수밖에 없다고 보는 것이다. 이런 점에서 마르크스의 공산주의 사회는 프롤레타리아트와 부르주아지의 계급대립이 철폐된 사회일 뿐만 아니라, 생산수단의 사회적 소유를 통해 노동의 소외를 근본적으로 극복할 수 있는 유일한 사회로 이해된다.

노동이란 무엇인가?

우리는 지금까지 서구 사회를 중심으로 노동에 대한 다양한 철학적 성찰들을 살펴보았다. 노동에 대한 견해가 부정적인 것이든, 긍정적인 것이든 분명한 점은 노동이 인간의 삶을 영위하기 위한 필수적인 활동이라는 점이다. 인간이 자연 속에서 자연과 맞서서 그것을 인간의 욕구에 적합한 것으로 변형하지 않으면 인간의 기본적 생존이 보장될 수 없으며, 인간의 기본적 생존이 보장되지 않는다면 경제뿐만 아니라 정치, 문화, 예술, 학문적 활동도 존립할 수 없다. 그렇기에 고대의 철학자 아리스토텔레스가 노동은 인간의 탁월함을 실현하는 것과는 무관한 것이라고 평가절하하였어도, 인간의 인간다움을 실현하기 위한 전제조건이라는 점은 부정하지 않았던 것이다.

노동이 먹고 살기 위해 어쩔 수 없이 해야만 하는 불가피한 일이라고 생각하는 사람들과 달리 어떤 사람들은 노동 속에서 자아를 발견하고 실현하는 기쁨과 보람을 맛볼 수도 있다. 땀 흘려 일하고, 그에 대한 대가로 경제적 이득을 취하는 것이야말로 보람된 일이라고 주장하는 것은 당연한 것처럼 보인다. 그러나 21세기를 살아가는 오늘날의 우리에게 노동이 과연 나의 자아를 실현하고 인간으로서의 성취감을 맛보게 하는 보람 있는 활동이라는 것을 우리가 쉽게 인정할 수 있을까? 노동을 통해 인간이 자신의 사적 소유에 대한 정당한 권리를 주장할 수 있다는 로크의 주장, 노동은 인간을 단순한 자기보존적인 동물적 존재로부터 자기실현적인 인간적 존재로 고양하기 위한 긍정적 활동이라는 헤겔의 주장, 마지막으로 자본주의 경제체제 아래에서 노동은 필연적으로 밥벌이를 위한 동물적 수단으로 변질될 수밖에 없다는 마르크스의 주장을 오늘날 우리는 각각 어떤 관점에서 해석하고 이해할 수 있을까? 노동은 그저 인간의 필연적인 생존 조건 때문에 강제적으로 수행해야만 하는 고통스러운 활동일 뿐인가? 인간은 노동을 통해서 자기 자신을 실현하고 좀 더 고차적인 인간됨을 실현할 수 있는 것일까?

1. 노동은 인간을 해방하는가, 인간을 노예로 만드는가?
2. 노동은 유희와 구별될 수 있는가?
3. 자본주의 사회에서 돈으로 환산되지 않는 명예로운 행위가 가능한가? 그러한 행위가 가능한 근거는 무엇인가?

마리 크리스틴 드무르크, 1996. 문재은 옮김, 『인간과 노동』, 예하.
칼 마르크스, 1991. 최인호 옮김, 『1844년의 경제학 철학 초고』, 박종철 출판사.
토마스 모어, 2004. 김용일 역주, 『유토피아』, 계명대학교 출판부.

두 번째 주제: 사회 및 역사철학

기술문명은 인간을 해방할 것인가?

기술 개념과 의미

그리스 신화 속의 제우스는 '모든 것을 미리 아는 자'인 프로메테우스의 도움을 받아 자신의 아버지인 크로노스를 타르타로스에 가두고, 거인족과의 전쟁에서 승리할 수 있었다. 그 후 '독점적 폭력'이 된 제우스는 자신에게 대항하고, 자신을 거역할 가능성이 있다는 이유로 인간 종족을 세상으로부터 추방하려 한다. 이런 제우스의 폭력에 대항하여 인간에 대한 사랑과 연민으로 인간을 구원한 신이 프로메테우스다. 프로메테우스는 제우스의 무자비한 폭력 앞에 나약하고 무기력하기만 한 인간에게 대장장이 신 헤파이스토스의 '불'을 훔쳐다 주었다. 그리고 신의 물건이자 도구를 훔쳐 소멸하여야만 할 운명의 인간 종족에게 가져다줌으로써, 앞으로 있을 인간의 신의 권위에 대한 도전을 가능하게 하였다는 이유로, 제우스는 프로메테우스를 스퀴티스의 절벽에 결박당한 채로, 독수리가 간을 파먹게 하는 형벌을 내린다. 가다머(Hans-Georg Gadamer)에 따르면 이 신화는 과학기술문명 위에 서 있는 "서양의 운명 신화(Schicksalmythos)"다. 즉, 신화가 이미 우리에게 암시하고 있듯이 프로메테우스가 인간 종족에게 가져다준 '불'은 서양 과학기술과 문명의 식이며, 이 때문에 절벽에 결박당한 채로 매일 자신의 간을 파 먹히는 고통을 당하는 프로메테우스는 과학기술문명이 지닌 태생적 운명을 상징적으로 예견하고 있다. 프로메테우스로부터 '불'을 전해 받은 인간은 자신의 기술을 통해 세계를 개발하고, 자신의 의지와 계획에 따라 세계를 기획할 수 있는 인간이 되었지만, 또한 동시에 그만큼의 고통과 희생을 대가로 치러야 하는 숙명의 인간이 되었다. 다시 말해서 과학기술문명은 고통을 품어야 하는 인간 종족의 운명이다.

신화의 상징만이 아니라, 철학적 의미에서도 기술은 분명 인간의 능력이다. 아리스토텔레스(Aristoteles)는 자신의 『니코마코스 윤리학』 6권에서 인간 영혼의 능력을 '기술(techne)', '학문적 인식(episteme)', '실천지(phronesis)', '철학적 통찰 혹은 지혜(sophia)'로 구분하여 설명한다. 여기서 기술과 실천지는 오늘날 의미에서 실천철학에, 학문적 인식과 철학적 통찰은 이론철학에 해당한다고 할 수 있다. 그러나 아리스토텔레스는 기술 개념을 오늘날 의미와는 약간은 다른 의미로 이해하고 있다. 그에게 기술은 포이에시스(poiesis), 즉 예술(라틴어 ars, 영어 art, 독일어 Kunst)을 포함하는 의미로 이해되었다. 이때 포이에시스는 '무언가를 만들 수 있음', '무언가를 산출할 수 있음'의 의미다. 따라서 만들 수 있는 능력, 산출할 수 있는 능력이란 점에서 기술과 예술은 동일하다. 또한 인간의 행위가 행위의 결과를 산출하는 한, 인간의 행위를 이끄는 이정표로 여겨지는 실천지도 산출할 수 있는 능력이라 이해할 수 있다. 이렇게 보면 아리스토텔레스에게서 기술지, 예술, 실천지는 모두 산출할 수 있는 능력, 만들 수 있는 능력이라는 점에서 동일한 개념적 의미지평 위에 있다. 그런데도 이 세 가지 능력의 개념적 차이는 존재한다. 왜냐하면, 기술과 예술은 자신의 행위 목적을 자기 내부에 두는 것이 아니라, 자기 외부에 두는 데 반해, 실천지에 따르는 인간 행위만이 자신의 목적을 완전히 자기 내부에 두기 때문이다. 또한, 기술의 목적은 언제나 개별 결과물로 나타나는 데 반해, 실천지의 목적이 윤리 도덕적 삶인 한, 실천지의 목적은 삶 전체를 향한다. 그리고 기술은 일반적으로 배울 수 있으며, 가르칠 수 있고, 따라서 다음 세대로 쉽게 전달될 수 있으며, 다음 세대에 의한 개선이 용이하다는 특성을 지닌다. 이에 반해 예술과 실천지는 배울 수 있는 것이 아니며, 따라서 가르칠 수 있는 것도 아니다. 예술과 실천지는 다만 체득하여 몸에 익힐 수 있을 뿐이라는 점에서, 한번 체득한 것은 잊어버리지 않는다는 특성이 있으며(자전거 배우기, 수영 배우기, 악기연주 등의 예처럼), 각자의 개별성과 일회적 특수성을 갖는다. 모든 행위자가 직면하는 실천적 행위 상황이 동일하지 않기 때문에, 행위 상황에서의 행위자의 결단이 다르고, 그에 따른 행위 결과 또한 차이가 있는 것처럼, 예술가의 예술작품 창조행위는 개별적 특수성을 지니며, 이 개별적 특수성으로 인해 일반적으로 창조적이라 부르는 절대적 일회성을 갖는다. 그러나 기술, 예술, 실천지 이 세 가지의 개념이 지니는 의미 지평의 동일성과 차이에도 불구하고, 만드는 능력, 산출하는 능력이라는 점에서 이 능력들은 이미 인간의 운명이 되었다.

근대와 기술 문명

세르반테스(Miguel de Cervantes Saavedra)의 『돈키호테』가 중세와의 결별

을 공표한 이후 근대의 근대성은 한 번도 의심의 대상이 되어 본적도, 한 번도 반성과 비판의 장에 들어서 본 적도 없었다. 근대의 발걸음은 의혹의 눈길이 아니라, 확신에 가득 찬 신뢰의 길이었으며, 반성과 비판이 없었던 만큼 맹신에 가까운 신앙이 되었다. 비판으로부터 자유로운 근대의 야누스적 면목은 언제나 야누스의 한쪽 면만을 보여 주었으며, 멈추지 않는 변화와 진보를 약속하는 듯 보인다. 근대가 지닌 야누스적 면목의 다른 한쪽 면은 진보와 발전에 대한 확신에 묻혀 어두운 베일에 가려진 채 은폐되었다. 근대를 비판과 반성의 장으로 불러들이고 맹목적 확신의 한 면을 벗겨내 근대의 야누스적 진면목을 완전하게 드러내려는 시도는 하이데거(M. Heidegger)의 근대의 실체적 주체성 개념의 해체, 아도르노(Th. W. Adorno)에 의해 감행된 계몽주의 이성의 도구화 비판 그리고 소위 '탈근대(post-modern)'란 개념으로 근대의 근대성을 비판적 시각으로 바라본 리오타르(J. F. Lyotard)에 의해 이루어졌다. 이 철학자들이 한결같이 근대의 근대성에서 발견한 것은 이성의 이름으로 자행된 이성의 타자에 대한 야만적 폭력이다.

근대의 시작은 대략 르네상스 중기를 넘어선 15세기부터라고 할 수 있으며, 이때부터 근대의 특성을 보이는 이념적 기획들이 등장한다. 우선 르네상스는 위대한 건축물과 예술작품들이 인류의 역사에 등장한 창조의 시기다. 르네상스 시기 사람들은 신의 이야기를 묘사하고, 형상화하면서 그리고 또한 신에게 봉헌할 성당을 건축하면서 '나'를 발견했다. 즉, 신을 찬미하는 빛나는 예술작품이, 신의 거처로 지상에서 봉헌된 위대한 건축물들이 신이 아닌, 인간 자신의 힘에 의해 형상화되고 건축되었다는 사실을 근대인은 발견하였다. 이때부터 인간은 신만이 창조자가 아니라, 자기 자신도 위대한 창조의 힘을 가진 주체라는 사실을 자각하였다. 두 번째로 자연과학의 발달로 우주관의 변화가 일어났으며, 동시에 새로운 세계로의 개척시대가 열렸다. 천동설로부터 지동설로의 변화는 신이 차지하고 있던 자리로부터 신을 쫓아내고 대신 그 자리에 인간이 들어서는 결과를 낳았다. 그리고 닫힌 우주, 유한 우주관으로부터 열린 우주, 무한 우주관으로의 관점 변화는 신이 질서 지우고 주재하는 우주가 아니라, 인간의 시점으로 우주를 대상화하여 관찰하고 증명하는 우주관으로의 변화를 이끌었다. 이런 자연과학의 혁명은 자연스럽게 기술발달을 촉진하여 이 시대를 발견과 발명의 시대로 만들었다. 이렇게 맞이한 산업혁명은 이전까지 삶을 영위하기 위해 사람들에게 필요했던 공간을 현저하게 집약 축소하여, 사람들을 한곳으로 불러 모았으며, 도시를 형성할 수 있게 했다. 그리고 도시의 출현은 오늘날 우리에게 익숙한 노동 시장형성을 낳았다. 마지막으로 '성서해석은 자신의 해석(sui ipsius interpres)'이란 슬로건을 가지고 등장한 루터(M. Luther)의 종교개혁은 성서해석에 대한 중세적 독점권을 와해하여 라틴어의 독점적 언어지배로부터 각 민족 언어를 해방하였으며, 각자의 민족 언어를 중심으로 각 민족의 서사를 이야기할 가능성을 열었다. 결국, 라틴어가 아닌 각 민족 언어로의 성서 번역과 해석은 민족 역사에 대한 의식을 일깨워 민족 중심의 국가건설의 초석을 마련한다.

개체화와 주체화의 특징을 지니는 이런 근대적 기획들의 토대에는 사실 근대 학문이념이 뿌리내리고 있다. 이 학문이념을 우리는 대표적으로 베이컨(Francis Bacon)을 통해서 볼 수 있다. 베이컨이 주장하는 학문이념은 간단히 말해서 '탐구'와 '유용성'의 두 가지 원칙이다. 『신기관 Novum Organon』이란 주저의 제목이 이미 표현하고 있는 것처럼, 베이컨은 아리스토텔레스 고전 논리학의 학문체계를 비판하고, 새로운 원칙에 기반을 둔 학문체계를 구축하려 했다. 베이컨에 따르면 아리스토텔레스 고전 논리학의 학문체계 이후 모든 학문은 근본적으로 연역의 원리를 따르는 논리적 추론의 체계이며, 이 추론체계를 통해 근거를 해명하는 관념과 개념의 허구적 체계일 뿐이다. 이에 반해 그가 구축하고자 한 새로운 학문체계는 고전 논리학의 연역적 학문체계가 아닌 귀납적 방법론에 따른 탐구의 체계다. 베이컨의 관점에서 학문적이라고 하는 것은 논리적 추론의 체계가 아니라, 학문연구의 상태를 탐구를 통해서 확장하고, 논의과정에서 개선하는 것이다. 즉, 그에게 학문은 관찰과 증명의 과정을 통한 탐구이며, 발견이고, 발명이다. 그리고 학문은 유용성의 원칙을 충족하여야 한다. 그의 생각으로 학문은 본래 공동체의 학문이다. 따라서 학문은 공동체에 기여하는 것이어야 한다. 간단히 말해서 학문은 기상을 예측하고, 지진을 관측하는 등과 같이 현실 사회적 삶에 직접적으로 기여할 수 있는 것이어야 한다. 이렇게 볼 때 베이컨의 학문 이념은 자연에 대한 완전한 학문적 해명을 통해 에덴동산으로부터 아담의 추방 이후 상실한 인간의 자연에 대한 지배권을 복권하는 것이다. 따라서 베이컨이 그린 에덴동산은 인간의 능력으로 건축된 기술자와 과학자들의 유토피아로서의 '새로운 아탈란티스'다.

   근대의 학문이념이 유용성의 원칙에 따르는 한, 오늘날 학문은 과학이자 기술이다. 다시 말해서 학문은 과학적 방법론이라 불리는 탐구와 실험적 검증을 통한 지식획득과 지식의 확장이며, 이렇게 획득된 지식의 공동체를 위한 기술적 이용이다. 따라서 근대의 학문은 자연을 자신의 대상으로 삼아, 자연을 철저하게 분석하고 분해할 수 있으며 그리고 다시 완벽하게 결합할 수 있는 원자적 대상으로 간주한다. 그리고 이런 객관적 관찰방법을 통해 얻은 진리는 자연에 관한 탐구와 실험적 검증이라는 분석과 종합의 방법을 통해 획득하는 대상적 지식이며, 객관성이라는 이름 아래서 감행된 자연에 대한 야만적 지배다. 이와 같은 방식으로 전개된 근대 학문은 오늘날 우리의 문제를 해결하는 단순한 도구나 삶을 보장하는 수단을 넘어 우리 자신의 생존문제가 되었다. 왜냐하면, 기술 문명사회에서 학문은 이미 국가 경쟁력이 되었기 때문이다. 학문은 분명 인간의 산출물로 출발하였지만, 현대사회에서 학문은 더 이상 인간의 지배와 통제를 받는 인간의 피조물이 아니다. 오히려 학문이 인간을 지배한다. 이러한 학문에 의한 인간 지배는 우선 학문의 무기화로 나타난다. 직접적으로 오늘날 기술 문명사회에서 학문과 기술발달의 정도는 군사력 증대에 기여한다. 예를 들어 원자력에 대한 인류의 학문적 성과는 단순히 인류의 삶의 질을 향상하고, 안녕과 평화를 유지하려는 의도를 넘어서 결과적으로 인류 전체의 생존에 직접적 위협을 가하는 수준에 이르렀다. 이와 같은 현재 국제사회의 국가 간의 경쟁구조를 고려해 볼 때, 학문 분야에서의 어떤 한 나라의 다른 나라들 보다 훨씬 뛰어난 성과나 발전은 인류 전체의 생존을 위해 환영할 문제가 아니라, 국제질서 교란의 위험성을 내포하고 있는 도구화 가능성으로 염려의 대상이자 제재의 대상이 되어야 한다. 왜냐하면, 한 나라의 탁월한 학문적 성과는 오늘날 이 나라에 의한 국제사회 전체의 전제적 지배를 의미하기 때문이다. 이렇게 보면 학문은 인격도야이고, 자유이며, 해방이 아니라, 오히려 독재적이며, 지배적이고, 비도덕적이며, 반인류적, 파괴적이다. 결국, 의학은 사람을 살리기보다 죽이는 데 더욱 쉽게 이용될 수 있다고 말한 히포크라테스(Hippokrates)의 경고처럼, 학문은 오늘날 기술 문명사회에서는 공동체의 사용의 문제가 된다.

학문이 개인 간의, 국가 간의 경쟁력이 되는 순간부터 학문은 독점적 성격을 지닌다. 기술 문명사회에서 학문의 전개과정은 학문의 전문화로 나타난다. 모든 사회적 관계의 학문화는 당면한 모든 문제에 대한 전문가의 지식을 요구하며 그리고 학문 분야별 배타적인 심화 과정은 전문가의 학문적 권위에 대한 사회 전체의 의존성을 증대시키는 결과를 가져왔다. 오늘날 학문적 권위가 어디에서 오는가를 고려해 보면, 이 권위는 학자 개인의 인격이나, 사회적 기여에 기반을 둔 것이 아니라, 오직 특정 학문 분야에 대한 전문가의 독점적 지식에서 기인한다는 사실을 알 수 있다. 이런 학문발전의 독점화, 전문화는 개인들의 자기 삶에 대한 책임과 결정권을 점차 박탈하는 결과를 가져와 자신의 삶에 대한 중대한 결정을 전문가들의 책임으로 돌리도록 한다. 또한, 이런 현상은 개인과 전문가 사이의 대인 관계를 넘어 국가 간의 관계에서는 더욱 심각하게 나타난다. 어떤 한 국가의 정보독점과 군사력의 우위는 정보와 무기를 지니지 못한 국가의 의존도를 높여, 결국 군사 경제적 식민지에 가까운 상태로 만든다. 이와 더불어 학문의 독점화 과정은 학문분과의 이기주의를 낳았으며, 학문분과들 사이의 종속 관계를 가져왔다. 즉, 학문 스스로가 학문 사이의 경쟁의 장에 들어서고, 이 경쟁을 부추기는 한, 특정 학문에 대한 연구비의 집중은 피할 수 없는 필연적 귀결이다. 결과적으로 특정 학문분과의 지나친 비대화를 낳아 학문 사이의 균형이 파괴되고, 결국 학문분과 사이의 지배 관계를 형성하게 된다. 이런 점에서 우리는 오늘날 학문은 참으로 가치중립적이며, 객관적이며, 비당파적이냐는 질문을 제기해야만 하는 시점에 이르렀다. 학문의 객관성, 가치중립성, 비당파성을 보장하는 것은 공동체의 몫이다. 그러나 이것이 하나의 통일적 규준에서의 '통일학문'을 의미하지는 않는다. 왜냐하면, 심리학과 의학은 동일한 현상에 대한 상이한 관점을 제시할 것이며, 의학에 대한 심리학의 학문적 가치는 이 관점의 상이성에 존재하기 때문이다. 마지막으로 헌법의 기본권으로 '학문탐구의 자유'가 보장되어 있다고 하더라도, 현대 학문발전 정도를 고려했을 때, 특정 학문 분야(예를 들어 유전자공학, 의학 일부, 로봇공학 등)의 연구는 윤리 도덕적으로 제한되어야 할 필요가 있다. 현대사회에서 학문적 성과가 미칠 위험성을 충분히 고려하였을 때, 개인의 은밀한 학문탐구는 결과적으로 인류 전체의 생존권을 위협할 수 있기 때문이다. 그 때문에 오늘날 학문탐구의 자유는 학문연구의 공공성을 포함하며, 공공성은 또한 필요한 경우 공동체의 검열 아래 학문의 자유를 제한할 수 있어야 한다.

프로메테우스의 아이들

프로메테우스의 운명은 비단 근대 계몽주의의 운명만이 아니다. 프로메테우스의 운명이 '서양의 운명'이 된 이유는 학문 출발점에서부터 학문에 이미 지워져 있던 각인과도 같은 것이다. 철학이 '지식에 대한 사랑', 다시 말해서 인식론적 지식체계로만 이해된 이후 학문의 운명은 이미 대상성, 객관성, 보편타당성 확보를 위한 이분법적 구조로 정해져 있었다. 학적 진리의 기준이 '지성과 사물의 일치(adaequatio intellectus et rei)'이며, 학적 지식이 주관적 의식의 객관적 대상에 대한 인식으로 규정되는 한, 인간의 인식은 근본적으로 자신의 대상을 전제한다. 그리고 의식이 이 인식의 주체인 한, 의식은 대상의식이며, 의식의 대상은 의식과 구별된 의식 외부에 벌거벗은 채 의식을 마주하고 있을 것으로 전제된 사물이다. 이처럼 서양의 사유구조에서 학적 지식은 지성과 사물, 의식과 대상의 대립구조로 이루어져 있으며, 인식 획득은 의식에 의한 죽은 사물로의 주관적 접근으로 이루어진다. 즉, 주체의 의식에 의한 사물의 지배가 인식이다. 이런 의식과 사물 사이의 관계가 대상의식이라면, 이런 관계가 주체로 옮겨졌을 때, 의식의 자기 자신과의 자기관계로서 자기의식이 된다. 따라서 근대적 주체의 자기의식은 대상의식의 인식구조를 모방한 주체의 자기 대상화를 통해 획득된 의식이다.

대상화, 사물화를 전제로 한 학적 지식의 객관성 확증 과정은 역사주의가 등장할 즈음에는 모든 학문의 전형이 된다. 역사주의자들은 역사가 역사학이 될 수 있는 조건을 역사탐구에 있어 주관성을 철저히 배제하는 탈주관적 객관성에서 찾았다. 그러나 이들이 간과한 중요한 사실 중의 하나는 역사는 자연과학과 달리 주관을 배제한 철저한 객관화가 근본적으로 불가능하다는 사실이다. 왜냐하면, 역사는 이미 인간의 역사, 인간 행위의 역사이기 때문이다. 인간이 참여하지 않은 역사는 존재하지 않으며, 따라서 역사로부터 주관의 배제는 불가능하다. 이러한 고려로부터 딜타이(Wilhelm Dilthey)는 자연과학과 정신과학을 구분한다. 전자의 학문 방법론은 '설명'으로 현상인 결과로부터 원인을 추적하여 밝히고 규명하는 것이며, 후자의 학문 방법론은 해석학적 '이해'다.

인류문명의 역사가 학문역사라고 할 때, 우리는 기술 문명의 구축 토대인 자연과학의 대상적, 객관적 지식체계를 벗어날 수 없다. 이와 마찬가지로 근대의 근대성에 대한 비판은 근대를 넘어선 근대의 맹목적 폐기일 수는 없다. 왜냐하면, 우리 스스로가 이미 근대의 유산이기 때문이다. 그 때문에 근대에 대한 비판은 근대가 객관성과 진보, 혁신에 대한 맹신으로 인해 외면한 우리의 사태를 찾는 일이다. 즉, 근대가 남긴 궤적 위에 서 있는 우리의 위치가 어디쯤인지를 되돌아보는 일이 근대의 근대성에 대한 비판의 과제다. 이런 근대비판의 과제를 자신의 철학에 받아들여 숙고한 철학자 중 한 사람이 하이데거다. 하이데거는 기술 문명사회를 이미 모든 것이 만들어진 사회라는 의미에서 '세움(Ge-stell)'이라 부른다. 이 '세움'이 지배하는 사회에서 사람들은 자기 자신의 결단과 의지로 살아가는 삶의 '본래성(Eigentlichkeit)'을 상실하고 이미 주어져 있고 형성되어 있는 평균적 '그들(세인, Man)'로 살아갈 것을 강요당하고, 또한 살아가려 한다. 하이데거가 '수다(Gerede)'라고 한 것처럼, 오늘날의 기술문명사회, 더 나아가 정보통신 사회를 살아가고 있는 많은 사람은 범람하는 정보의 홍수 속에서 인터넷을 떠도는 다른 사람이 이미 한 말들을 자신의 판단과 검증의 과정은 생략한 채로 무분별하게 옮긴다. 또한, 우리는 하이데거가 말하는 '호기심(Neugier)'처럼 상품 소비시장에서 이미 형성된 상품 이미지를 소비하고, 새로운 이미지를 좇아 분주히 배회하며, 대중화된 문화산업이 우리에게 부여하는 이미지의 환상에 취해 자신의 실존적 존재가치를 망각한 채 만족해한다. 그 때문에 인류 역사에 라디오가 등장한 이후 선거에 가장 중요한 요소가 대중매체를 통한 정치인의 정치적 이미지 형성이 된 지는 이미 오래되었다. 정치인의 공동체에 대한 비전이나 구상, 자신의 비전에 대한 전달력과 설득력 혹은 비판에 대한 수용력이 정치인의 중요한 덕목이 아니라, 단지 정치적 이미지를 통한 '허위의식' 형성이 더 중요한 사회가 되었다. 이렇게 우리는 비본래적 상태에 빠져 찾아야 하는 '본래성'을 상실한 사람이 되었다. 문명사회에 대한 이런 철학적 통찰에서 하이데거는 현대인을 '그들로 퇴락(Verfallenheit in Man)'한 존재자라고 고발한다.

현대 도시사회를 살아가는 우리는 일찍이 인류 역사에 전례가 없었을 정도로 개인화되고, 원자화된 개별자로 삶을 살아가고 있을 뿐만 아니라, 또한 한 명의 특수한 개인으로 삶을 영위할 수 있는 삶의 형식을 창조해 낸 '도시인'이다. 그러나 거대 도시사회의 개인은 누구의 침해나 방해도 받지 않을 자신만의 사적인 삶의 공간을 창조하였음에도 불구하고, 이 공간을 벗어나자마자 자신이 그토록 애착을 가지고 매달린 개인적 특수성을 상실한 특성 없는 '그들'로 전락하고 만다. 근대 기술 문명이 인류에게 가져다준 도시사회는 인간을 개인이 될 수 있도록 하였지만, 동시에 인간 스스로 자기를 상실한 평균적 '그들'이게 만들었다. 깨어있는 동안 도시의 삶은 개인으로 하여금 현대를 살아가고 있는 평균의 그들로, 특성 없는 대중으로 살아갈 것을 강요한다. 따라서 자기를 상실한 채 도시의 생활을 살아야만 하는 개인은 누구나 다 입고 있는 공장의 기성복이 아닌 자신만의 옷을 만들려고 노력하고 시도하는 인간이다. 그러나 각 개인에게 맞는 자신만의 옷은 특성 없는 평균적 '그들'로부터는 찾을 수 없는 자신만의 것이기 때문에, 도시사회의 개인은 분주한 대중 속에서도 더없이 고독하며, 상실된 자기를 찾아서 끝없이 배회할 수밖에 없는 개인들이다. 이런 도시사회가 제공하는 삶의 평균성은 자신의 문화를 벗어나 낯선 문화를 찾아 떠나는 여행을 통해 더욱 분명하게 경험된다. 낯선 문화와의 대면을 통해 느끼게 되는 낯섦이 주는 문화적 충격과 당혹감을 기대하고 떠난 여행은 문명이란 이름으로 인류 전체에게 퍼진 삶의 형식인 도시사회에서는 더 이상 불가능하다. 낯선 문화에서 눈 뜬 일상의 하루는 여느 도시사회의 삶의 흐름과 별반 다르지 않기 때문이다. 도시의 빌딩 숲이 주는 위압감과 도시의 거리를 분주히 배회하는 익명의 대중들은 여행자에게는 익히 익숙한 풍경일 뿐이다. 오히려 여행자의 시선을 사로잡고, 여행자가 여행을 통해 마주하려한 낯섦은 근대 기술 문명이 창조한 도시사회의 삶 이전 인류의 삶의 흔적이다.

비상구 없는 '우리'

　과학기술문명의 발전이 우리에게 닥쳐있는 모든 문제를 해결할 수 있을 것이라는 무분별한 맹신은 위험하다. 사실 첨단 기계가 작업현장에서 인간 노동력을 아끼고, 위험한 작업으로부터 인명을 보호하는 것은 사실이지만, 기계화, 자동화는 생계를 위해 노동해야만 하는 인간을 노동으로부터 추방하는 결과를 초래했다. 현대사회를 살아가는 개인이 노동에서 벗어난다는 것은 곧바로 노동시장으로부터 퇴출, 실업이다. 기계화, 자동화의 가속화는 필연적으로 대량실업과 대중의 빈민화를 가져올 것이다. 더 나아가 식량 작물의 유전자 조작을 통해 인류가 가까운 미래에 직면할 수 있는 식량난을 해결할 수 있을 것이라는 기대를 품고 시작한 유전자 공학의 발달은 유전자 변형작물(GMO)을 재배하고, 거대 곡물상을 통해 이 곡물을 유통할 가능성을 열었다. 인간이 이 유전자 변형 곡물을 섭취하고 어떤 유전자 변이를 일으킬지는 아무도 모를 뿐만 아니라, 그 누구도 책임지려 하지 않는다. 마찬가지로 머지않은 장래에는 마치 공장에서 대량으로 티셔츠를 찍어내듯이 돼지에게서 인간의 장기를 배양하고, 이것을 인간에게 이식할 수 있는 인간이 그토록 고대하던 영생의 시대를 열 수 있을 것이라고 선전한다. 그러나 이런 장기이식이 어떤 새로운 질병과 전염병을 인간에게 일으킬지를 우리는 알지 못한다. 마치 복제양 '돌리'를 만들어 냈던 것처럼 우리는 또한 가까운 미래에는 체세포 이식이나 생식세포 이식을 통해 유전자가 변형된 인간을 인공적으로 탄생시킬 수도 있을 것이다. 그리고 유전자가 변형된 인간으로부터 결국 그 가계는 변형된 유전상태가 유전될 것이며, 이것은 인류 전체로 확산하여, 인류의 생존권 자체를 위협하는 문제가 될 수도 있다. 이 때문에 오늘날 우리에게 과학기술문명의 미래에 대한 지나친 낙

관도, 또한 지나친 비관도 위험하다. 왜냐하면, 과학기술은 야누스적 양면을 가지고 있어 맹신하기에는 인류 전체 생존을 위협할 위험성이 있으며, 또한 지나치게 불신하여 지금까지의 과학기술의 수준을 모두 폐기하고 석기시대로 돌아갈 수도 없는 일이기 때문이다. 과학기술은 이미 인류에게 생존권 문제가 되었다.

  과학기술문명이 이미 인류의 생존권 문제가 되어버린 한, 인류는 자신의 문제를 해결하기 위해 이것 혹은 저것의 극단적 선택이 아닌 양자 사이의 길을 찾아가야 할 것이다. 이 길을 찾아가기 위해 우리는 '참여적 집단이성'의 반성적 판단을 해야 한다. 우리가 직면한 문제, 우리에게 다가올 문제를 해소할 수 있는 최소한의 이정표를 찾기 위해서라도 우리는 문제 상황을 판단할 판단자를, 예를 들어 윤리 위원회와 같이 전문가, 철학자, 성직자 등이 참여하는 집단 이성을 필요로 한다. 고대 그리스 델포이 신전 입구에는 소크라테스(Sokrates)가 한 명언으로 우리에게는 더 잘 알려진 '너 자신을 알라(gnothi seauto)'라는 문장이 새겨져 있다. 이 말은 아마도 너 자신이 신도 아닌 그렇다고 동물도 아닌 '사이존재(das Zwischen)'로서 인간임을 알라는 의미일 것이다. 동물로의 추락을 항상 경계하기 위해 깨어있어야만 하는 고단한 존재로서 인간, 신을 향한 끝없는 동경과 기원을 지닌 꿈과 희망의 존재로서 인간이 우리 자신의 모습이다. 따라서 결코 무한존재가 될 수 없는 유한존재로서 자연의 지배자가 아닌 스스로 자연임을 깨달아야 하는 존재가 우리 자신일 것이다. 이런 자각에서만 우리는 자연과 다른 사람을 나의 낯선 타자로 단순히 떼어 밀어내기보다는, 나 자신 스스로 그들의 일부임을 의식할 수 있을 것이기 때문이다.

토론 주제

1. 근대사회의 탄생과 더불어 시작한 공업생산구조로의 변화와 대량소비 그리고 도시화가 가진 장단점은 무엇인가?
2. 인간은 자신의 안전과 보호를 위해 도구를 생산하고, 노동대상에 적합한 도구 사용 그리고 노동시간의 효율적 절감을 위한 합리적 도구사용을 위해 노력해 왔다. 오늘날 생산수단으로서 도구의 발달이 가져올 미래 사회의 문제를 열거해 보시오.
3. 오랫동안 우리는 건강을 몸의 균형을 잘 유지하고 있는 상태라고 생각해 왔다. 진단의학이 고도로 발전한 오늘날 병원에서의 의사와 환자의 역할에 대해 논의해 보시오.

참고 문헌

프란시스 베이컨, 2002. 김종갑 옮김, 『새로운 아틀란티스』, 에코리브르.
피터 싱어, 2013. 김성동 옮김, 『실천윤리학』, 연암서가.
한스 게오르크 가다머, 2002. 『철학자 가다머 현대의학을 말하다』, 몸과마음.

두 번째 주제: 사회 및 역사철학

역사는 진보하는가?

존재의 시작, 시간의 시작

우리의 일상적 질문 중 하나가 나의 실존의 원인은 무엇인가, 세계의 기원은 있는가, 세계의 기원이 있다면, 언제, 어떻게, 누구 혹은 무엇으로부터 시작한 것인가 등의 원인 문제다. 이런 나의 원인과 세계의 기원에 대한 물음은 직접적으로 양적 시간이든 질적 시간이든 그것의 시작을 향한 견해를 요구한다. 왜냐하면, 세계 내에서의 존재의 시작이 바로 시간의 시작이기 때문이다. 따라서 세계의 시작에 대한 질문을 받았을 때, 우리가 이 질문에 대해 대체로 취하는 통속적 태도는 원인으로의 환원적 역추적이다. 모든 역사적 사건에는 인과성이 지배하고 있다는 확신을 전제로 현재의 시점을 결과로 보고 과거 시점의 원인을 찾는 환원론적 관점이 가장 일반적인 방법이다. 그러나 이 환원론적 방법은 세계의 시작이라는 최초 원인을 향한 불가역적인 역진 운동이기 때문에, 필연적으로 무한소급에 빠져든다. 마치 인도 신화에 등장하는 이야기처럼 지구를 받치고 있는 토대가 코끼리라고 한다면, 코끼리를 받치고 있는 토대는 거북이이며, 거북이를 받치고 있는 토대는 등등의 최종근거를 향한 논리적 근거 제거(Abgrund)로서 근거 찾기가 필수적이다. 최초의 원인인 존재가 무엇인지를 밝히지 못한 채, 끝없이 거슬러 올라가는 원인의 원인으로의 환원론적 무한소급은 세계의 시작이 무엇이냐는 질문에 그 어떤 답도 하지 못한다. 그런데도 세계의 기원에 대해 서양 형이상학은 일반적으로 두 가지 형식으로 답해왔다. 하나는 세계 존재의 '신으로부터 창조(creatio ex deo)'이며, 다른 하나는 세계 존재의 '무로부터 창조(creatio ex nihilo)'다. 간단히 말해서 전자는 세계의 원인을 신으로 보는 견해며, 후자는 세계의 원인을 신 이외의 다른 것으로 보는 견해다.

첫 번째 입장인 신으로부터 세계창조라는 창조론의 입장을 우리는 플라톤(Platon)이 세계의 아버지라 부르는 데미우르고스(개념 demiourgos의 본래 의미는 공공 사용물을 생산하는 '장인'이었으나, 플라톤은 이 말을 차용하여 우주의 기원을 설명하는 개념으로 사용한다)와 기독교의 세계관에서 발견할 수 있다. 그런데 만약 신이 세계창조의 원인, 모든 존재자의 궁극 원인이라고 한다면, 강한 존재론적 관점에서 신은 우선 창조행위의 주체, 주재자로서 창조행위 이전에 존재해야만 하는 최상의 존재자다. 이 경우 신은 창조행위 외부의 존재, 모든 존재자를 넘어선 초월적 존재가 된다. 종교적 의미에서 볼 때 창조의 원인으로서 신은 당연히 초월자로서 존재자 외부의 존재이어야 하겠지만, 이런 경우 신은 동시에 그 어떤 것으로도 규정할 수 없는 존재, 즉 '이름 불릴 수 없는 존재(Jehovah)'가 된다. 정의할 수 없는 궁극 원인으로서 신은 실존하는 개인에게 전혀 영향력을 행사하지 않는 의미 없는 존재일 뿐이다. 만약 창조의 원인으로서 신이 정의 가능한 존재라고 한다면, 신은 더 이상 존재 창조의 궁극 원인이 아니게 된다. 왜냐하면, 여기서 신은 더 이상 정의하고 규정하는 능동적 창조주체가 아니라, 오히려 정의되고 규정되는 피동적 실체로 전락하기 때문이다. 따라서 세계창조의 신은 바로 세계 존재 자체이어야 할 것이다. 즉, 신과 세계가 존재론적으로 같아야 한다. 세계의 존재론적 궁극 원인으로 신을 주장하는 견해에 대한 비판을 충실하게 감행함과 동시에 신과 세계의 존재론적 등치를 강조하는 입장 중 하나가 우리가 흔히 말하는 '신정설(Theodizee)'이다. 신정설은 대표적으로 지상을 향하여 컴퍼스를 들고 지상을 작도하려는 천상의 신을 그린 윌리엄 블레이크(William Blake)의 그림이 암시하고 있듯이, 세계에 대한 신의 기획과 설계를 말한다. 세계와 신이 존재론적으로 등치라고 할 때, 창조 행위자인 신의 행위는 신의 의지가 관철되는 과정이며, 이 의지가 관철되는 장소는 바로 세계다. 따라서 세계의 모든 존재는 신의 의지가 관철된 형상이다. 신의 목적에서 벗어난 세계 존재는 존재하지 않는다. 다시 말해서 세계의 존재운동, 세계의 시간은 신의 의지가 표현되는 과정이다. 간단히 말해서 우리는 이 관점을 '목적론'이라 부른다.

둘째, 신 이외의 존재로서 무(nihil, Nichts)로부터 세계창조라는 입장은 신의 의지로서 목적을 향한 직선적 시간이 아니라, 순환적 시간 운동, 연대기적 운동을 말한다. 고대 그리스 사유체계에서 발견할 수 있는 이 형이상학적 관점은 시대로부터 시대로, 연대로부터 연대로의 창조행위의 반복을 주장한다. 고대 그리스인들은 세계창조를 4원소, 물, 불, 공기, 흙의 분해, 조합, 배열로 생각했다. 즉, 4원소의 배열의 차이에 따라 그리고 원소들 사이의 조합과 분해의 차이에 따라 세계의 존재자들이 생성·소멸·재생한다. 또한, 이 존재자 창조의 과정에서 4원소는 창조의 원인으로서 불변하는 실체로서 '존재가(Seinsvalenz)'를 갖는다. 따라서 물과 불의 조합이 어떤 형태의 존재자를 만든다면, 물과 공기의 조합은 다른 존재자를 형성할 것이며, 또한 물, 불, 공기, 흙의 배열이 어떤 존재자를 만든다면, 불, 공기, 물, 흙의 배열은 다른 존재자를 형성한다. 이처럼 한 존재자의 형성으로 하나의 시대, 하나의 연대기가 이루어진다면, 다른 시대, 다른 연대기는 기존의 4원소의 결합 혹은 배열이 흩어지고 또 다른 결합과 배열을 이루면서 형성되게 된다. 때문에 이 입장에 따르면 신의 의지의 완성과 함께 모든 존재자의 시간이 끝이 나는 것이 아니라, 영원히 반복된다.

또한, 우리는 인류 역사에 대한 최초 연대기적 서술을 그리스 신화에서 발견할 수 있다. 신화에 따르면 역사는 '황금시대', '은의 시대', '청동시대', '철의 시대'로 나누어진다. 신화적 세계관에서 볼 때, 가장 찬란히 빛나던 역사적 연대기인 황금시대는 아이러니하게도 제우스(Zeus)의 통치 시기 이전의 시대다. 신화는 크로노스(Kronos)가 지배하던 거인족의 시대를 그 어떤 법도 그 어떤 노동도 존재하지 않았던 절대자유의 시기이며, 사람과 사람, 사람과 자연이 완전한 조화를 이루었던 시기라고 기록한다. 제우스에 의해 크로노스가 다시 가이아(Gaia)의 품으로 내쳐진 순간부터 사람들에게 법률이 필요하게 되었으며, 삶을 위한 노동이 시작되었다. 즉, 제우스에 의한 크로노스의 가이아에게로의 유폐로부터 인간의 역사는 시작된다. 크로노스가 천상의 지배자일 때, 크로노스는 자신의 자식만을 집어삼켰으나, 제우스에 의해 지상으로 추방된 후 유한의 시간은 신의 몫이 아니라, 인간의 몫이 되었다. 신화는 이때부터 인간에게 비로소 '역사'라고 일컬을 일들이 일어났다고 이야기한다. 제우스의 통치와 함께 시작하는 은의 시대 이후 철의 시대까지는 인간이 역사의 주체가 되어가는 과정이다. 그러나 기독교 세계관은 신의 구원 이후 세계 심판의 그 날인 종말만을 기다리는 데 반해, 신화적 세계관은 언제나 신이 함께하는 역사적 사건을 말한다. 제우스의 통치 이후 인간 역사에 현현하는 신의 의지를 관철하는 '영웅'은 언제나 '반신(Halbgott)'이다. 다시 말해 신의 혈통을 이은 인간이 인간 역사에서 신의 의지를 관철하는 행위를 수행한다. 그리고 신은 영웅의 비극적 희생을 통해서 자신의 인간에 대한 영원한 경고를 보낸다. 영웅의 비극적 희생은 한편으로는 '반신'의 운명을 타고난 인간이 육신이란 감옥을 벗어나 진정한 신이 되는 변용의 순간이며, 다른 한편으로는 신이 유한자로서 지상에 남아있는 인간에게 보내는 인간의 인간으로서의 운명에 대한 신탁의 순간이다. 이 역사적 순간은 절대적 순간이지만, 항상 반복되며, 끝이 없다.

역사 진보에 대한 확신

역사란 무엇인가? 역사는 무의미한 사건들의 연속일 뿐인가? 혹은 역사는 신의 의지에 따라 이미 결정된 운명의 무대인가? 역사는 단순한 시간의 흐름일 뿐인가? 혹은 역사는 인간 행위가 구성하는 의미망이 해석되고 평가되는 법정인가? 역사를 기술하려는 인간의 기획은 인간이 참여하는 혹은 인간에게 벌어지는 사건으로서 역사를 덧없이 스쳐 지나가는 사건으로 망각하지 않으려는 인간의 끊임없는 노력이다. 즉, 역사는 인간 자신이 벌이는 망각과의 투쟁이다. 인간이 만들어가는 역사, 그 때문에 인간에게 직접적인 영향을 미치는 역사, 이런 이유로 인간이 이미 들어 서 있는 역사를 인간은 끝없이 자신들의 기억의 무대에 소환하여 다시 해석하고 기술하려 시도해왔으며, 이 과정에서 인간은 역사를 단순한 사건들의 연쇄적 고리가 아닌 어떤 특수한 법칙이 지배하는 심판의 무대로 간주하려는 경향을 보이기도 한다. 사건으로 사라져 가는 역사적 찰나를 기억에 붙들어 두기 위해 인간은 자신들의 역사에서 소위 법칙 찾기를 시도한 것이다. 특히 기독교적 사유형태가 전파된 이래로 유럽은 인간 개개인의 행위가 자신의 의도와 의지에 따라 설정된 합목적적 체계이며, 이 목적의 실현으로서 행위 결과를 통해 각 행위가 평가되는 것과 마찬가지로 이 인간 행위들의 집합체이자 전체로서 역사는 신의 특별한 의지가 실현되어 가는 목적론적 이행과정이라는 생각을 가지게 되었다. 즉, 역사는 신의 의지에 따라 설정된 목적이 실현되어 가는 하나의 무대. 따라서 역사는 무의미한 사건들의 흐름도, 사건들의 무한 반복도 아닌, 신의 의지가 전개되는 절대적 발전과정(Entwicklungsprozess)이다. 그런데 여기서 우리말 '발전'을 의미하는 독일어 'Entwicklung'은 흔히 생각하는 역사의 직선적 진보를 의미하지는 않는다. 'Entwicklung'은 원래 두루마리의 말려있는 상태를 말한다. 우리가 두루마리의 내용을 알기 위해서는 이 두루마리를 펼쳐야 할 것이다. 이렇게 말려있는 두루마리가 펼치는 것을 'Entwicklung'이라 부른다. 예를 들어 영화관에서 영화가 상영되기 전 영사기에 동그랗게 말려있는 필름 뭉치는 영화 상영과 함께 그 안에 담고 있는 많은 사건과 이야기를 펼쳐 낼 것이다. 영화를 관람하는 우리는 영화의 많은 사건과 이야기가 영화 상연 이전에 영사기에 동그랗게 말려있던 필름 뭉치에 담겨있었다는 사실을 안다. 이처럼 역사법칙을 찾으려는 철학적 기획은 역사의 모든 사건과 이야기를 담고 있는 하나의 '담지자'를 전제하며, 이 담지자의 의지가 펼쳐지는 무대가 세계사라고 간주한다.

헤겔(G. W. F. Hegel)은 『역사철학강의』에서 역사탐구의 형태를 '서술사', '반성사 혹은 교훈사', '철학적 역사'로 구분한다. 서술사는 역사적 사실에 대한 단순한 기술을 의미하며, 반성사는 예를 들어 헤로도토스(Herodotos)가 자신의 저서인 『역사』에서 서술의 목적을 밝히고 있듯이 역사적 사건에 대한 기술을 통해 후대에 교훈을 남기고자 하는 의도로 서술된 역사를 말한다. 따라서 반성사는 곧바로 교훈사다. 헤겔에 따르면 철학적 역사만이 비로소 인류의 역사를 그것의 시간적 운동의 법칙과 원리에 따라 개념적으로 파악한다. 이와 같은 역사탐구형태에 대한 분류에 따라 헤겔은 역사를 'Historie'와 'Geschichte'로 다시 구별하여 설명한다. 우선 전자의 의미는 역사학(Historik), 실증사라 부를 수 있다. 역사학은 사건으로서의 역사를 실증적 탐구대상으로 삼고 있는 학문 영역이다. 따라서 역사학의 이상은 '서술자 주관의 주관성을 완벽하게 배제한 객관적 역사'다. 그러나 역사가 인간의 역사인 한, 역사는 인간에 의한 탐구의 대상이 될 수 없는, 인간에 의해 객관화될 수 없는 영역이다. 그러므로 역사를 대상으로 하는 역사학은 헤겔이 서술사라고 부르는 것처럼 역사적 사실을 단순히 나열하여 묘사하는 박물사 혹은 자연사라고 하는 실증 역사학이 된다. 철학이 역사라고 부를만한 것은 후자의 역사다. 독일어에서 발생하는 사건이라는 의미의 'Geschehen'을 포함한 말로 역사를 의미하는 'Geschichte'가 비로소 '사건'과 '사건에 대한 서술'을 결합한 통일적 의미 지평을 포괄하고 있기 때문이다. 따라서 헤겔은 후자의 역사가 참으로 철학적 탐구대상으로서 역사라고 주장한다.

역사철학적 논의를 오랫동안 주도해온 역사철학 사상의 조류가 진보 사관이다. 그 때문에 진보 사관이라 일컬어지는 인간 역사에 대한 긍정적 의미를 고대하는 사유방식은 기독교적 구원의 역사관으로부터 시작한다. 기독교 역사관은 역사적으로 발생한 개별 사건마다 의미를 부여하고, 이 사건들을 하나의 체계적 관계로 통일하고 구체적으로 서술한 최초의 역사철학 체계다. 이런 기독교의 역사서술은 이미 언급했듯이 시간의 기원이라고 할 존재 창조의 역사적 사건으로부터 신의 땅으로부터 최초 인간인 아담의 추방과 이후 숙명적으로 인간에게 지워진 원죄를 체계적으로 기록하고 있으며, 또한 신에 대한 인간의 도전과 타락의 결과가 가져올 인간에 대한 신의 형벌인 노아의 방주와 함께 신의 의지가 인간의 역사에 작용하고 있다는 구체적 흔적으로서 신의 예언을 통일적 연관 관계로 묘사한다. 기독교 세계관에 따른 신과 인간의 역사적 관계 중 가장 중대한 사건은 예수의 탄생과 희생이다. 신의 인류에 대한 가장 적극적인 역사 행위가 예수의 탄생과 그의 행적이다. 신의 아들로서 예수의 탄생과 골고다 언덕에서의 예수의 희생은 원죄로부터 예수 탄생 이전까지의 인간의 원죄에 대한 신의 용서와 구원을 의미한다. 즉, 예수의 인간을 위한 희생으로 인간은 근본적으로 구원받았다. 그러나 신의 아들이 행한 인간 구원의 역사적 사건이 완성된 이후 인간의 시간은 신으로부터 인간의 절대적 퇴락의 시간이며, 그 때문에 끊임없이 신을 찾아 구원을 구하는 기원의 역사다. 이런 의미에서 예수 이후 세계의 시간은 단순히 종말을 향한 시간, 다시 말해서 두려움과 공포 속에 다가올 예수의 재림과 신에 의한 최후 심판의 날만을 기다리는 시간일 뿐이다. 따라서 기독교 역사관은 소위 '생명의 책'에 따라 신의 종족을 선택할 최후 심판의 순간만을 기다리는 종말론적 역사관이다. 심판 이후의 역사는 더 이상 존재하지 않는다.

기독교 종말론적 역사관이 철학 체계로 완성된 한 형태가 아우구스티누스(Augustinus)의 『신국』이다. 『신국』의 저술목적은 인간 역사의 '신의 나라'로의 부정적 지양이다. 도덕적 타락과 불신, 불법과 폭력이 지배하는 인간의 역사를 벗어나 신적 질서가 구축되고 발휘되는 신의 나라에서 신의 신민으로서의 은총 어린 삶을 『신국』은 서술한다. 따라서 『신국』은 성서에 서술된 종교적 역사관 이외에 종말론적 역사관을 철학적으로 구현한 최초 체계로 이후 역사변화와 인간해방의 역사철학적 확신에 기반을 둔 진보 사관의 사상적 토대가 된다. 특히 기독교 구원사의 세속적 완성이라고 할 수 있는 근대 계몽주의의 역사 이상은 이성에 근거한 인간의 인격적, 사회적, 교육적 완성을 확신하였다. 이런 계몽주의의 맹목적 확신에 따르면 인간의 역사는 신의 신민이 될 수 있는 자격으로서 완전한 인격을 형성하여 가는 단계적 과정이다. 계몽주의에 의하면 인간은 이성적 동물이다. 그 때문에 역사는 인간 이성을 완성하여 가는 무대이며, 이성적 존재로서 인간의 해방이 이루어지는 장이다. 이런 근대의 일반적 이상을 역사철학의 영역에서 구체적으로 완성한 사람이 헤겔이다. 헤겔은 세계사의 역사적 진행 과정을 "자유 의식의 진보"로 이해한다. 따라서 그에게 세계사는 인간의 자유 실현이라는 역사철학적 원칙에 따라 '한 사람만이 자유였던 동양 세계'로부터 '몇몇 사람만이 자유였던 그리스·로마 세계'를 넘어 보편적 자유가 실현된 헤겔 당대의 "독일 세계", 즉 자본주의 시대로의 전개가 이루어지는 하나의 통일적 발전사다. 간단히 말해서 헤겔 자신이 제시한 철학적 역사전개원칙에 따르면 헤겔 당대가 역사의 완성이다. 헤겔은 근대적 이상에 근거하여 아우구스티누스의 역사철학적 이상인 종말론적 역사관을 다시 근대에 재현했다.

이런 헤겔의 종말론적 역사철학은 마르크스(Karl Marx)의 역사철학에서 다시 구현된다. 마르크스는 헤겔 철학의 실체로서 관념론을 제거하고 변증법적 운동원리만을 자신의 철학에 수용하였으며, 그 결과 헤겔과 같이 인간의 역사를 변증법적으로 파악하는 '유물론적 역사관'을 구축했다. 그의 관점에 따르면 인간의 역사는 '의식'이 '존재'를 규정하는 관념적 사태가 아니라, '존재'가 '의식'을 규정해 온 역사다. 다시 말해서 인간 역사의 변증법적 전개는 이데올로기의 집합체로서 상부구조가 인간존재의 물질적 기반으로서 하부구조를 규정함으로써 이루어지는 것이 아니라, 거꾸로 하부구조가 상부구조를 규정하고, 변화시킴으로써 달성된다. 이와 같은 인간 역사전개에 대한 이해를 토대로 볼 때, 마르크스에게 당대의 '자본주의'에 이르기까지 변증법적 역사전개는 생산력과 생산관계 사이의 대립적 모순이 추동하는 과정이다. 즉, 마르크스에게 인간 역사는 생산력과 생산관계라는 두 마리의 모순적 말이 이끄는 수레다. 이런 관점에서 마르크스는 인류의 역사를 '원시 공산사회'로부터 '중세 봉건사회'로 그리고 '자본주의사회'를 넘어 '사회주의사회' 그리고 '공산주의'를 향한 여정으로 파악한다. 앞서 언급한 종말론적 역사관, 특히 헤겔의 역사철학적 기획이 왜곡되어 표현된 것이 프란시스 후쿠야마(Francis Fukuyama)의 『역사의 종말』이다. 후쿠야마는 구소련체제의 붕괴 이후 찾아온 냉전 시대의 종결을 이데올로기적 체제경쟁에서의 사회주의에 대한 자본주의의 완전한 승리로 결론짓고, 자본주의 체제에서의 인류 역사의 종말을 공식화했다.

이런 후쿠야마의 역사철학적 확신을 통해서 우리는 우선 종말론적 역사관, 즉 진보 사관의 철학적 입장이 내포하고 있는 문제를 발견할 수 있다. 종교적 역사관이든 아우구스티누스 이후 후쿠야마에 이르기까지 철학적 역사관이든 모든 종말론적 역사관은 원칙적으로 인간 역사의 부정적 지양을 역사의 완성으로 본다. 즉, 종말론적 역사철학은 세계사의 역사적 관계를 다루지만 결국 역사의 소멸을 목표로 한다. 그리고 이런 철학적 반성과 더불어 역사 진보에 대한 근대 계몽주의적 확신은 또한 두 번에 걸친 세계대전에 대한 인류의 직접적 경험으로 인해 오늘날 하나의 환상으로 각인되어있다. 기술혁명으로 획득한 군사력의 충돌이 일어난 1차 세계대전에서 인간은 햄릿과 같은 명예를 건 삶과 죽음 사이의 투쟁이 아니라, 더 이상 인간으로서 존엄이 지켜지는 죽음이 존재할 수 없는 냉혹한 폭력만이 지배하는 인류 역사 최초의 물질전쟁을 경험했다. 그리고 이 전쟁이 남긴 상처는 다시 2차 대전의 야만성으로 나타난다. 인간성 상실의 상징이라고 할 아우슈비츠(Auschwitz)의 학살, 생체실험, 여성의 성 노예화를 경험한 이후의 인간은 더 이상 쉽게 자신을 '이성적 존재'라고 부를 수 없는 상태에 이르렀다. 오히려 두 번에 걸친 자신의 야만성에 대한 경험은 인간 자신으로 하여금 자신의 이성성에 대해 끝없이 의혹의 눈길을 보내고 비판하도록 강요한다. 그런데도 우리는 오늘날 역사의 완성을 향한 세계사의 진보를 단언할 수 있는가?

끝과 시작의 순환적 역사

모든 존재를 부정하는 절대 폭력인 크로노스(시간)가 신의 세계로부터 대지로 추방된 이후 지상의 모든 존재는 근원적 부정의 시간에 머무는 존재자로서의 비극적 운명을 맞이하는 필연의 존재가 되었다. 그러나 자신의 운명조차 모르는 제우스의 폭력 앞에 선 인간에게 '불'을 가져다준 인간을 사랑한 유일한 신 프로메테우스의 자기희생적 구원으로 인간은 망각의 강으로 끝없이 끌어가는 크로노스의 위력에 대항할 수 있는 능력인 기억 능력을 갖출 수 있었으며, 제우스의 인간존재의 대지로부터 영원한 추방과 더불어 대지 위의 인간 역사의 말살 기획에 저항할 수단을 가질 수 있었다. 크로노스의 몰락과 함께 천상의 일로부터 대지의 일이 된 역사는 이제 기억 능력을 지닌 인간에 의해 초월적인 것과 세속적인 것이 교차하는 지점, 하늘과 대지가 교차하는 장소가 된다. 시간의 위력에 대항하는 기억이 비존재의 영역으로 사라진 존재했던 존재자를 역사의 무대로 소환하여 초월적 존재와 현재가 교섭하는 장소로 불러들인다. 비존재의 존재로의 전환과 존재의 비존재로의 전이가 수행되는 기억의 투쟁 장소로서 역사는 대지에 인간이 존재하는 한 지속할 수밖에 없는 초월 세계와 현실 세계, 과거와 현재 사이의 조우에 내재하는 불멸의 존재 사건 발생 장소다.

죽음과 삶의 초월적 경계를 넘어서는 사건의 반복 그리고 소멸한 시간과 찰나의 순간적 사건으로서의 현재를 한 곳에 불러 모으는 매개자는 기억 능력으로서 상기(Anamnesis)다. 플라톤에 따르면 진리(a-letheia)의 본래 의미는 "잊어버리지 말아야 할 어떤 것" 혹은 "잃어버려서는 안 되는 무엇"이다. 그리스 신화에서 죽은 자는 레테라는 '망각의 강'을 건너 하데스의 세계에 들어선다. 망각의 강을 건넘으로써 죽은 자는 삶의 세계에서의 모든 경험을 버리고 텅 빈 상태의 무의 세계, 하데스 세계의 구성원이 된다. 그러나 그리스인들은 죽어야 할 필연적 운명을 타고난 인간에게 진리란 신적 권능이 작용하는 경계인 망각의 강을 건너 그리고 다시 하데스의 세계를 넘어서도 '잊어서는 안 되는 무엇'이라고 생각했다. 전생의 삶의 경험과 망각의 강을 건너 저승에서의 절대 무를 지난 이번 생의 삶을 연결하는 오직 하나의 초월적 위력이 진리다. 따라서 진리는 실험과 관찰을 통해 얻은 불변하는 객관적 사태, 이 때문에 세대를 넘어 변함없이 가르쳐지고 배울 수 있는 기술지가 아니라, 끝없이 '망각의 강' 속으로 빠져드는 침몰을 거부하고 기억의 장소에 보존하는 상기의 노고다. 이제 기억에 보존되는 상기의 진리는 객관적 사실에 대한 복제나 재생산이 아니라, 오히려 지금 여기로의 과거 비존재의 의미 지평의 소환이다. 이렇게 소환된 사태는 필연적으로 왜곡, 변형, 강조의 의미 지평을 자신의 필수구성요소로 포함하고 있다. 왜냐하면, 상기 행위에서 역사적 사건은 비존재의 존재로의 부정을 경험하며 그리고 상기의 대상이 된 역사적 사건은 동시에 존재의 비존재로의 부정을 겪기 때문이다. 따라서 상기 행위 자체는 이중의 부정운동을 감행한다. 우리가 망각의 강을 넘어 기억의 무대로 상기하는 사태는 이미 몰락을 경험한 과거이기 때문에, 상기 행위가 벌어지는 동안에는 몰락한 과거 지평은 비존재로 부정되며, 동시에 기억으로 소환된 과거는 현재의 존재 지평으로 부정된다. 망각을 부정하는 기억의 이런 이중 부정성이 죽음의 결단이 낳은 일회적 사건의 비극적 부정성 자체이며, 또한 이 비극적 사건의 비존재성을 부정하고 존재의 의미 지평으로 소환하여 경계로 구분된 양 영역을 하나의 조화로운 삶의 지평으로 통일하는 위력이다.

소멸하여 가는 과거 지평을 현재의 의미 지평으로 끝없이 소환하는 기억의 역사는 인간 역사를 종말론이 아니라, 순환론으로 해석한다. 역사 이행과정이 일정 정도의 전형을 가지고 반복한다고 보는 역사 순환적 입장은 일반적으로 문화중심의 이동과 같은 논의형태로 등장한다. 그러나 이 입장은 종말론적 역사해석의 변형일 뿐이다. 왜냐하면, 탄생, 성장, 절정, 소멸과 같은 주기적 반복의 순환과정으로 역사를 해명하려는 순환적 역사해석에는 탄생부터 소멸까지의 연대기의 진화론적 진보사관이 내재해 있기 때문이다. 이런 순환적 역사해석은 달리 말하면 역사의 주기적 종말을 주장하는 종말론의 변형일 뿐이다(예를 들어 부르크하르트(Jacob Chr. Burckhardt)의 문화사나 슈펭글러(Oswald Spengler)의 『서구의 몰락』등). 이에 반해 현재 순간의 절대성이란 관점에서 종말론적 역사관과 순환적 역사관을 화해시키려는 시도가 있다. 이에 따르면 현재의 순간, 지금이 바로 영원이 되는 절대적 동시성(Gleichzeitigkeit)이다. 각각의 현재가 모든 시간적 변화를 넘어선 절대자가 함께하는 순간이다. 그러므로 "오늘을 헛되이 하지 마라(carpe diem)"는 말은 에피쿠로스(Epikouros)의 철학적 태도와 같이 순간의 쾌락에 모든 것을 맡기라는 쾌락주의로 이해될 수도 있다. 그러나 이 말의 본래 의미는 과거의 부채와 죄의식, 미래에 대한 염려로 오늘 이 순간을 헛되이 흘려보내거나, 파괴할 것이 아니라, 이 일련의 시간 나열에서 벗어나 무시간적인 지금 이 순간에 절대적으로 충실 하라는 의미다. 다시 말해서 지금이라는 절대적 순간이 바로 모든 것이 완성되는 순간이다. 그러나 지금에 가장 충실한 인간의 행위가 진정한 행위인 한, 행위는 목적 지향적이다. 그리고 목적을 향한 운동으로써 각 행위는 또한 스스로부터 기억되고 상기되는 역사기술을 요구한다.

철학적 해석학은 인간은 언제나 역사적 존재이며, 역사는 인간의 몫이라 본다. 즉, 역사는 언제나 인간이 구성하고 수행하는 역사다. 그 때문에 역사는 우리에게 벌어지는 사건이며, 벌어지는 사건으로서 역사는 끝이 있다. 역사는 존재의 사건적 발생이며, 이 존재 발생이란 점에서 일회적이고, 절대적이다. 그러나 사건으로서 역사의 이런 절대성은 우리 기억과 상기의 무대로 끝없이 소환되어 다시 역사로 기술된다. 즉, 사건으로서 역사는 끝이 있으나, 서술로서 역사는 끝없는 반복이다. 그러므로 역사는 존재의 일회적 발생 사건에 대한 우리의 망각과 상기 사이의 부단한 투쟁과정이다. 이 점에서 보면 역사는 존재 발생 사건에 대한 관계 형성이며, 이를 통한 의미 지평의 구성이다. 달리 말해서 우리의 실존적 삶은 목적을 기획하고 결과를 만드는 행위로 이루어져 있다. 우리가 삶을 살아가는 한, 우리는 이 목적과 결과 사이를 끝없이 배회하는 행위의 연쇄적 사슬에서 벗어날 수 없다. 그리고 기획된 목적과 결과 사이에 언제나 존재하는 간극으로 인해 고통스러워하는 실존적 인간이 우리다. 이렇게 우리는 이미 역사에 들어서 있으며, 역사를 살고 있다. 우리는 개별 사건을 전체의 이야기로 자의적으로 구성하여 역사로 만드는 것이 아니라, 역사 속에 들어선 존재로서 역사를 이야기한다. 우리는 이미 역사에 참여하여 있으며, 역사의 영향 아래 성장한다. 그러므로 역사에 존재론적으로 던져져 있는 우리는 이미 역사를 이야기하는 존재이며, 또한 스스로 역사가 될 이야기를 만든다. 이 점에서 역사서술의 문제는 역사구성의 문제라는 것을 알 수 있다. 그 때문에 역사서술에는 언제나 이데올로기적 은폐와 왜곡이 존재할 수 있다. 따라서 사건으로서 역사에 대한 서술은 다시 이해와 해석의 문제가 된다. 은폐와 왜곡 그리고 사건에 대한 서술 사이에서 역사서술은 언제나 해석문제로 미래의 시간을 향해 열려있다. 우리에 의해 끊임없이 말해지는 역사, 말해져야 하는 역사라는 점에서 역사는 스스로 영원이다.

토론 주제

1. 인간 역사가 자기를 부정하는 최종 종착점은 유토피아인가, 혹은 디스토피아인가? 유토피아라면 유토피아로서 공동체의 상을, 디스토피아라면 디스토피아로서의 상을 이야기해 보시오.
2. 역사를 망각에 대항하는 기억의 투쟁이라고 한다. 인간의 인간 자신에 대한 서술로서 역사기술은 객관적일 수 있는가?
3. 흔히 근대를 국민주권의 시대라고 말한다. 개인의 삶과 죽음을 결정하는 전쟁선포와 같은 주권행사는 몇 사람 혹은 한 사람의 정치인에 의해 내려지는 결단에 달려있다고 한다면, 모든 국민이 주권행사를 한다는 근대적 이상이 지닌 의미는 무엇인가?

참고문헌

야콥 부르크하르트, 2003. 이기숙 옮김, 『이탈리아 르네상스의 문화』, 한길사.
아우구스티누스, 2004. 성염 옮김, 『신국론』, 분도출판사.
사마천, 2020. 김원중 옮김, 『사기열전』, 민음사.

두 번째 주제: 사회 및 역사철학

정의란 무엇인가?

정의를 찾아서

오늘날 '정의(justice)' 개념은 우리 사회 전반에 적용될 수 있을 만큼 그 역할의 개념적 폭이 넓다. 때로는 법과 제도를 실현하려는 사회적·정치적 문제 안에서 때로는 좋은 가치와 삶을 추구하려는 도덕적인 문제 안에서 우리는 정의로운 판단을 요구하고 있기 때문이다. 그 결과 공적으로든 사적으로든 정의는 우리 사회의 문제를 해결하는 데 필수적인 역할을 하고 있는 것으로 보인다. 말하자면 개인과 공동체 또는 국가와 국가 간의 관계에서뿐만 아니라, 개인과 개인 사이에서 끊임없이 발생하는 갈등과 분쟁을 해결하는 과정에서도 우리는 정의를 요구한다. 그렇다면 우리는 무엇을 정의라고 생각하고 있을까?

미국의 정치철학자인 샌델(M. Sandel)의 저서 『정의란 무엇인가?』(원제: Justice: What's the Right Thing to Do?, 2009)는 현대사회 전반에서 발생할 수 있는 다양한 현실적인 문제들의 사회적·도덕적 딜레마를 다루고 있어, 정의에 관한 담론을 20세기의 주요한 쟁점으로 부각하는 데 큰 기여를 했다. 특히 『정의의 한계』(원제: Liberalism and the Limits of Justice, 1982)에서부터 주장하고 있는 '의무론적 자유주의'에 대한 샌델의 비판적 입장은 다원주의 시대에 발생하는 정의 문제의 핵심이 단순히 개인과 공동체 사이에서 발생하는 대립과 갈등의 구도가 아니라, '옳음(rightness)'과 '좋음(goodness)'의 상관관계를 밝히는 문제라는 것을 보인다. 그 결과 정의에 관한 논쟁에서 '자유주의 대 공동체주의'라는 진영을 형성하게 만든다.

이러한 샌델에 따르면 정의를 이해하는 세 가지 방식이 있다. 첫 번째는 '최대 다수의 최대 행복'으로 요약될 수 있는 공리주의적 정의, 두 번째는 개인의 권리와 자유에 기초하고 있는 자유주의적 정의, 마지막으로는 좋은 삶에 관한 '덕(virtue)'을 함양하고 공동선을 추구하는 자신과 같은 공동체주의적 정의다. 각각의 정의들은 행복, 자유, 미덕이라는 개념으로 압축될 수 있다고 말하는데, 이 관계는 자유주의 대 공동체주의라는 관점에서 보면 다음과 같이 다시 정리된다. 한편으로는 좋은 삶과 정의를 연결하고 있는 아리스토텔레스적 정의관과 공동체주의, 다른 한편으로는 18세기 칸트(I. Kant)의 유산을 계승함으로써 정의를 합리적 개인 개념과 연결하고 있는 자유주의적 정의관이다.

우리는 이러한 정의 개념을 이해하기 위해 정의에 관한 주요한 쟁점을 롤스(J. Rawls)와 샌델, 그리고 매킨타이어(A. MacIntyre)를 중심으로 살펴보려고 한다. 매킨타이어 역시 샌델을 비롯해 왈저(M. Walzer), 테일러(C. Taylor)와 같이 공동체주의적 정의 개념을 주장하는 핵심적인 정치철학자이기 때문이다. 위 공동체주의자들이 각자 무엇을 중심적인 비판의 대상으로 보느냐에 따른 이론적인 차이는 있지만, 공통적으로는 근대의 계몽주의적 사상에 기반을 둔 자유주의를 비판하고 있으며 그 비판의 중심에 롤스의 정의론이 있었다.

공정으로서의 정의

트롤리 딜레마(trolley dilemma)라는 사고실험이 있다. 트롤리 딜레마는 풋(P. Foot)과 톰슨(J. J. Thomson)이 제안한 윤리적인 사고실험의 한 형태로, 다수를 구하기 위해 소수의 희생을 허용할 수 있는가에 관한 도덕적 딜레마 상황을 다루고 있다. 특히 샌델의 강의를 통해서도 널리 알려지게 된 트롤리 딜레마는 실제 우리에게 발생하는 도덕적 딜레마의 문제들이 그 선택에 따른 결과를 예측할 수 없는 미래로 인해, '선택의 불확실성'에 빠지는 상황과 연결되고 있다는 것을 보여 준다.

여기서 도덕적 문제에 관한 선택의 불확실성은 벤담(J. Bentham)과 밀(J. S. Mill)의 공리주의에서 제기한 '공리의 원칙(principle of utility)'이 양적으로든 질적으로든 그들의 주장처럼, 결과를 예측해서 적용할 수 없는 문제라는 것 또한 의미한다. 그리고 이러한 공리주의가 가정하고 있는 결과론적 정의에 대한 강력한 비판자가 바로 롤스였다. 롤스는 정의가 어떠한 정치적 거래나 사회적 이익에 의해서도 계산될 수 없는 불가침성(inviolability)의 권리 문제, 즉 자유의 문제와 직결된다고 보았기 때문이다.

1) 원초적 입장과 무지의 베일

롤스에게 정의는 전체 사회의 복지라는 명목으로도 침해받을 수 없는 제1의 덕목이며, 다수의 이익을 위해 소수의 자유나 희생을 정당화할 수 없다는 기본권에 관한 것이다. 1971년에 발표된 롤스의 『정의론』(원제: A

Theoy of Justice, 1971)은 정의의 이러한 핵심적인 원칙이 '공정(fairness)'이라고 규정하며, 이를 곧 '공정으로서의 정의' 개념으로 정식화한다. 말하자면 공정으로서의 정의는 소수에게 전체의 선을 위한 희생을 강요할 수 없다는 기본권에 대한 보장을 주장하며, 공리주의가 간과했던 시민들의 자유로운 선택과 평등한 가치에 대한 권리를 강조한다.

> 나의 목적은 이를테면, 로크, 루소 그리고 칸트에게서 흔히 알려진 사회계약의 이론을 고도로 추상화함으로써 일반화된 정의관을 제시하는 일이다. …… [원초적 합의는] 자신의 이익 증진에 관심을 가진 자유롭고 합리적인 사람들이 평등한 최초의 입장에서 그들 조직체의 기본 조건을 규정하는 것으로 채택하게 될 원칙들이다. 이러한 원칙들은 그 후의 모든 합의를 규제하는 것으로서, 참여하게 될 사회 협동체의 종류와 설립할 정부 형태를 명시해준다. 정의의 원칙들을 이렇게 보는 방식을 나는 공정으로서의 정의justice as fairness라 부르고자 한다(롤스,『정의론』).

롤스에게 공정한 사회는 자유로운 개인이 '원초적 입장(original position)' 아래 기본적인 권리와 의무를 배분하고, 사회적 이익의 분배를 정할 원칙들에 대한 합리적인 계약 또는 합의가 이루어지는 사회이다. 이를 통해 순수한 '절차적 정의' 또는 '분배적 정의'를 구현하려고 했던 것이다. 롤스에 따르면 원초적인 입장은 가상적인 사고실험의 형태로, 사회계약론(social contract)이 가정했던 자연 상태를 전제하지만, 그 가정이 곧 문화적인 원시성을 의미하는 것은 아니다. 원초적 입장은 공정한 합의를 하기 위한 하나의 가상적인 상황을 그려보는데, 비록 그 합의의 과정이 무지의 베일(veil of ignorance) 아래서 이루어지더라도 기본적인 정의감(sense of justice)은 갖고 있기 때문이다.

특히 무지의 베일은 계약 당사자들 사이의 사회적 지위나 가치관, 종교, 특수한 심리적 상황 등을 모른다는 점을 보장함으로써, 정의의 원칙들이 우연의 결과나 사회적 여건에 의존할 수 없게 만들어 평등한 선택을 보장하는 조건에 관한 것이다. 반면 정의감은 계약의 당사자들이 자신과 관련된 이해관계는 알 수 없더라도, 자신들의 약속이 지켜질 수 있다는 믿음 또는 원칙이 준수될 수 있다는 믿음을 보장하는 개념이다. 말하자면 계약의 주체인 개인들은 모두 도덕적인 인격을 가진 합리적인 존재들로서 기본적인 정의감을 갖고 있는 자유로운 인격적 존재이기 때문에, 공정한 판단에 이를 수 있다는 것이다. 이러한 전제를 바탕으로 롤스는 공정의 원칙들, 예를 들면 '공정한 기회 균등의 원칙'과 최소 수혜자에게 혜택이 가장 높은 쪽으로 불평등을 조정할 수 있다는 '차등의 원칙'을 도출한다.

2) 도덕적 자아

'공정으로서의 정의' 안에서 롤스가 근거하고 있는 개인 개념은 도덕적 인격을 지닌 자아이다. 즉, 롤스가 가정하고 있는 자유롭고 합리적인 자아 개념은 도덕성을 자유의지 문제와 연결하고 있는 칸트의 의무론적 윤리관에 근거하고 있다. 롤스는 도덕적 인격이 될 능력이 곧 평등한 정의 개념을 충족할 수 있는 충분조건이라고 주장하기 때문이다. 이는 곧 칸트에 의해 정당화된 도덕적 인간을 의미한다.

칸트에 따르면 이성이 사변적인 의도에서 인식의 문제에 관심을 갖게 되면 자연적 필연성의 길을 걷는 사변이성의 영역이 되는 반면, 실천적인 의도에서 우리의 행위에 관심을 갖게 되면 자유라는 유일한 길을 걷게 된다(칸트, 『윤리형이상학 정초』). 자유는 실천이성을 사용하는 문제이며 이 사용의 방식은 누구에게나 보편타당하게 적용될 수 있는 도덕법칙과 연결되어 있다는 것이다. 그리고 실천이성을 통해 자율적으로 도덕법칙을 수립할 때 비로소 우리는 적극적인 자유의 길을 걷는데, 도덕적 책임 역시 이러한 자유로운 선택의지에 다른 최상의 준칙에 대한 존중으로서 가능할 수 있다. (칸트, 『실천이성비판』)

따라서 개인의 자유로운 합의를 바탕으로 하는 계약이 보여 주는 원초적인 상황은 실천의 의무를 그 스스로 맡는 도덕법칙을 적용하는 상황과도 같다. 칸트에게 도덕적 책무가 경험적인 세계에 있는 것이 아니라 "오로지 순수 이성의 개념들 안에서만 선험적으로 찾아야"(칸트, 『윤리형이상학 정초』)하는 것처럼, 롤스에게 계약에 따른 의무 역시 그와 같은 선험적인 정당화의 방식을 보여 주기 때문이다. 그로 인해 롤스의 정의론에 관한 주된 비판 중 하나가 롤스가 정의하고 있는 자아 개념에서 발생한다.

롤스가 가정하고 있는 도덕적 인격체로서의 자아는 자유롭고 평등한 존재이다. 그 자아는 정의감이라는 도덕적 능력을 올바르게 실현할 수 있는 합리적인 존재로서, 각자가 합의한 계약에 따라 도출된 정의로운 원칙을 실천할 수 있다. 그로 인해 경험적인 욕망에 의존하지 않는 도덕적 자아를 통해 '좋음'이 아니라 '옳음'을 우선시할 수 있다는 것이다. 그러나 이러한 '옳음의 우선성' 논제는 아리스토텔레스의 윤리학 개념에 기반을 둔 공동체주의자들이 주장하는 연고적 자아(encumbered self) 또는 공동체적 자아 개념과 충돌한다.

도덕적 불일치의 시대와 좋은 삶

매킨타이어는 『덕의 상실』(원제: After Virtue, 1981)을 통해 오늘날의 자유민주주의 사회가 도덕적 불일치를 겪고 있으며, 그로 인해 우리는 도덕적으로 합의할 수 없는 '개념적 통합의 불가능성(conceptual incommensurability)' 문제에 직면했다고 진단한다. 예를 들어 "모든 사람[이] 자신이 원하는 책무만을 이행하고, 자신이 원하는 계약만을 자유롭게 체결하고, 스스로 자유롭게 선택할 수 있는 권리"를 가진다는 점에서, 자유주의에 기반을 둔 도덕이론은 각자의 입장만을 대립적으로 주장하며 그로 인해 사회적 혼란을 가중한다는 것이다. 여기서 개념적 통합의 불가능성은 경쟁적인 논쟁들 사이에서 특정 결론(주장)이 논리적으로 타당하거나 설득력 있는 논증의 방식을 갖더라도, 그 주장에 대한 전제들에 관해서 서로 다른 규범적 또는 가치평가적 개념을 사용하고 있다는 것을 의미한다. 그로 인해 서로의 개념들에 관한 통약이 가능한 전제를 공유할 수 없게 된다.

매킨타이어는 이와 같은 통약 불가능한 관계로 인해, 논쟁을 하고 있는 주장들의 전제들이 각자의 논증에서는 합리적인 정당화를 가능하게 만들지라도, 그러한 논증의 방식은 화자와 청자 사이의 관계를 고려하지 않으며, 나아가 정의, 관대, 의무와 같은 기준들과도 상관이 없게 만든다고 분석한다. 각자가 가정하고 있는 이론들의 관계는 "개인의 선호와 욕망을 표현"하는 경우로 자의적인 선택에 의해 규정될 수 있다고 보기 때문이다. 말하자면 오늘날의 도덕적 담론들은 개인들의 기호에 의존하고 있는 무질서의 상태로 전환되었고, 그로 인해 도덕적 합의에 도달할 수 없게 만드는 문제를 초래했다는 것이다. 이러한 도덕의 문제를 매킨타이어는 '정서주의(emotivism)'로 설명하고 있다.

정서주의 시각에서 표현되는 도덕의 언어들은 그 언어를 사용하고 있는 사회와의 역할을 분리하고 있다. 이때 사회적인 내용과 맥락을 잃어버린 도덕이론들은 자신이 살아가고 있는 사회의 특성과 문화를 간과하고 있는 개인으로서, 정서주의적(또는 무연고적) 자아를 가정하게 된다. 그러한 전제들로 매킨타이어는 "우리는 어떤 규칙을 따라야 하는가?" 또는 "우리는 왜 규칙을 준수해야 하는가?"라는 물음을 정당화할 수 없게 된다고 보는 것이다. 매킨타이어는 이러한 정서주의적 자아의 문제가 도덕에 대한 합리적 토대를 세우고 그 토대에 따른 도덕법칙을 수행하려고 했던 18세기 계몽주의 기획의 실패와도 연결되어 있다고 분석한다.

> 아리스토텔레스주의에 대한 과학적-철학적 거부의 연계효과는 '목적을 실현하면 가능한 인간'의 관념을 제거하는 결과를 낳았다. …… 도덕의 계율들은 원래 인간 본성을 교정하고 개선하고 교육하는 것을 자신의 목적으로 하는 도식에서 유래하기 때문에, 이들은 인간 본성에 관한 참된 진술로부터 연역되거나, 혹은 인간본성의 특징적 성격에 호소함으로써 정당화할 수 있는 것이 아니다. 그렇게 이해된 도덕성의 계율들은 인간 본성이 결코 복종하지 않으려는 계율들인 것이다. 그러므로 18세기의 도덕철학자는 반드시 실패할 수밖에 없는 기획에 매달려 있었던 셈이다(매킨타이어 『덕의 상실』).

샌델 또한 보편적 권리를 주장하는 의무론적 자유주의 시각에 "좋은 삶의 개념을 가정하지 않은 채 권리를 확인하거나 정당화할 수 있는가?"

에 대한 물음을 제기한다. 그 물음은 곧 "사회 기본 구조를 규제하는 정의 원칙이 서로 대립적인 시민의 도덕적·종교적 확신과 무관하게 중립을 지킬 수 있는가?"의 문제로 이어지며, 이는 결국 "옳음이 좋음보다 앞서는가?"에 관한 논제로 압축된다고 보았다(샌델, 『정의의 한계』). 그 결과 샌델은 정의로운 사회가 "단순히 공리를 극대화하거나 선택의 자유를 확보하는 것만으로는 만들 수 없다"라고 보며, 좋은 삶의 의미를 함께 고민하고 그러한 문화를 형성해 갈 것을 제안하고 있는 공동체주의적 정의관을 주장한다. 그렇다면 이제 정의는 공동체주의자들의 주장처럼 좋은 삶의 의미를 실현하는 과정에서 이룰 수 있는 사회적 실천으로 문제로 이어진다.

정의는 옳음일까, 좋음일까?

정의를 좋은 삶의 문제와 연결하고 있는 철학자는 아리스토텔레스부터 시작된다고 볼 수 있다. 먼저 아리스토텔레스가 『니코마코스 윤리학』에서 사용하고 있는 정치라는 용어는 '폴리티코스(politikos)'라는 그리스어로, 단순히 정치적(political)이라는 의미만이 아니라 사회적(social)이라는 의미가 모두 담겨있다. 이는 폴리스(polis)라는 체제 자체가 사회적 정책과 그 정책을 실현하기 위한 수단을 결정하는 정치적인 장이면서도, 개인적으로는 친밀한 인간관계를 형성하기 위한 사회적 장이라는 데 있다(매킨타이어, 『윤리의 역사, 도덕의 이론』). 매킨타이어의 분석에 따르면, 정치적인 삶 안에는 공동체 안에서 살아가야 하는 시민들의 삶에 관한 내용이 있으며, 이러한 정치 공동체 안에서 실현해야 할 덕의 목록들 또한 당시 그리스 사회에서 "탁월한 시민들이 규칙으로 삼는 것"에 관한 가치와 연결되어 있다. 따라서 아리스토텔레스에게 좋은 삶이란 그 사회가 지향하고 있는 덕을 함양하고 그 지혜를 실천하는 목적(telos)의 관점에서 이해되는 윤리적이면서도 정치적인 삶을 의미한다.

아리스토텔레스의 윤리학에 기반을 둔 덕을 현대적인 관점에서 계승하고 있는 매킨타이어는 윤리학이 본래 '가능태'에서 '현실태'로 이행되는 방법을 이해하는 학문이었다고 말한다. 이 관점에서 인간의 본성은 자신의 가능성 또는 '목적'을 실현하는 과정으로 나아가기 위해 교육을 받으며, 그 목적에 기여하는 품성이나 덕을 구별할 수 있게 되면서, 좋음과 나쁨에 관한 도덕적 판단을 실천할 수 있다는 것이다.

이러한 관점에서 매킨타이어는 좋음(선)이 사적으로 소유될 수 있는 기호적인 개념이 아니라고 주장하며, 덕의 실천을 통해 좋음을 판단할 것을 요구한다. 그 판단은 규칙을 기계적으로 적용하는 능력이 아니라, "올바른 장소와 시점에서 올바로 행위할 수 있는 능력"에 대한 것이며, 그 귀결은 목적론적이지만 결과주의적이지는 않는다고 말한다. 즉, 프로네시스(phronesis)라는 실천적 지혜는 곧 그 사회에서 무엇을 탁월함으로 이해하는가의 문제이고, 이는 전통에 대한 무조건적인 찬양이 아니라, 지성의 덕을 함양하는 문제로 이어진다(매킨타이어, 『덕의 상실』).

그러나 우리는 여기서 그들이 주장하는 올바른 삶 또는 좋은 삶이 무엇인지를 다시 물을 수밖에 없게 된다. 이 물음은 롤스가 『정치적 자유주의』(원제: Political Liberalism, 1993)를 통해 공동체주의에 대한 반론 속에서 제기되는 질문이기도 하다. 롤스는 칸트의 의무론에 기반했던 자신의 정의 개념이 철학적 교리와 정치적 정의 사이의 관계를 구분하지 않아 포괄적이었다는 것을 인정하지만, 동시에 정치적 공동체가 모종의 포괄적인 선(좋음) 개념을 공유하고 있다는 비판 또한 시도하기 때문이다. 그렇다면 여전히 공동체마다 다른 좋음들 사이의 가치 충돌은 어떻게 해결될 수 있을까? 공동체주의자는 특정한 공동체의 덕목만을 선으로 보고 있는 것은 아닐까? 혹은 좋음과 옳음이 아닌 제3의 관점에서 도덕과 정의의 문제를 이해하는 방식은 없을까? 우리는 이제 다시 정의가 무엇인가를 묻지 않을 수 없게 된다. 정의란 과연 무엇인가?

토론 주제

1. 정의는 옳음(또는 개인의 자유)인가, 좋음(또는 공동의 선)인가?
2. 트롤리 딜레마(trolley dilemma)에 해당하는 다양한 사례를 찾아보고, 그 문제를 해결할 수 있는 대안을 토론해 보시오.
3. 매킨타이어의 비판처럼, 오늘날 우리가 도덕적 불일치의 시대를 살고 있다면 그 문제를 해결하기 위한 합의는 어떻게 가능한가?

참고 문헌

마이클 샌델, 2010. 이창신 옮김, 『정의란 무엇인가』, 김영사.
_____, 2012. 이양수 옮김, 『정의의 한계』, 멜론.
알래스데어 매킨타이어, 1997. 이진우 옮김, 『덕의 상실』, 문예출판사.
_____, 2004. 김민철 옮김, 『윤리의 역사, 도덕의 이론』, 철학과현실사,
존 롤스, 2003. 황경식 옮김, 『정의론』, 이학사.

두 번째 주제: 사회 및 역사철학
사회와 개인이란 무엇인가?

　우리는 사회와 개인이라는 단어를 일상적으로 듣거나 말하지만 정작 그 단어의 의미를 묻거나 따져 보지 않는다. 그러나 우리의 현실, 혹은 내가 발 딛고 있는 현실은 사회와 밀접한 관련이 있다. 우리가 사람답게 살기 위해서는 건전한 '사회' 없이 불가능하고, 또한 다른 사람들과 함께 건강한 '개인'으로 살아갈 수 있어야 한다. 그렇다면 도대체 '사회'와 '개인'이란 무엇인가? 이 물음에 답하기 위해 이 글은 사회와 개인에 대한 국어사전적 정의를 살펴보는 것으로부터 출발해서 양자의 개념사적 의미를 추적해 볼 것이다.

사회의 사전적 정의

　"사회(社會)"란 무엇인가? 국어사전은, 사회란 "공동생활을 영위하는 모든 형태의 인간 집단. 가족, 마을, 조합, 교회, 계급, 국가, 정당, 회사

따위가 그 주요 형태"(국립국어원 『표준국어대사전』)라고 정의한다. 이러한 사전적 정의는 두 가지 차원으로 나누어 살펴볼 때, 그 의미가 더욱 분명해진다.

일차적인 의미에서 사회는 특정한 지역 안에서 공통의 언어와 관습 등의 문화를 중심으로 모인 자연 발생적 집단, 즉 가족, 마을과 같은 삶의 공동체다. 이차적인 의미에서 사회는 삶의 공동체로부터 파생되어 어떤 특정한 목적을 달성하기 위해 모인 인위적 집단, 즉 조합, 교회, 계급, 국가, 정당, 회사와 같은 목적단체다. 후자는 근대부터 더욱 강조된 '사회'의 의미다. 말하자면 인간은 사회 안에서만, 곧 공공의 이익을 위해 뜻있는 개인들이 자발적으로 모인 결사체 안에서만 인간다움을 구체화하고 실현할 수 있다는 것이다. 이 점에 착안할 때, 인간 사회와 동물집단은 큰 차이가 있다.

사회는 수입된 개념이다

국어사전에 정의된 단어의 뜻은 특정 시공간에 제한되고 고정되어 있다면, 철학사에서 논의된 개념의 의미는 시공간의 변화와 더불어 생성, 발전, 소멸의 과정을 거친다. 따라서 개념의 의미는 단순히 정의될 수 있는 것이 아니라 역사적, 정치·경제적, 사회·문화적 맥락에 따른 해석이 요구된다.

개념은 실타래처럼 복잡하게 얽혀 있는 일상적 언어와 객관적 실재, 언어와 역사의 관계를 섬세하게 조명하고 체계적으로 인식하기 위한 도구다. 그것은 과거의 사건이나 변화 과정을 증언하는 지표이면서 그와 같은 사건이나 변화를 자극하는 계기이기도 하다. 또한, 그것은 현재의 실상을 반영하는 매개이면서 어떤 실상이 존재하기 이전에 기대를 품고서 발명된 창조물이기도 하다.

　우리가 살펴보고자 하는 사회 개념 또한 자신의 고유한 역사를 가지고 있다. 우리의 경우, "사회(社會)"라는 단어는 19세기 이전까지 어떤 사료에서도 발견되지 않는다. 그 대신 일상에서 "세간(世間)", "세상(世上)", "속세(俗世)"라는 말이 널리 통용되었다. 세간 혹은 속세에 살고 있는 사람은 세상 사람, 즉 "세인(世人)"으로 불리었다.

　우리나라를 넘어 동양에서 "사회"라는 말의 흔적을 추적해 본다면, 그 말은 중국에서 토지의 신(神)인 "사(社)"를 중심으로 하는 주민들의 "회합(會合)", 즉 좁은 지역의 생활공동체를 가리키는 단어였다. 이 단어가 19세기 말 일본의 지식인들 사이에서 영어 "소사이어티(society)", 프랑스어 "소시에테(société)", 독일어 "게젤샤프트(Gesellschaft)"의 번역어로 채택되었다. 사회라는 번역어는 그 당시 일본에서 공부했던 조선 유학생들에 의해서 우리나라에 수입되었고, 『조선왕조실록』에서 비로소 발견되는데, 그 첫 번째 시기가 1895년 고종 때였다.

　무엇보다도 1896년 설립된 독립협회가 기관지인 〈독립신문〉을 통해 국가와 "개개(箇箇) 사람" 사이의 중간자인 '사회'를 적극적으로 알리기 시작했다. 깨어있는 사람들이 공공의 이익을 위해 자발적으로 결성한 독립협회와 같은 목적단체를 조직하고, 이와 같은 단체들을 규합해서 더 좋은 국가를 만들어가고자 함이 그 이유였다. 이러한 의도를 품고 있는 '사회'는 단순히 자연 발생적으로 생성된 인간 집단을 가리키는 단어라기보다는 동등한 권리를 지닌 개개 사람들이 정치 활동에 적극적으로 참여함으로써 더 나은 국가를 건설하려는 염원을 담은 개념이었다.

서양에서 사회라는 말의 어원과 사회계약론

서양에서 사회라는 말은 언제부터 그리고 어떤 의미로 사용됐던 것일까? 사회라는 말의 기원은 고대 그리스의 "폴리스(polis)"에까지 거슬러 올라간다. 하지만 그 말의 어원은 고대 로마 시대의 라틴어 "소키에타스(societas)", 즉 법적으로 공인된 정치집단으로부터 유래한다. 말하자면 사회는 공동으로 추구해야 할 목적에 관해서 논의하고, 그것을 달성하기 위해 모인 정치 공동체를 지시하는 단어다.

사회는 17세기와 18세기에 길드를 조직하고 교역의 발달에 힘입어 재산을 축적했던 부르주아계급(bourgeoisie), 즉 도시상인계급이 정치적으로 자립하는 과정에서 비로소 학문적으로 개념화되기 시작한다. 이 시기에 홉스(T. Hobbes)의 『리바이어던』(1651), 로크(J. Locke)의 『시민 정부에 관한 두 번째 논고』(1689), 루소(J-J. Rousseau)의 『사회계약론』(1762)이 출판된다.

세 명의 사회 사상가들은 인간 본성, 자연 상태, 국가성립근거, 정치체제에 대해서 견해 차이를 보이지만, 개인이 자신의 안전과 이익을 추구하려는 자연권을 보장받기 위해 상호 계약 혹은 동의를 거쳐 사회와 국가를 이루었다는 점에 대해서는 동일한 태도를 보인다. 또한, 그들은 사회계약을 보호하기 위해서 개인이 국가에 복종해야 한다는 입장을 공유한다. 이처럼 사회계약론은 부르주아(bourgeois) 지식인들의 이론적 기획으로부터 출발하지만, 점차 더 많은 이익을 추구하려 했던 부르주아계급의 욕망을 합리화하고 정당화하는 이론으로 기능하게 된다. 그런데도 사회계약론의 사회 개념이 위계적인 신분질서를 타파하고 동등한 권리를 지닌 개인들의 사적인 이익뿐만 아니라, 공적인 이익을 위해 자발적으로 모인 공동체 형성을 목표로 삼고 있다는 점은 주목할만하다.

사회 개념은 경제구조가 자본주의적으로 조직되었던 18세기에서 19세기로 넘어가는 전환기에 급기야 "자체 내 완결되고 포괄적인 연관기능"이라는 이념에 도달한다. 즉 사회는 단순히 인간들이 모여 이루는 집단이 아니라, 개인들이 수행하는 역할과 기능의 통일로 유지되는 일종의 유기체를 의미한다. 그것은 개인이 총체적으로 사회화되는 단계로 진입하게 되었다는 것을 의미하는 것이기도 하다.

이제 사회 개념은 단순히 구성원들의 자연 발생적인 결합을 기술한 것이 아니라, 자격과 능력을 갖춘 구성원들 사이의 관계와 이러한 사회적 관계의 법칙성을 추상화한 것으로 발전한다. 더 이상 홀리즘(holism) 세계도 아니고 자연 발생적인 공동체도 아닌, 기능연관과 재생산연관으로서의 시민사회가 국가로부터 자립함으로써야 비로소 뒤에서 살펴보게 될 "개인(個人)" 또한 자유와 평등의 체현자로서 구체화될 수 있었다. 이를 통해 자유주의적 개인주의는 전성기를 맞이한다.

사회진화론의 수입과 변형

19세기 말 다윈(C. R. Darwin)의 생물진화론을 사회학에 적용했던 스펜서(H. Spencer)의 사회진화론이 유행했다. 사회진화론은 자연에서와 마찬가지로 사회에서도 적자생존, 약육강식, 자연도태와 같은 현상이 발생한다는 시각으로부터 출발한다. "힘이 곧 정의"인 곳이 사회라는 것이다. 사회진화론은 일본과 미국에서 유학했던 유길준의 『경쟁론』(1883)을 통해 우리나라에 소개된다. 이때 영어 "캄퍼티션(competition)"의 일본 번역어인 "경쟁(競爭)" 또한 처음 수입된다.

대한제국(1897~1910)과 일제강점기(1910~1945) 시기에 〈독립신문〉의 논설을 통해 유행했던 사회진화론 덕분에 사회라는 단어는 널리 통용되지만, 사회라는 개념은 현실적으로 정착되지는 못했다. 여전히 국가와 개개 사람만 있었다. 조선의 지식인들은 국가보다 개인의 자유를 옹호했던 스펜서의 사회진화론을 수용했지만, 그런데도 국가 생존의 위기 앞에서 개개 '인(人)'과 '민(民)'의 희생을 주장할 수밖에 없었다. 사회진화론은 독립된 국가, 부강한 국가를 만들기 위한 애국사상으로 변형되었고, 그 결과 사회 개념은 암울한 시대 상황 속에서 지식인들만의 교양으로 머물고 말았다.

사회 개념의 통용이 지식인 계층 안에서만 제한되었고, 현실적으로 정착되지 못했다는 것은 무엇을 의미할까? 그것은 평등한 개인들 간의 자유로운 상호작용이 정치, 사회, 문화의 영역 안에서 제도로서 아직 정착되지 못했다는 것을 의미한다. 개개 사람들 간의 자유로운 상호작용이 법적으로 보장되지 않았던 까닭에 사람들은 자유로운 사회적 관계를 현실적으로 경험할 수 없었다. 거꾸로 말하자면 이러한 사회적 관계의 경험이 축적되지 못했던 까닭에 이 경험이 제도적 표현으로 응축된 사회 개념은 구체화될 수 없었다.

부르주아 사회의 구조변동

서양의 상황은 어땠을까? 18세기 산업혁명 이래 서유럽과 북미 자본주의 사회는 점차 고도로 산업화된 "후기자본주의(Spätkapitalismus, late capitalism)" 사회로 이행했다. 19세기 말 현대 기술 혁신에 힘입어 화학, 전기, 석유 및 철강 분야에서 물질적 생산의 확대와 가속화가 진행되었다. 그러나 그것은 오히려 "대불황", 말하자면 1873년에 시작해서 1896년까지 이어지는 장기불황을 초래했다.

이 시기에 소수 독점적 지위를 점하는 자본집중과 대기업의 콘체른

(Konzern) 현상이 발생했고, 그로 인해 국가의 경제적 개입을 위한 새로운 기능들이 증대됨으로써 사회는 점차 국가화되고, 국가는 사회화되었다. 독점자본과 국가자본은 경제주체로서 개인의 자립적인 실존을 위협했고, 사회적 불안이 고조되면서 평등한 개인들 간의 자유로운 상호작용은 점차 불가능해졌다. 헤겔(G. W. F. Hegel)이 주장했던 통합된 사회의 이념, 즉 개별적 이해관계와 보편적 이해관계의 매개는 왜곡된 형태로 출현했다. 20세기 독일의 국가사회주의, 즉 나치(Nazi)가 바로 그러한 형태였다.

사회는 개인들에게 큰 영향력을 끼치면서 현존하지만, 직접 볼 수 없는 추상물이다. 이 추상물을 구체화하고 있는 것이 개인이고, 또한 개인들 간의 관계이다. 하지만 21세기 현대 자본주의 사회는 동등한 권리를 지닌 개인들 간의 자유로운 상호작용이 아닌, 오로지 이윤추구라는 명령하에서 경제적으로 원자화된 개인의 심리적 고립화를 부추긴다. 사회와 개인의 역동적인 상호작용은 중단되고, 그로 인해 사회는 서서히 병들어가고 있는 것처럼 보인다. 우리가 병든 사회를 정확하게 진단하기 원한다면, 그리고 더 나아가 치료하기 원한다면, 우리는 그 사회와 관계를 맺고 살아가고 있는 개인, 개인과 개인의 관계가 어떤 상태에 처해 있는가를 살펴봐야 한다. 이를 위해 우리는 개인 개념이 무엇인지부터 물어볼 필요가 있다.

개인도 수입된 개념이다.

중국 한자어에는 "개인"이라는 말 자체가 없었다. 영어 "인디비주얼(individual)", 프랑스어 "앙디뷔듀(individu)", 독일어 "인디비디움(Individuum)"이 일본 지식인들에 의해서 1882년경 "개인(箇人)"으로 번역되었다가, 1884년 이후에 "개인(個人)"으로 정착되었다. 물론 그 이전에 개인이라는 단어 자체가 존재하지 않았더라도 경험 주체로서 개개 사람이라는 관념은 존재했다. 하지만 "인디비주얼"의 사상적 배경을 고려해 볼 때, 그것의 함축적 의미는 단순히 "자기(己)" 혹은 "사람(人)"을 가리키는 단어가 아니었다. 그것은 평등과 자유라는 가치의 담지자로서 개인을 지칭했다. 다시 말해서 개인은 다른 개인이나 국가 권력으로부터 침해받지 않는 자유롭고 평등한 존재이며, 국가로부터 분리되더라도 존립할 수 있는 독립적인 존재였다.

"인디비주얼"의 어원을 추적해 보자면, 그리스어 "아토몬(atomon)", 라틴어 "인디비두움(individuum)", 즉 "더 이상 나누어질 수 없는 것", "유일무이하고 독특한 것"에서 유래했다. 개인 표상은 고대 헬레니즘 시대의 세 학파, 즉 스토아학파(BC 333~AD 180), 에피쿠로스학파(BC 341~271) 그리고 심지어 키니코스학파(BC 445~320)에까지 거슬러 올라갈 수 있다.

이 세 학파는 인간의 가치가 폴리스 안에서의 지위와 기능에 의해서만 결정된다고 주장했던 플라톤(Platon)과 아리스토텔레스(Aristoteles)와는 달리, 폴리스의 공적인 삶, 즉 "시민(politēs)"의 삶에서 벗어나 자연을 따르면서 홀로 자기충족적인 삶을 추구하는 "현자(賢者)" 사상을 공유했다. 특정한 폴리스, 즉 정치적 공동체 바깥에 있지만, 해상 교통로가 열려있는 지중해의 다양한 도시 문화와 교류 속에서 보편적 시각을 지닌 현자가 다름 아닌 개인의 최초 표상이었다.

서양에서 개인 관념 형성의 두 가지 요인

기원전 4세기경 마케도니아의 알렉산드로스(Alexandros)가 마르세유에서 페르시아에 이르는 세계 도시, 즉 보편적인 세계를 건설한 이후, 파나

이티오스(Panaitios)는 스토이시즘을 자기충족성의 철학에서 인도주의 철학으로 전환시켰다. 후기 스토아학파의 대표자인 세네카(L. A. Seneca)는 인류에 봉사하는 것을 현자 혹은 "선인(善人)"의 의무라고 주장했다. 그것은 보편적인 세계 속에서 현자 혹은 선인으로 불렸던 개인이 더 이상 세속 바깥의 은둔자가 아니라, 다른 사람과 구별된 독립적 존재이면서 동시에 보편적 존재라는 것을 의미했다. 달리 말해서 개인은 폴리스의 특권적인 시민 대신 공통의 인간성을 부여받고 있는 만인 평등사상의 체현자였다. 이러한 평등사상이 로마법의 기초가 되었고, 초기 기독교 교부들의 정치철학으로 계승되었다.

하지만 스토아학파의 평등사상은 개인의 핵심인 인격의 존엄성 관념으로까지 발전하지 못했다. 인격의 존엄성 관념, 즉 인간은 누구나 신의 사랑을 받고 있는 한 존엄한 인격체라는 관념은 기독교의 종교개혁을 통해서 유포되고 정착되었다. 다시 말해서 인간은 속인에게서 벗어나 세속 바깥의 신과 같은 초월적 존재와 교류할 때, 그리고 이 교류를 통해서 자신의 존재 이유를 자각하고 존엄한 가치를 지닌 존재로 거듭날 때, 비로소 개인이 되었다. 이처럼 개인 관념은 지고한 가치를 지닌 "탈(脫)속인"이면서 동시에 세속 안에서 경험 주체로서 그의 활동은 종교적 헌신을 함축했다.

종교개혁이 근대적 의미에서 개인 관념을 형성하게 된 한 가지 요인이었다면, 산업혁명 이래 형성된 자유 시장경제체제는 그것의 또 다른 한 가지 요인이었다. 전자가 어떤 초월적 존재와 교류하는 종교적 개인이라면, 후자는 자유로운 시장 안에서 사적 이익을 추구하는 경제적 개인이다. 개인의 두 가지 유형은 표면상 대립한 것처럼 보일 수 있다. 하지만 개인의 정당한 사적 이익 추구는 깔뱅(J. Calvin)이 주장하는 것처럼 신의 은총을 확인받는 한 가지 길이었다는 점에서, 두 가지 유형의 개인은 하나의 형상으로 결합할 수 있었다. 즉 인격의 존엄성-교양-과 사적 이익-소유-을 자신의 중심핵으로 삼고 있는 근대 부르주아 개인 관념이 완성되었다.

개인 개념의 생성과 소멸

근대 부르주아 개인 개념의 사상사적 배경을 살펴보자면, 17세기 데카르트(R. Descartes)가 "코기토 에르고 숨(Cogito ergo sum)"(『방법서설』, 1637), 즉 "나는 생각한다. 고로 존재한다"를 선언한 이래, 개별적인 실체, 즉 사유하는 존재로서 자아 개념이 등장한다. 라이프니츠(G. W. Leibniz)에 따르면, "어떤 실체에 발생하는 모든 것은 오로지 그러한 실체의 이념 혹은 그러한 실체의 완전한 개념의 결과라는 사실을 우리가 고려한다면, -왜냐하면 어떤 실체의 이념은 이미 모든 술어 또는 사건들을 자체 안에 포함하고 전 우주를 표현하고 있기 때문이다- 개별실체는 결코 또 다른 개별실체에 영향을 미치지도 않고, 마찬가지로 그로부터 어떠한 영향을 받지 않는다."(『형이상학 논고』, 1686)

라이프니츠는 개별실체 개념을 나중에 "모나드(Monade)" 개념으로 변경한다. "모나드들은 어떤 것이 그 안으로 들어가거나 그 안에서 밖으로 나올 수 있는 창문을 가지고 있지 않다."(『모나드론』, 1714) 모나드는 분할이 불가능한 단일자이지만, 속성이 무한하여 다른 모나드들과 서로 구별된다. 또한, 모나드 안에서 발생하는 변화는 외부로부터 야기된 것이 아니라, 자신의 내적 원리로부터 기인한다. 자기원인적이고 자기관계적인 존재에 관한 학설로서 모나드론은 자유 시장경제체제를 삶의 경제적 토대로 삼았던 부르주아 개인 개념의 이론적 기반이 된다.

18세기에 탄생한 개인 개념은 불과 백 년 남짓의 생애를 마치고 죽음을 맞이했다. 19세기 말 자유시장경제체제의 붕괴, 말하자면 독립된 경제주체의 판단과 결정의 자유 및 행위의 자유를 전제했던 경제체제의 붕괴와 함께 독점자본경제체제의 출현은 개인이 더 이상 경제적으로 자립적인 실존을 유지할 수 없다는 사실을 알리는 신호탄이었다. 그것은 평등과 자유라는 가치의 담지자로서 개인의 종말을 고하는 것이었다. 독점자본경제체제 안에서 원자화되고 고립된 개인은 오로지 경제발전과 이윤창출이라는 목적을 달성하기 위한 도구로 전락하는 경향을 보였고, 더 이상 사회 안에서 인간다움을 구체화하고 실현할 수 없다는 역설에 부딪혔다. 라이프니츠의 "창 없는 모나드"는 오늘날 전지구화된 신자유주의 체제 안에서 타자지향적이면서 폐쇄적이고 고독한 개인이라는 분열적 형상으로 나타났다.

한자 문명권에서 개인 개념의 부재

  한자 문명권에서 "인(人)"과 "민(民)"은 아주 오래된 단어였다. 인은 처음에 "이종족(異種族)"을 지칭하다가, 춘추시대 말기에 이르면 인은 노예의 주인을, 민은 노예를 가리켰다. 『맹자』의 "진심장구하(盡心章句下)" 편을 살펴보면, 인과 민의 결합어인 "인민(人民)"은 "제후(諸侯)"의 세 가지 보물, 즉 "토지(土地), 인민(人民), 정사(政事)" 중 하나였다. 『조선왕조실록』에서 "인민(2504회)이라는 단어는 "백성(百姓)"(1718회), "국민(國民)"(163회), "시민(市民)"(395회)이라는 용어보다 훨씬 더 많이 발견된다. 조선에서 인은 주로 관리를 일컫거나, 사람 일반을 가리키는 보통명사였다면, 민은 정치적 공동체 안에 살고 있는 평민 일반을 지시하는 보통명사였다. 특히 세종 때 인민이라는 단어가 가장 많이 사용되었는데, 그것은 아마도 국가체제를 제도화하고 백성에 대한 정치 개입이 많았기 때문이었던 것으로 추정할 수 있다.

갑신정변(1884) 이후 인민이라는 단어는 전통적인 용례가 아닌 영어 "피플(people)", 프랑스어 "푀플(peuple)"의 번역어로서 남녀노소 누구나 하늘이 부여해 준 "자유(自由)"와 "평등(平等)"의 "권(權)"을 지닌 새로운 의미로 사용되기 시작했다. 이러한 의미 변화의 배경을 살펴본다면, 사상적으로는 서양의 사회계약론적 자유주의와 사회주의의 영향, 그리고 정치적으로는 1876년부터 1883년까지 청, 일본과 맺었던 근대 조약체결의 영향을 꼽을 수 있을 것이다. 인민은 다른 나라와 관계에서 특정 국가에 속해 있는 주민 일반, 즉 국민 개념에 선행하는 정치적 주체의 의미를 지녔다. 다시 말해서 인민은 태어남과 동시에 각자의 "일신(一身)"의 권리를 갖고, 부당한 대우와 속박을 받지 않으며 독립된 존재라는 자연권을 지닌 주체다. 이처럼 인민 단어에는 개인 관념이 뒤섞여 있었다. 하지만 그 단어 안에는 국가로부터 분리되더라도 존립할 수 있는 독립적인 존재로서 개인의 의미가 들어 있지는 않았다.

인민이라는 말은 여전히 북한에서 사용되고 있지만, 그 말이 남한에서 언제부터 개인이라는 단어로 변경되었는지, 누가 그리고 왜 개인이라는 단어를 수용했는지는 지금까지 명확하게 밝혀지지 않았다. 19세기 말 일본 지식인들의 번역서들을 통해서 개인 단어가 소개되었고, 인민의 정치적 색조를 피해 의도적으로 사용되면서 차츰 정착하게 되었을 거라고 추정할 수 있을 뿐이다. 하지만 평등과 자유라는 가치의 담지자로서 개인 개념은 국가의 "자주독립"과 "부국강병"과 같이 우선적으로 해결되어야 할 과제에 떠밀려 우리의 사유와 담론 속에서 철저하게 반성되지 못했고, 사회적으로 문화적으로 제도화되지 못했다.

오늘날 우리에게 개인이라는 말과 단어는 너무나 친숙하다. 하지만 개인 개념의 사상적 배경과 함축적 의미를 정확히 알고 의식적으로 사용하면서 실천하는 사람은 매우 드물어 보인다. 사회 개념 또한 사정은 마찬가지다. 그것은 개념과 현실, 이론과 실천 사이의 괴리를 보여 주는 단적인 예일 것이다. 사회 개념뿐만 아니라 개인 개념의 부재는 허울뿐인 말과 단어의 공허함에 그치는 것이 아니다. 그것은 말과 단어가 지시하는 실재와 현실이 존재하지 않는다는 것이고, 무엇보다도 정치적 행위 단위가 존재하지 않는다는 것을 의미한다. 한국 사회에 여전히 전근대적인 혈연, 학연, 지연의 집단주의와 권위주의가 지배하고 있다는 사실이 그것을 반증한다. 이 맥락에서 우리는 독일 역사학자 코젤렉(R. Koselleck)의 주장에 귀 기울일 만하다.

에픽테트에 따르면 인간을 움직이는 것은 행위가 아니라, 행위에 대한 말이다. 말에 의한 혼란을 막는 데 스토아학파가 역점을 두었지만, '실천'과 '율법'의 대립은 에픽테트의 도덕지침이 말하는 것보다 다층적이다. 그는 말의 고유한 힘을 일깨워준다. 말의 힘이 없다면 인간의 행위와 고통을 경험하는 것은 어려우며, 그것의 전달은 절대로 불가능하다. 에픽테트의 이러한 경구는 예로부터 말과 실재, 정신과 삶, 의식과 존재, 언어와 세계의 관계를 다루었던 오랜 전통 속에 위치한다. 개념사와 사회사의 관계를 다룰 때에도 이 전통을 잘 고려해야 한다(라인하르트 코젤렉, 『지나간 미래』, 121쪽).

21세기 한국 사회와 개인

19세기 말 서양 부르주아 사회가 자본주의 경제체제의 장기불황으로 인해 대대적인 구조변동이 발생했던 것과 마찬가지로 20세기 말 한국 사회 또한 거대한 지각변동을 경험했다. 1960년대 이후 국가 주도하에 진행된 급속한 경제성장은 급기야 1997년 외환위기를 초래했고, 그 여파로 극심한 사회적 갈등과 정치적 불안정이라는 큰 대가를 지불해야만 했다. 한국 사회는 외환위기 이후 삶의 모든 영역이 자본주의적으로 조직되어가는 경향을 보였다. 2003년 9월 10일 "세계자살 예방의 날"이 제정된 이래 대한민국은 OECD 국가 중 꾸준히 자살률 1위를 차지하고 있다. 안타깝게도 요즘 10~30대의 사망원인 중 가장 큰 비중을 차지하고 있는 것이 자살이라고 한다. 뒤르켐(É. Durkheim)의 주장에 따르면, 현대 사회에서 자살률의 증가는 동일한 가치관을 공유하며 인간적인 정(情)으로 끈끈하게 묶여 있는 공동체(community)의 상실과 밀접한 관련이 있다. 자살은 더 이상 개인의 문제가 아니라, 사회의 문제라는 사실을, 그는 강조한다.

한국 사회 안에서 경제적 양극화와 삶의 불안정이 갈수록 심화되면서 새로운 유형의 사회적 일탈 행위들, 즉 "절망범죄", "절망살인", 심지어 "다중살인"의 징후들이 발견되고 있다. 살아 있는 인간이 생존이라는 가장 기본적인 욕구를 포기한다는 것, 그리고 이러한 포기가 불특정 다수를 향한 무차별적인 증오로 전환되고 있다는 것은 경제발전 논리가 꿈결 같은 세상을 약속한다기보다는 심각하게 병든 사회를 양산한다는 사실을 보여 준다. 우리는 개인과 사회라는 말을 하면서도 평등하고 자유로운 한 인격체로서 인간존엄적인 삶을 사는 것이 아니라, 경제적 계산에 따라 작동하는 자동인형이 되어 약육강식의 논리에 포섭된 삶을 살고 있는 것처럼 보인다. 개인과 사회 개념들뿐만 아니라 그와 연관된 평등과 자유, 자아실현과 행복 등의 이념들 역시 빈껍데기뿐인 교양으로 통용되고 있다. 만일 우리가 말, 단어 그리고 개념의 본래의 의미를 되찾아 주지 않는다면, 아렌트(H. Arendt)가 지적했던 것처럼, 우리는 "자기가 무슨 일을 하고 있었는지 전혀 깨닫지 못했던 자"였던 나치의 전범 아이히만(A. O. Eichmann)의 삶의 태도를 여전히 반복하게 될 것이다.

개인은 로빈슨 크루소처럼 사회 없이 그 자체로 존재하는 것도 아니고, 잘못된 사회를 이탈해서 존재할 수도 없다. 개인은 비인간적인 사회의 불의에 저항하면서 동시에 그러한 사회가 내면화된 가짜 자기 자신과 싸워나갈 때 인간존엄적인 사회를 만들어갈 수 있고, 바로 이러한 사회 속에서야 비로소 평등하고 자유로운 주체로서 개인의 삶이 구체적으로 실현될 수 있을 것이다. 이처럼 사회와 개인은 서로 영향을 미치면서 긴밀하게 얽혀 있다.

우리는 범죄자의 사회적 일탈 행위가 사회 구성원들의, 아니 나의 방관적 범죄라는 공동체 의식을 깨우는 일부터 시작해야 할 것이다. 만일 내 안에서 병든 사회의 모습이 발견된다면, 그리고 병든 사회와 왜곡된 개인 사이의 악순환의 고리가 발견된다면, 우리는 그 고리를 과감히 끊어야 할 것이다. 그럴 때에야 비로소 사회 전체의 근본적인 변화의 움직임과 동시에 감성과 이성의 자웅동체적 인간성을 지닌 개인의 잠재성과 가능성이 비칠 것이다.

토론 주제

1. '사회' 개념과 '개인' 개념이 함축하고 있는 의미는 무엇인가?
2. 사회와 개인의 변증법이 무엇인가?
3. 건전한 사회를 만들고, 건강한 개인이 되기 위해서 나는 무엇을 어떻게 해야 하는가?

참고 문헌

김성은, 2009. 『사회란 무엇인가: 새로운 세대를 위한 질문』, 책세상.
사쿠타 케이이치, 2013. 김석근 옮김, 『한 단어 사전, 個人』, 푸른역사.
라인하르트 코젤렉, 1998. 한철 옮김, 『지나간 미래』, 문학동네.

두 번째 주제: 사회 및 역사철학

유교적 근대화와 개인의 조화는 가능한가?

유교 문화와 근대화

　서양과의 만남과 충돌에서 자존심을 구긴 동아시아는 서양을 이기기 위해 근대화를 추진하는데, 처음에는 서양의 군사와 경제 방면에서 출발하여 나중에는 정치 제도와 철학과 윤리 등 문화 전반을 학습하고 모방하는 서양따라하기를 시도하였고, 이는 자신의 역사 문화의 전통을 부정하고 파괴하는 경향을 수반하면서 전통문화와의 갈등을 초래하였다. 우그 결과는 한강의 기적이라는 말에서 확인할 수 있듯이 자본주의적 근대화의 성공적인 사례로 인정받고 있지만, 전통 문화와의 충돌과 갈등은 아직 해소되지 않고 있다.

　그런데 비교적 짧은 시간에 자본주의적 근대화에 성공한 나라들이 동아시아에 집중되었다는 사실이 드러났다. 한국을 비롯한 대만, 싱가포르, 홍콩은 아시아의 네 마리 용으로 불리기도 하였는데, 이들은 유교 문화권이라는 공통점을 가지고 있다. 근대화에 성공한 일본과 중국 또한 마찬가지로 유교 문화권이다. 이에 힘입어 유교 문화가 갖는 근면과 성실, 혈연과 지연 등의 연고주의, 국가와 결합한 가족주의, 관계 중심적 사회망, 높은 교육열 등이 이들 나라의 자본주의를 가능하게 했다고 주장하는 유교 자본주의론이 등장하고 유교 민주주의론, 유교 부흥론 등이 뒤를 이었다. 이 지점이 유교 문화와 근대화의 친화성에 관한 논쟁을 촉발한다.

우리나라의 근대화 역시 전통과의 결별과 서양 배우기를 표방한 근대화였지만 서구 사회의 일반적 근대화 과정과 우리의 근대화는 과정과 내용에서 상당한 차이를 드러내고 있다. 이는 자기반성 또는 자기 부정의 불철저성에서 비롯한 결과일 수도 있지만, 그보다는 근대화의 출발점이자 실질적 지반인 전통문화와 철학, 즉 유교의 문화유산과 혼재되어 진행되었다는 점과 관련되어 있다. 우리나라의 근대화가 유교적 전통이 배제되지 않고 도리어 적극적으로 기능하는 가운데 진행되었다는 점에서 서양의 근대화와 결이 다른 한국적 근대화 또는 유교적 근대화라 부를 수 있다면, 유교적 문화 전통과 근대화의 결합에 관한 논의가 가능할 것이다.

유교 문화는 여전히 일상적 삶의 영역에서 강력하게 작동하고 있는 생활 문법이지만 근대화 과정에서도 논란의 중심에 있었고 현재도 논란의 대상이다. 그동안 정치 경제적 필요에 따라 부정과 폐기의 대상이 되기도 했고 비판적 계승의 대상이 되기도 했지만, 유교 문화의 전통은 완전히 파괴되거나 사라지지 않았고 창조적으로 계승되지도 못한 중간 어느 지점에 자리하고 있는 것 같다.

전통 유교 문화의 명암은 오랫동안 현대 한국인의 생활 세계에 깊이 뿌리 내려 그들의 삶을 지배하고 명령하고 기획하고 있다는 점에서 근대적 시민사회의 건강성을 담보하려면 유교적 문화 전통에 대한 논의가 필요하다. 그렇지만 서구적 근대화 내지 근대성을 유일한 잣대로 삼고 우리를 타자화하여 성공과 실패, 또는 충족과 부재로 규정하는 것은 결국 자기 부정과 실패로 귀결하기 때문에 논의의 실효성을 높이려면, 유교적 전통에 대한 긍정과 부정, 계승과 극복, 옹호와 무시라는 이분법적 접근보다 다양한 수준의 메타 윤리학적 분석이나 사회문화적 분석이 필요하다.

세계 긍정의 윤리 지향

유교가 설명하는 현실 세계는 질서와 조화가 지배하는 도덕적으로 선한 세계이며 인간의 본성 또한 선하다. 예컨대 성실은 유교 문화에서 으뜸 덕목인데, 이 가치는 자연 세계에서 온 것이다. 『중용』은 "성실함은 자연의 도이고, 성실하고자 노력하는 것은 사람이 가야 할 길이다."고 말한다. 이 구절은 인간 삶의 터전인 자연과 우주의 중요한 작동 원리가 성실함이며, 생각하거나 힘쓸 것도 없이 자연스럽게 도에 맞는 진실함이니 이는 성인의 경지이고, 보통 사람의 도리는 배워서 지극한 성실함을 이루는 것이다. 선한 일을 선택하여 단단하게 잡고 그것을 실행하여 그치지 않아야 마침내 이룰 수 있다.

변함없는 낮과 밤의 교차, 질서 있는 사계절의 운행, 계절에 따라 알맞게 내리는 비와 바람, 그리고 햇빛은 이 세계를 생명으로 약동하게 한다. 이 세계는 끊임없이 새로운 생명이 태어나고 고동치는 생명의 세계이니, 어찌 아름답지 않은가. 이처럼 인간의 삶의 터전인 이 자연과 세계는 가치 중립적 사실 세계가 아니라 아름답고 질서 있고 조화로우며 진실하고 성실한 가치 세계, 즉 도덕 세계이다. 인간이 건설하는 인문 세계와 자연이 지어내는 천문 세계는 유기적으로 연결되어 있다.

유교 문화는 낙관주의적 인생관과 현실 긍정의 윤리적 지향성을 갖는다. 그러므로 인간은 아름다운 선의 세계에서 생을 부여받은 존재로서 자연에서 받은 선한 본성을 발휘하여 도덕적 자기완성을 추구하는 동시에 자연의 완성을 도와야 한다. 모든 사람은 하늘로부터 받은 선한 도덕적 본성을 지니고 있다는 점에서 자기완성의 가능성을 담지하고 있는 존재이다. 내면의 덕성을 발휘하고 고전을 탐구하여 인간적 자기완성을 추구하는 것은 모든 사람에게 열려 있고 누구라도 노력과 수양을 통해 성인이 될 수 있다는 점에서 인간존재는 모두 평등하다. 그렇지만 그것은 가능성일 뿐이고 도덕적 인간은 타고나는 것이 아니라 학습과 노력을 통해 얻어지는 것이다.

유교 문화가 도덕적 완성을 과정에서 의리를 중시하고 이익을 경시한다는 오해를 받고 있지만, "항산恒産이 없으면 항심恒心도 없다"는 맹자의 말에서 확인할 수 있듯이, 물질적 경제적 차원의 중요성도 충분히 긍정하고 있다. 일정하고 떳떳한 생업이 없으면 그로 인해 변함없는 마음이 없어지는 것은 당연하기 때문이다. 물질적이고 경제적인 토대라는 뒷받침 없이는 도덕적 완성도 불가능하다는 점을 충분히 긍정하여 강조하고 있다.

유교 문화의 현실주의적이고 물질주의적 논리는 이후 더욱 세속화되면서 현세적 성공과 인정을 고무하여 근대화 과정에서 자본주의의 성공적 발전에 기여한다. "대학의 도는 자신의 밝은 덕을 밝히는 데 있고, 백성을 자기 몸처럼 아끼는 데 있으며, 지극한 선의 경지에 머무는 데 있다." 자신의 밝은 덕성을 밝히고자 하는 사람은 먼저 자기 나라를 다스리고, 자기 나라를 다스리고자 하는 사람은 먼저 자기 집안을 정돈하며, 자기 집안을 정돈하고자 하는 사람은 먼저 자기 자신을 수양한다. 자신의 마음을 바르게 하고, 자신의 뜻을 성실하게 하며, 도덕적 지식을 투철하게 하기 위해 사물의 이치를 탐구한다. 이처럼 자신과 가정을 다스려 최고선의 사회 건설을 지향하는 유교 문화는 서양의 종교와 같은 외재적 초월을 인정하지 않음으로써 초월적 세계와의 긴장을 결여하였지만 강한 현실 긍정과 적응이 개인의 삶의 방향을 대신하고 있다.

관계적 존재

유교적 인간관에서 개인의 정체성을 이해하는 방식은 관계 중심적이다. 인간은 사회적 분업과 협력을 통해 살아가기 때문에 타인과의 협력과 조화는 삶의 전제조건이 된다. 따라서 타인과의 관계 설정은 개인의 존재 조건의 하나이다. 사람은 태어나는 순간, 누군가의 자식이자 누군가의 형제자매가 되어 한 가족의 구성원이 되고, 나아가 복잡하고 다양한 사회 공동체적 관계들을 구성하는데, 부모와 자식, 형제와 자매, 친척, 그리고 친구, 이웃, 학교, 회사, 국가 등으로 무한히 확장되는 사회적 관계망은 유교 인간론의 토대이자 원형이다. 여기에서 한 개인의 정체성을 파악하는 방법은 그 사람이 맺고 있는 관계와 그 실천적 맥락을 살펴보는 것이 요청된다.

한 개인이 온전한 인간으로 성장 발전해가는 과정은 자신을 구성하는 다양한 사회적 관계를 통해 자연적 감정과 행위를 문화적·도덕적 차원으로 변화시켜가는 사회화 과정이다. 유교에서 사람다움을 의미하는 인仁은 개인의 자기 수양을 통해 획득할 수 있는 최고의 성취이며 경지이지만 관계라는 맥락을 벗어난다면 실질을 잃게 된다. 사람다움으로서의 인은 오직 인간 상호 간의 관계에서 형성되고 배양되며 발전할 수 있기 때문이다. 그런 점에서 사람다움仁이란 두 사람을 의미하고, 두 사람 사이에서 생겨나는 것이며, 두 사람이 서로 관여할 때 요구되는 윤리적 행위이다. 즉, 사람과 사람이 만나면 각자 해야 할 도리가 있으니, 인이란 사회 구성원들이 다양한 관계들 속에서 자기의 도리를 다하는 과정에서 획득하는 윤리적 미덕이다.

이러한 인간에 관한 이러한 사유방식의 사회, 문화, 제도적 차원으로의 확대 적용이 예치 시스템이다. 인륜 관계를 중심으로 한 행위 방식의 총체가 예인 것이다. 유교적 예의 특징은 관계의 친소 원근과 지위의 존비 상하를 기준으로 매우 세밀하게 규정하는 데 있다. 사회적 생활 규범으로서의 예는 개인의 안과 밖을 연결하여 조화와 질서를 가능하게 하는 문화적 장치로 기능했다. 인을 통한 내면적 인격의 수양은 외적 예의 규범 실천을 통해 표현되고 완성된다고 보았다. 이러한 예치 시스템은 가정이라는 개인의 사적 생활로부터 사회, 국가, 그리고 도덕, 정치, 경제, 문화, 교육 등 모든 분야에 이르기까지 촘촘하게 망라하며, 개인들은 예를 내면화하는 과정을 통해 사회 국가에 편입되어 정체성을 확립하고 국가는 예치를 통해 질서와 안정의 토대를 확보하였다.

개인의 부재

개인과 사회의 매개 방식을 인간의 사회적 삶의 양식의 기본 단위인 개인이 아닌 사회적 관계로부터 시작하는 유가적 사유 모델이 함축하는 의미는 무엇인가. "임금은 임금다워야 하고, 신하는 신하다워야 하며, 아비는 아비다워야 하고, 자식은 자식다워야 한다."는 공자의 정명론은 관계 중심 사유와 그에 상응하는 책임과 의무의 역할 시스템의 단면을 보여 준다. 때로는 자식으로서, 때로는 신하로서, 그리고 아우의 자리에서 주어진 책무를 완수해야 한다. 사회 집단에 구조적 질서가 바로 서야 한다는 점을 강조하고 있다. 인간은 사회 집단에서 생활하며, 어떤 개인이라도 이러한 사회 질서를 생존의 전제와 조건으로 삼는다.

유교가 제시하는 인륜의 관계망을 가능하게 한 예치 시스템의 핵심은 가정의 효와 국가의 충을 결합한 위계적 질서의 확립이다. 그러므로 예치 시스템은 정명론에 나타난 사회 구성원의 역할 시스템을 구체화하고 규범화한 사회적 행동 총칙으로, 그 핵심은 정치와 사회의 질서를 세우는 것이다. 각자 자신에게 부여된 이름에 맞게 행동해야 한다. 예를 들면, 군주는 명령하고, 신하는 공손하며, 어버지는 인자하고, 자식은 효도하며, 남편은 조화롭고, 아내는 부드럽고, 시어머니는 인자하고, 며느리는 따라야 한다.

이처럼 개인은 인륜 관계 속에서, 예컨대 오륜의 관계망에서 다른 사람들과 차별화되고 제한된다. 개인은 인륜 관계의 맥락에서 특정한 역할을 수행하는데, 여기에는 관계의 비대칭성 문제가 있다. 아버지/아들, 형/동생, 시어머니/며느리, 어른/어린이, 삼촌/조카, 스승/제자, 선배/후배, 직장 상사/부하 등의 여러 사회적 관계들의 특징은 비대칭적 행위 규범을 요구한다는 점이다. 비대칭 규범은 개인이 타자로부터 대우하거나 대우받는 방식과는 다르게 타자를 대우하거나 대우받도록 강제하는 수직적이고 닫힌 구조이다.

이러한 위계적이고 닫힌 관계 질서는 필연적으로 개인의 부재를 초래한다. 사회가 자신에게 부여한 관계적 역할은 고정적이며, 이를 성실하게 수행하는 것 외에 개인이 자율적이고 주체적으로 할 수 있는 행동 영역은 제한적이다. 모난 돌이 정 맞는 시스템에서 주어진 역할 이외의 독립적이고 자유로운 행동은 사회적 비난과 배척에 직면할 가능성이 크다. 따라서 위계적 조화에 대한 강조는 개인에 대한 속박으로 이어지는 경향을 띠었다.

개인의 자유와 권리는 제한적으로 존재하지만, 그것은 내면화되어 버리고 사회적으로 표현되지 못한다. 개인은 조화와 질서를 파괴하는 것으로 비칠까 두려워 강한 자기 입장을 갖는 것을 주저한다. 개인의 권리와 자유와 존엄을 보장함으로써 사회적 갈등을 해소하는 방법을 찾지 않고 집단의 보존을 위한 개인의 자기희생에서 그 해결 방법을 찾았다.

가족주의

가정은 사랑과 관심을 나누고 친밀감과 유대감을 느끼고 성장하며 함께 어울려 살아가는 생활공동체다. 가정에서 사랑과 보살핌 속에서 정서적 안정과 편안함을 느끼고 사회 구성원으로서 살아가는데 필요한 기초적인 지식과 태도, 인간의 도리, 나아가 바람직한 삶의 태도와 가치를 익힌다. 가족들의 사랑과 보살핌 속에서 따뜻한 정서적 안정과 편안함을 느끼며 살아가는 데 필요한 기초적 문제 해결과 대처 능력을 키우는 곳이다. 힘들 때 서로에게 힘을 주고, 기댈 수 있고, 기쁨을 나누고 슬픔을 함께할 수 있다. 이처럼 가정은 늘 내 곁에서 내게 힘을 주고 나를 위로해주고 지지해주며 도와주는 소중한 존재이다.

가족주의란 개인이 행위와 태도를 결정할 때 집단으로서의 가족의 이익을 보호하고 가족의 화목을 유지하는 것에 제1의 기준을 두고 여기에 복종해야 하는 가치 체계를 말한다. 개인보다 가족의 화합과 이익을 중시하고 가족 관계를 통해 자아를 구성하는 가족주의는 동아시아의 유교문화권에서 오랜 역사적 전통을 가지고 있다. 가족주의의 토대를 구성하는 두 가지 요소는 가정을 단위로 하는 소농 경제와 종법과 혈연을 유대로 하는 가족 제도였다.

고대 동아시아인들은 소규모 자영 농업을 경제 기반으로 삼았고, 그로 인해 자연스럽게 가족을 중심으로 한 생활과 문화를 형성하였다. 한 곳에 오랫동안 정착하면서 공동 노동을 해야 하는 소농 경제에서 가족 구성원의 노동력은 생산력을 좌우하는 요소였고, 공동 노동을 통해 농사를 짓는 것은 가족을 중심으로 한 공동체 생활과 문화의 형성으로 이어졌다. 그리고 씨족사회에서 유래한 종법과 혈연 중심의 가족 제도는 예악 제도와 결합하면서 가족주의를 더욱 강화했다. 그리하여 개체 중심보다 가족과 사회 국가라는 집단과 공동체 중심의 윤리와 문화를 구성하였다.

공자는 벼슬하지 않고 숨어 살던 당시의 은자들을 향해 자기 한 몸을 깨끗이 하려다가 큰 인륜을 어지럽힌다고 비판하면서, 새나 짐승과는 더불어 살 수 없으니 내가 세상 사람들과 더불어 살지 않으면 누구와 함께 살겠냐고 역설한다. 공자를 계승한 맹자는 당시 유행하던 양주와 묵적의 철학을 물리치는 것이 자신의 사명이라며 목청을 높여 그들을 비판했다. 맹자가 볼 때, 자기 자신만을 위한 개인주의적 삶은 곧 사회와 국가를 위한 삶을 거부하는 것이다. 이는 한 가정으로 치면 부모를 부정하는 것이며, 한 국가로 치면 군주를 부정하는 것이니, 결국 가정과 국가를 부정하고 파괴하여 사회적 혼란을 일으키는 원인이 된다고 본 것이다.

이러한 사유는 가정과 사회와 국가가 동일한 원리와 구조를 가진 한 몸과 같은 유기체라는 관점에서 유래한다. 연못에 돌을 던지면 그 물결이 동심원을 그리면서 계속 확장되어 가는 것처럼, 가정의 구성과 원리는 사회와 국가, 그리고 세계로 동심원처럼 확장되어 가는 것으로 이해한다. 그래서 가정의 구조와 인간관계 및 그 원리는 이웃과 사회, 국가에 동일하게 적용 가능하다고 본다. 가정을 인간 삶의 가장 근본적 토대인 동시에 인간관계와 그 원리를 압축적으로 담고 있는 곳으로 파악하는 것이다.

유교 철학의 핵심은 인이고, 효제는 인을 실천하는 방법이다. 인과 효제의 바탕에는 농경 사회의 혈연에 기초한 씨족 가부장의 전통과 그 구성원들 사이의 심리적 정감이 있다. 앞에서 살펴보았듯이, 인과 효제의 조합은 사람을 독립된 개체의 측면에서 보기보다 가정과 사회라는 공동체 속에서 타인과 관계를 형성하고 살아가는 관계적 존재로 간주한다. 인(仁)은 사람과 사람 사이에 있어야 할 인간관계의 규범으로 그 전제는 인간은 사회적 존재로서 그가 맺고 있는 사회적 관계 속에서 규정된다.

아울러 인간이 최초로 사회적 관계를 구성하는 곳이 바로 가정이며, 가족 구성원 사이의 관계는 모든 인간관계의 원형이기 때문에 가정에서의 도덕 규범, 즉 효제를 알고 실천하는 사람은 밖에 나가서도 사람다운 삶을 살아가는 데 부족함이 없을 것이라고 보았다. 반면에 사회적 관계로부터 고립된 개인은 자아를 형성하고 덕성을 갖춘 인간다운 존재로 성장할 수 없다.

유교 문화권의 가족주의적 경향을 담고 있는 대표적인 규범으로 삼강오륜이 있다. 삼강이란 인간관계의 핵심을 세 가지 강령으로 규정한 것으로 부모에 대한 효도, 국가에 대한 충성, 그리고 아내의 정절이다. 그리고 사회적 인간관계의 다양한 유형을 다섯 가지로 분류한 것이 오륜이다. 이 다섯 가지 관계들과 그에 알맞은 상태는 부모와 자식 사이의 친함, 통치자와 신하 사이의 의로움, 남편과 아내 사이의 구별, 어른과 아이 사이의 차례, 친구 사이의 믿음이다.

세 가지 강령과 다섯 가지 기본적 관계들은 전통 사회 질서의 핵심 규범으로 유교 사회의 가치 체계의 핵심에 자리 잡고 있다. 여기에서 삼강오륜이 가족을 모델로 삼고 있다는 점에 주목할 필요가 있다. 다섯 가지 주요 관계 가운데 세 개는 친족 내지 혈족의 영역에 속한다. 나머지 둘도 가족 관계는 아니지만, 가족의 관점에서 착상되었다. 지배자와 피지배자 사이의 관계는 아버지와 아들의 관점에서 생각한 것이고, 친구와 친구 사이의 관계는 형과 동생의 각도에서 말한 것이다. 많은 비가족적 사회관계들 역시 가족 제도의 구조와 가치를 본떠서 만들었다. 예를 들면, 군주와 신하, 스승과 제자, 연장자와 연소자, 선배와 후배는 아버지와 아들, 형과 동생의 원리를 본떴다.

거기에는 독립적인 개인의 존재에 대한 존중과 배려가 부족하다. 즉 개인은 가족주의적 윤리 속으로 매몰되었다. 아버지-아들 사이의 자애와 효도는 대칭적 관계인 것처럼 보이지만 실제로는 비대칭적이다. 이미 앞서 검토했듯이, 문제는 인륜 관계에 바탕을 둔 이 질서는 개인의 독립과 자유, 권리를 박탈한다는 데 있다.

충효와 국가주의

아버지-아들의 관계는 유교의 가족 제도에서 가장 중요하다. 그래서 아들의 도리인 효는 개인, 가족 그리고 사회적 삶의 중심이자 모든 도덕 행위의 근본으로 여겼다. 효도는 모든 인간 행위의 근본이라거나 인간다운 도덕적 행위의 근본이라고 강조한다. 유교적 가르침에 다른 문화적 이상이 있다고는 해도, 효의 이념은 전통 사회의 보편적 정체성의 원천이었고, 다른 형태의 자아상이 기준으로 삼아야 할 모범이었다. 그리고 효 개념은 예치 질서로 확장되고, 그를 지탱하는 근간이 되었다. 내면적이며 고유한 도덕적 세계의 지평 확보보다는 외적 검증받고 평가될 수 있는 행동 규범으로서의 예의 성실한 이행이 인격의 완성을 의미한다.

그런 점에서 효의 윤리는 전제 군주 정치와 가족주의를 연결하는 고리이고, 예는 사회 구성원과 사회 질서의 유기적 조화를 유지하는 장치이다. 가부장적 가족 공동체를 유지하는 핵심인 효는 사회로 확대되어 의가 되고, 국가로 확장되어 군주제를 옹호하고 유지하는 이데올로기인 충으로 기능한다. 효와 충은 이름은 다르지만, 동전의 양면처럼 동일한 내용과 논리 구조를 가진 도덕 규범으로, 충효의 예치 시스템을 통해 개인에서 가족을 거쳐 국가에 이르기까지 위계적이면서도 안정적인 사회 질서를 만들어 낼 수 있었다.

유교 전통에서 가족은 우주의 축소판이자 세상을 보는 척도였다. 사회를 구성하는 기본 단위를 가족으로 보았기 때문에 사회, 국가, 나아가 세계를 이해하는 기본적 관점 역시 가족이 되었다. 가족을 구성하는 관계들이 중심점이 되고, 이 관계의 원리가 동심원처럼 확장되어 사회가 되고 국가가 되고 세계가 되었다. 하늘은 나의 아버지이고 땅은 나의 어머니라는 사고가 자연스럽게 형성되었다. 이것이 천하는 하나의 가정이며, 우주도 하나의 커다란 가정이라는 관념이다. 그러므로 가정을 구성하고 이끌어가는 관계의 원리와 사회와 국가를 구성하고 통치하는 규범 및 원리는 일치한다. 이렇게 하여 가족주의는 국가주의, 세계주의 등으로 확장되고, 도덕과 정치는 일체화되었다.

한편, 가족주의는 서구 개인주의의 문제점을 보완할 수 있는 공동체 담론으로 해석되기도 하지만 개인이 누려야 할 자유와 권리, 행복을 제한하는 전근대적 잔재라는 비판도 많다. 관계론적 인간론에서 관계의 그물망으로 진입하여 자신의 정체성을 획득하는 순간 자유와 자율의 주체로서의 개체성을 상실하는 역설에 직면한다. 독립적 개인이 아니라 언제나 가족의 일원으로 정명의 도덕적 과제를 인식하고 국가에 충성함으로써 사회 질서와 조화해야 하는 사회적 개인이 있을 뿐이다. 그런 점에서 유교적 개인은 철저하게 사회적 관계 속에 통합된 개인이라 할 수 있고, 따라서 유교 사회에는 개인과 사회의 충돌과 긴장이 없다.

여기에는 존엄하고 평등하며 자유로운 개인이 들어설 자리가 너무 비좁다. 새엄마의 계략임을 알면서도 아버지에게 자식으로서의 도리를 다하고자 자신의 무죄를 주장하지 않고 자결을 선택한 왕자 신생, 그리고 아버지의 눈을 뜨게 하기 위해 인당수에 뛰어든 심청이는 효자가 되고 효녀가 되었다. 그들의 삶은 오늘날에도 여전히 바람직한 인간상인가? 나아가 조국과 민족의 무궁한 영광을 위해 몸과 마음을 바쳐 충성을 다하라고 강제하고 또 거기에 복종하는 것이 민주 시민이 추구해야 할 이상적인 태도인가? 관계는 서열과 권위로 변질되고, 집단과 국가는 가족을 위장하고 있지는 않은가?

근대는 인간의 존엄과 인권을 지닌 개인의 출현으로부터 시작되었고 민주주의의 역사가 개인의 자유의 확장의 역사였다면, 개인의 자유와 인권은 존엄한 삶을 위해 무엇보다 우선하는 기본적 가치일 것이다. 그렇다면 가족과 국가 중심의 유교 문화와 근대 시민 문화를 어떻게 관계 설정해야 할까. 또 개인 없는 자본주의적 근대화가 성공을 거두었지만, 민주주의적 근대화도 그러한가?

가족주의와 미래

현대는 가정이 약화하고 해체되어가는 가정 위기의 시대라고 한다. 또 여기저기서 인간의 물화와 소외로 인한 인정의 결핍과 각박함을 호소한다. 대중들에 둘러싸여 있으면서도 정작 따뜻한 정감을 나누거나 공유하지 못한 채 살아가는 현대인의 삶은 고독하며 팍팍하고 힘들다. 어떤 이들은 흔들리는 가정을 강화하고 가정을 중심으로 한 공동체 윤리와 문화를 튼튼히 해야 이러한 문제들을 해결할 수 있다고 주장한다. 사실 가족은 없던 힘도 생기게 하는 마법과도 같은 생기의 원천임에 틀림없다. 그럼에도 다른 한편에선, 자유로운 개인의 삶이 더 중요한 가치이며, 우리에게는 여전히 개인에 대한 존중과 배려가 부족하다고 주장하는 사람들도 많다. 개인의 자유와 행복을 우선하는 개인주의와 가족이라는 집단으로부터 출발하는 가족주의 내지 공동체주의 사이에서 선택이 쉽지 않다. 모두 소중한 가치에 틀림없기 때문이다.

가족주의의 장점은 다음과 같다. 첫째, 가족주의는 인간의 자연 정감에 기초를 두고 있기 때문에 무엇보다 따뜻한 삶을 형성하고 누릴 수 있으며 실천적이다. 현대인이 겪는 소외와 불안, 이기심의 만연 등은 가족과 사회 구성원 사이의 유대가 약화하고 해체되면서 나타나는 현상이다. 이를 치유하려면 가족 구성원 사이의 끈끈한 유대와 정감의 회복이 필요하다. 아울러 가족 중심의 윤리는 혈연적 자연 정감에 기초하기 때문에 실천이 자발적이고 쉽다. 이성 중심의 윤리학과 달리 실천을 위한 특별한 장치들을 필요로 하지 않고도 비교적 실천하기 쉽다. 둘째, 가족주의는 공동체의 가치를 긍정하고 강조한다. 인간은 사회적 존재이기 때문에 개인의 자아 역시 공동체의 가치와 역사, 문화와 고립되어 성장 발전할 수 없다. 가족, 사회, 국가 공동체는 인간의 좋은 삶에 필수불가결한 근본적인 요소라는 점은 부인할 수 없다. 셋째, 삶의 목표는 행복 또는 좋음이다. 그리고 좋은 삶, 행복한 삶이 가족 공동체로부터 시작된다는 점도 분명하다.

반면, 가족주의가 풀어야 할 숙제도 많다. 첫째, 앞에서 말했듯이 가족주의에는 평등하고 자유로운 개인이 보이지 않는다. 수평적 관계 속에서 인간으로서의 인권과 존엄을 서로 존중하고 존중받는 구조가 아니라 일방적이고 수직적 관계에서는 개인의 자유로운 삶이 제한을 받는다. 좋은 관계와 도덕 규범은 강제가 아닌 개인의 자유로운 선택에 기초해야 한다. 둘째, 가족 또는 집단의 요구는 공적인 것이고 정의가 되지만 사적 이익을 추구하는 개인의 요구는 소인배가 되는 도덕은 가족과 집단에 대한 순종으로 변질되어 정당한 개인의 권리와 행복조차 억압한다. 충효의 도덕은 노예의 도덕이라는 비판이 괜히 나온 게 아니다. 가부장제의 문제점은 여기서 다시 서술하지 않아도 충분하다. 셋째, 정치 이데올로기화된 충효의 윤리는 기존 규범과 권력에 대한 추종과 옹호이다. 도덕과 정치를 일체화한 이러한 범도덕주의적 문화의 핵심 정신은 인륜 관계의 권력화와 명분화이며, 그 중심에는 가족주의가 있다. 가족주의가 가족 구성원 사이의 따뜻한 혈연 정감을 중시하는 가족 윤리만은 아닌 이유이다. 마지막으로 가족주의가 안고 있는 사적 도덕과 공적 도덕 사이의 모호함은 도덕의 이중화를 불러온다. 가정 도덕과 사회 도덕 사이의 이중성은 어느 정도 자연스러운 현상이기도 하지만, 이것이 지나쳐 혈연과 집단 중심의 패거리 문화를 형성할 뿐만 아니라 이것이 혈연주의, 연고주의, 집단주의, 국가주의 등으로 확장되어 뒤섞여 버리기 쉽다.

토론 주제

1. 강한 관계 중심 사회와 약한 관계 중심 사회, 어느 쪽을 지향해야 하는가?
2. 충효의 윤리는 여전히 유효한가?
3. 개인주의, 가족·국가주의, 공동체주의의 차이는 무엇이며, 우리가 선택해야 할 삶의 방식은 무엇인가?

참고 문헌

리쩌허우, 2006. 임옥균 옮김, 『논어금독』, 북로드.
동양고전연구회 역주, 2016. 『맹자』, 민음사.
동양고전연구회 역주, 2016. 『중용』, 민음사.

세 번째 주제

윤리학

- 양심, 선천적인가 후천적인가? (류근성)
- 인간은 본래 선한가 악한가?(조우진)
- 삶과 죽음, 그 너머는? (이향준)
- 욕망이란 무엇인가? (김현구)

세 번째 주제: 윤리학

양심, 선천적인가 후천적인가?

양심은 어떤 행위의 옳고 그름과 좋고 나쁨을 구별하는 능력 또는 마음의 도덕적 직관 또는 도덕적 본능과 유사한 개념이다. 인간이라면 누구나 지니고 있다고 전제하는 양심은 인간을 도덕적 존재로 규정할 수 있는 토대, 즉 도덕의 원천으로 간주하기도 한다. 문제는 양심이 존재하는가, 그리고 존재한다면, 선천적인 것인가 아니면 경험과 교육을 통해 얻어지는 후천적인 것인가에 관한 것이다. 양심에 관한 선천성의 주장과 후천적 경험성의 주장은 그 논리적 구조와 결론이 매우 다르다는 것을 철학사를 통해 확인할 수 있다. 양심은 다음과 같은 몇 가지 논쟁적 질문에 열려 있다. 먼저, 양심이라 부를 수 있는 것이 있는가. 그리고 있다면, 그것은 선천적인가 아니면 후천적인가. 마지막으로 그 근거는 무엇인가.

양심은 선천적

사람들은 일상생활에서 양심이란 말을 빈번하게 사용한다. 양심의 가책을 느낀다거나, 자신의 양심을 속이지 말라거나, 양심에 따라 행동하라고 한다. 이뿐만 아니라 양심선언 또는 양심적 병역 거부라는 말도 어렵지 않게 들을 수 있다. 이처럼 많은 사람이 사용하는 양심이라는 말에는 다음과 같은 생각이 깔려 있는 것 같다. 사람은 태어날 때부터 도덕적으로 사고하고 판단할 수 있는 능력을 가지고 태어난다. 즉, 선천적 양심을 전제하고 있는 것이다. 그리고 사람답게 살아가기 위해서는 이 양심을 지키고 따르는 것이 그 출발점이다. 이 경우, 양심은 인간을 도덕적 존재로 규정하는 근거로 작용한다.

서양의 이성주의 철학은 소크라테스로부터 시작하여 제자인 플라톤과 아리스토텔레스로 이어진다. 감각 경험을 중시하고 상대주의적 경향을 지닌 소피스트와 달리 소크라테스는 인간의 본성을 이성으로 파악하고, 이성에 의해 보편적 진리를 인식할 수 있다고 보았다. 보편적 진리를 사랑하고 이를 인식하려면 무엇보다 자기 자신의 무지함을 알아야 하는데, 이때 그가 사용한 것이 대화를 활용하여 스스로 자기의 무지를 자각하게 하는 산파술이었다. 이성을 통한 보편적 진리의 인식을 추구한 소크라테스가 평생 다이몬(Daimon)이라는 신성한 내면의 소리를 들었다는 점은 시사하는 바가 무엇일까.

중세 시대 많은 종교 철학자들은 양심을 신의 도덕적 지침을 드러내는 것으로 간주했다. 그래서 신은 인간을 만들었고, 인간에게 도덕적 선함과 옳고 그름을 식별할 수 있는 능력을 주었다고 믿었기 때문에, 양심을 내면의 빛 또는 내면의 목소리라고도 불렀다. 비록 인간이 에덴동산에서의 타락이라는 원죄를 범했지만, 인간은 여전히 신의 명령을 듣는 내면의 양심을 가지고 있다.

  근대 철학의 집대성자인 칸트는 "너 자신이나 다른 사람의 인격을 항상 목적으로 다루고 결코 수단으로 다루지 말라"고 하여 인간의 존엄성을 강조했다. 인간을 수단이 아닌 고귀한 목적적 존재로 대우해야 하는 이유는 인간은 도덕법칙을 존경하고 실행하는 자율적 도덕 존재이기 때문이다. 칸트는 『실천이성비판』 결론 부분에서 다음과 같이 말한다. "나의 마음을 채우고, 내가 그것에 대해 더 자주, 더 깊이 생각하면 할수록 늘 새로운 경외심과 존경심을 더해주는 것이 두 가지 있다. 머리 위에 별이 빛나는 하늘, 그리고 내 마음속의 도덕법칙이다." 별이 빛나는 하늘과 같은 내 마음속의 도덕법칙은 절대적 가치를 지닌 정언 명령으로 양심이다. 양심은 인간을 인간답게 만드는 도덕적 자기의식, 즉 내면의 법정의 의식으로 규정한다. 선험적으로 주어진 도덕법칙의 명령, 즉 양심을 인식하고 존중하는 마음에서 그에 따라 행하겠다는 의지가 바로 선의지이다. 따라서 선의지는 양심에 따라 결과에 상관하지 않고 옳은 행위를 오직 옳다는 이유만으로 준수하려는 의지이다.

  칸트에 따르면, 우리가 행동할 때, 중요한 것은 그 행위의 결과가 아니라 그 행위의 동기이다. 어떤 행위가 초래하는 결과보다 그 행위를 하게 된 동기가 도덕적 판단 기준이다. 나아가 행위의 동기가 되는 선의지, 양심은 인간이 반드시 지키고 행해야 하는 의무이며 명령이다. 우리는 거짓말을 해서는 안 되고, 다른 사람을 해치지 말아야 하며, 어려움에 처한 사람을 도와주어야 한다. 이 도덕 명령은 어떤 배후의 동기나 목적에도 의존하지 않는 무조건적 명령이다. 예컨대 "도둑질하지 말라"는 "네가 처벌받고 싶지 않으면 도둑질하지 말라"와 같이 어떤 조건이나 결과와 결합한 가언명령이 아니라 그 자체로 선한 정언 명령이다. 칸트에 따르면, "너의 의지의 준칙이 항상 동시에 보편적 입법의 원리로 타당할 수 있도록 행위하라"는 단 하나의 정언 명령이 있다. 그러므로 칸트에게서 인간 존엄성과 도덕의 근원은 선천적 양심이다.

맹자의 양심

맹자가 주장하는 성선론의 근거 역시 양심이다. 맹자에 의하면, 인간은 태어날 때 하늘로부터 도덕적 본성을 부여받는다. 그가 볼 때, 인간이 동물과 다른 점은 인간 본성으로서의 양심이라는 도덕적 능력을 가지고 태어난다는 데 있다. 이 양심은 사람에게 고유한 본성으로 마음에 내재하는 것이지 밖으로부터 주어지는 외재적, 후천적인 것이 아니다. 사람은 배우지 않고도 할 수 있고, 생각하지 않고도 아는 능력이 있으니, 이는 하늘이 부여한 것으로 후천적 노력과 무관하다.

맹자의 시대적 배경은 여러 제후국이 중국의 패권을 쟁취하기 위한 전쟁으로 쉴 틈이 없던 전국시대였다. 각 제후국은 나라의 존망을 건 패권 경쟁과 전쟁에서 살아남기 위해 부국강병을 최고의 가치로 삼았다. 맹자가 방문한 제나라의 선왕 역시 궁극적 관심은 부국강병을 통한 패권의 추구이다. 선왕은 맹자를 만나자 어떻게 하면 왕 노릇을 잘 할 수 있는지 묻는다. 그러자 맹자는 다음과 같은 왕의 과거 경험을 상기시킨다.

어느 날, 제나라 선왕은 당상에 앉아 있다가 희생으로 쓰기 위해 소를 끌고 지나가는 것을 보고, 죄 없이 두려워 벌벌 떨며 사지로 끌려가는 것을 차마 볼 수 없다고 하면서 소를 놓아주고 양으로 바꾸도록 했다. 여기에서, 맹자는 왕이 소를 양으로 바꾸도록 한마음에 주목한다. 즉 죄 없이 도살장으로 끌려가는 소를 보고 불쌍하게 여기는 마음만으로도 좋은 정치와 훌륭한 임금이 가능하기 때문이다. 맹자는 다른 생명의 고통과 불행을 외면하지 않고 함께 아파하고 슬퍼하는 공감 능력(측은지심)은 선천적 도덕 감정이자 양심으로 사람이라면 누구나 이러한 마음을 가지고 있다고 본다. 그래서 왕이 이 마음으로 정치를 한다면 이상적 정치, 이상적인 국가를 건설하는 데 아무런 어려움도 없을 것이라고 말한다. 맹자가 제나라 선왕에게 제시하는 좋은 정치의 모델, 즉 도덕 정치는 이러한 선천적 도덕 감정을 발휘하는 정치라는 점에서 결코 어렵고 고차원적 능력을 요구하지 않는다. 지도자가 자기 내면의 도덕심을 끌어내어 확장하고 실천하면 된다. 이처럼 양심은 맹자 도덕 철학의 지반일 뿐만 아니라 정치철학의 기초임을 확인할 수 있다.

양심을 논증하는 다른 방식을 보자. 맹자는 다음과 같이 말한다: 갑자기 어린아이가 우물로 빠지려는 상황에 직면하면, 누구나 깜짝 놀라고 측은히 여기는 마음을 갖게 된다. 이는 그가 어린아이의 부모와 교분을 맺기 위해서도 아니고, 마을과 친구들에게 명예를 구해서도 아니며, 잔인하다는 명성을 싫어해서 그런 것이 아니다.

여기에서 주목할 점은 맹자의 세심한 상황 설정이다. 즉, 갑작스럽게 어린아이가 우물에 빠지려는 상황을 목격한다는 돌발 상황의 설정은 아이의 부모와 교분을 맺으려 한다거나 명예를 구하거나, 혹은 남들로부터 잔인하다는 평판을 들을까 두려워하는 등의 이해타산적인 계산 가능성을 배제함으로써 선천적 양심을 드러내기 위한 장치이다. 이처럼 마음의 이해타산적 기능들이 아직 작동하지 않는 인간 내면의 순수한 본연의 양심, 놀라고 불쌍히 여기는 마음을 드러내기 위해서이다.

맹자는 선천적 양심을 양지, 양능, 사단, 차마 하지 못하는 마음, 어린아이의 마음, 인의예지 등 다양한 이름으로 부르고 있다. 그리고 모든 사람이 이러한 선천적 양심을 가지고 있다는 점에서 인간의 본성은 선하며, 이 양심을 가지고 있기 때문에 누구나 노력을 통해 성인과 같은 도덕적 성장과 완성 가능성이 열려 있다.

사람에게 팔과 다리가 네 개가 있어 사지라 부르듯이, 사람의 마음속에 사단이 있으니, 측은지심, 수오지심, 사양지심, 시비지심이 그것이다. "측은하게 여기는 마음은 인의 단서요, 부끄러워하고 미워하는 마음은 의의 단서요, 사양하는 마음은 예의 단서요, 옳고 그르게 여기는 마음은 지의 단서다. 사람에게 네 가지 단서가 있는 것은 몸에 사지가 있는 것과 같다." 이렇게 볼 때, 인의예지라는 네 개의 덕은 양심을 구성하는 실질적 내용물이라 하겠다.

선천적 양심을 전적으로 긍정하는 맹자가 볼 때, 학문의 요체는 책을 많이 읽어 지식을 쌓거나 경험을 통해 견문을 넓히거나 자연을 탐구하여 원리를 찾는 것보다 타고난 이 양심을 잃어버리지 않고 잘 보존하고 기르는 데 있다.

맹자는 인간 본성으로서의 양심을 우주론적 차원으로 확장한다. "마음을 잘 살피면 본성을 알 수 있고, 본성을 알면 하늘을 알 수 있다." 인간의 마음-본성-하늘을 연결해 인간과 자연을 하나의 유기체로 파악하여 합일을 추구하는 사유의 지반을 마련한 것이다. 인간의 본성과 자연의 원리를 동일 선상에서 파악하는 이러한 사유는 인간 양심을 논증하는 근거로 작용하는 동시에 인간의 자연화, 자연의 인간화라는 새로운 문화와 철학의 지평을 탄생시킨다. 『중용』의 첫 구절은 "하늘이 명령한 것을 본성이라 한다"고 하여 인간의 본성을 천명과 연결하고, 양심의 존엄과 순수를 하늘의 명령으로 파악하는데, 이는 인간과 자연의 동일성을 추구하는 맹자의 사유와 일치한다.

자연의 원리와 인간 본성 그리고 삶의 원리가 같다고 이해하는 이러한 생각은 이후 계속 발전하였는데, 특히 성리학은 이를 형이상학적으로 체계화하였다. 예를 들면, 인간의 본성과 자연의 원리는 동일하다는 '성즉리', 그리고 사람의 마음이 곧 자연의 원리라는 '심즉리'의 명제가 그러한 맥락을 담고 있다. 아울러 자연의 원리를 나타내는 천리, 천도, 천명 등도 인간의 양심을 우주론적 차원으로 확장하여 논증하는 개념들이라 할 수 있다.

이제 자연은 물리적 자연이 아닌 도덕적 자연으로 변모한다. 자연은 생명이 경쟁하고 투쟁하는 물리적 공간이 아니라 다양한 생명이 질서와 조화 속에서 공존하는 이상적 도덕 세계이다. 자연에 대한 이러한 관점은 자연을 생명과 공존, 조화와 질서, 진실과 아름다움이 담겨있는 가치 공간으로 인식한다는 것을 의미한다. 자연의 진실성과 순수성을 강조하는 것은 인간이 자연에서 태어나 자연과 더불어 살아가고 자연으로 돌아가는 존재이기 때문에 자연과 인간은 그 본성이 같다는 점을 논증하고, 이를 통해 인간의 본성, 즉 양심의 존재를 증명하려는 의도이다. 항상 성실과 순수, 질서와 조화 속에 운행되는 자연처럼 인간의 본래 마음 역시 도덕적일 것이라는 가정을 전제하고 있다.

양심에 따른 행위는 모두 도덕적인가

칸트와 맹자처럼 선험적 양심의 존재를 인정하고 양심에 따라 행동하더라도 여전히 문제가 남아 있다. 먼저, 사람에 따라 양심의 차이가 있는 것 같다는 의문이다. 우리의 경험에 따르면, 개인의 환경과 조건, 교육과 경험 등에 따라 양심의 양상이 달라지는 것 같다. 다시 말하면, 사회적 지위와 계급에 따라 양심이 다르게 작동하는 것 아니냐는 것이다. 다음으로, 양심과 도덕이 일치하는 경우도 있지만, 그렇지 않은 경우도 많다는 점이다. 양심을 빙자한 비도덕적 행위도 있고, 사회적으로 커다란 물의를 일으키고도 자신은 양심에 따라 행동했다고 주장하는 경우도 있다. 자기는 조금도 양심의 가책을 느끼지 않지만, 다른 사람들은 불편함을 느끼고 고통받는 사례가 여기에 속할 것이다. 더욱 문제가 되는 것은 실제로 자신은 양심에 따라 행동했지만, 다른 사람들은 이를 양심에 따른 행동으로 받아들이지 않는 경우도 적지 않다. 양심수나 양심적 병역거부가 그러한 사례이다. 양심과 관련하여 판단하기 어려운 사례들을 주변에서 찾아보자.

양심은 후천적

경험론은 지식을 비롯하여 도덕과 양심 또한 후천적 경험과 학습에서 온다고 주장한다. 경험은 이성과 달리 감각 혹은 감성과 연관되며, 우리를 둘러싼 환경과 교육이 중요한 역할을 한다. 경험의 내용은 개개인의 감각에 반영된 사실이기 때문에 늘 개별적이고 주관적이고 상대적이다. 다시 말해, 경험은 개개인이 성장한 사회와 역사, 문화, 교육, 지리적 자연환경에 따라 다를 수밖에 없고, 그 결과 지식이나 도덕 규범도 상대적이다. 그러므로 경험론을 지지하는 이들은 시간과 공간을 초월한 절대적이고 보편적인 양심을 인정하지 않는다.

고대의 소피스트, 스토아학파, 에피쿠로스학파가 경험을 중시하였는데, 17, 8세기 들어 영국을 중심으로 근대 경험론이 성장한다. 이들은 선험적 이성과 양심을 중시하는 대륙의 관념론과는 달리 도덕을 포함한 지식은 경험으로부터 온다고 주장하였다. 근대 경험론의 창시자로 불리는 베이컨은 "아는 것이 힘이다"라는 명제를 내걸고, 지식의 힘으로 자연을 지배하고 이용해야 한다고 주장한다. 그는 선험적 이성에 기초한 연역적 추리 대신 실험과 관찰에 기초한 과학과 경험에 근거를 두는 귀납법을 제시하였다. 이후 홉스, 로크 등도 인간의 인식을 모두 경험을 통해 설명하고자 했다. 로크는 마음이란 백지 또는 암실이며, 모든 지식은 감각과 반성을 통하여 외적으로 주어지는 문자이며 빛이라고 하였다. 경험론의 관점에서 볼 때, 양심과 같은 도덕성은 경험을 통해 얻어지는 결과물이다.

"신은 죽었다"라는 선언으로 유명한 니체는 눈에 보이지 않는 세계는 없으며 모든 것은 일시적이고, 상대적이며, 우연적이라고 본다. 칸트가 말한 것과 같은 선험적인 것이란 존재하지 않는다. 선험적이란 어떤 사회 집단 속에서 그것이 이미 보편적으로 인정된다는 것을 의미할 뿐이다. 양심 역시 인간 본능의 억압으로 인해 발생한 것이다. 국가라는 공동체가 쾌감을 추구하는 인간의 본능을 억압함으로써 그 본성이 밖으로 향하지 못하고 자신의 내면에서 만족을 찾으려 한 결과물이 양심이다. 이런 본능의 내면화는 자신이 자신에게 가하는 고통이 되었고, 이것이 양심의 가책이라 할 수 있다. 양심뿐만 아니라 자아도 만들어가는 것이지 주어진 나는 없다는 니체의 관점은 프로이트와 유사하다.

이렇게 볼 때, 양심이란 학습과 경험을 통해 후천적으로 내면에 심어지는 도덕 규범이며 외부로부터 부과된 일종의 의무감에 지나지 않는다. 개인이 성장 과정에서 배우고 익힌 것들이 양심으로 자리 잡는 것이다. 따라서 양심은 시대와 사회에 따라 차이를 보이기도 하고 변화할 수도 있다. 무엇을 하고 하지 말아야 하는 이유는 당시의 외부 환경의 상황과 조건에 따라 다를 수 있기 때문이다. 그렇다면 사람들의 양심은 보편적인 것이 아니라 서로 다르다는 결론에 이른다.

악한 본성 바꾸기

순자는 인간이 양심과 같은 도덕 능력을 선천적으로 타고난다고 생각하지 않는다. 그는 맹자가 인간의 본성과 교육을 통한 변화의 구분을 알지 못했다고 비판한다. 인간의 본성은 다른 동물과 마찬가지로 자기 보존을 위한 생명의 충동 욕구로서 이기적이라는 점에서 악하고, 이를 후천적 교육을 통해 변화시킴으로써 도덕적 인간이 된다. 우리가 도덕성이라고 부르는 것은 후천적 교육과 노력의 결과이지 거저 주어지는 것이 아니다.

"사람의 본성은 나면서부터 이득을 좋아하게 되어 있다. 이 때문에 쟁탈이 생기고 사양하는 마음이 없어진다. 나면서부터 시새우고 미워하게 되어 있다. 이 때문에 잔악이 생기고 충직하고 성실한 마음이 없어진다. 나면서부터 귀나 눈이 아름다운 소리나 색깔 보기를 좋아하게 되어 있다. 이 때문에 음란이 생기고 예의 문리는 없어진다." 그리고 누구나 배고프면 먹으려 하고 추우면 따뜻하게 입으려 하며 피곤하면 쉬려고 한다. 이처럼 사람은 나면서부터 욕망을 갖는데, 자신이 가지고 있는 욕망을 얻지 못하면 추구하지 않을 수 없고, 욕망을 추구하면서 기준과 한계가 없으면 다투지 않을 수 없다. 개인의 욕망은 무한하고 그 욕망을 충족시킬 수 있는 재화는 한정되어 있기 때문이다. 그러므로 모두가 원하는 욕망의 만족은 원천적으로 불가능하다. 그 결과, 홉스의 말처럼 만인에 대한 만인의 투쟁이 일어나 사회적 혼란에 이르게 된다.

그렇다고 순자가 악을 긍정하거나 조장하려는 것은 아니다. 오히려 투쟁을 일으키고 사회 질서를 파괴하는 본성을 방임해서는 안 되기 때문에 본성을 변화시켜 도덕적 선에 힘쓰게 하려는 것이다. 바로 이 지점이 악의 성향을 규제하기 위한 장치인 예법의 기원이다. 모범적 인간 지성이 마련한 사회적 의식과 제도가 바로 예법이다. 그래서 후천적인 교육과 사회규범을 통해 악한 이기적 본성을 변화시키는 것이 중요하다. "나는 일찍이 하루 종일 생각에 골몰하였으나 잠깐 동안 배운 것만 못하였다.……그 목표는 선비가 되는 데서 시작하여 성인이 되는 것으로 끝난다. 정말 성실하게 노력을 쌓아 오래도록 계속하면 학문의 세계로 들어갈 수 있다. 학문은 죽음에 이른 후에야 그만두게 되는 일이다." 맹자가 인간을 양심적 본성을 타고난 존재로 간주하여 개인의 자율적 수양을 주장하는 데 반해 순자는 외부에 예법 시스템을 갖추어 후천적 교화의 과정을 통해 변화시켜야 한다고 주장하는 것이다.

　인간과 자연의 관계에서 있어서도, 순자는 인간과 자연을 분리해 이해한다. 그러므로 외부 자연의 어떤 힘에 의지하려 하지 말고 자신의 인지 능력을 최대한 발휘하여 자연의 원리를 파악하여 자연을 제어하고 유용하게 이용하여 인문 세계를 건설해야 한다. 인문 세계의 대표적 결과물은 위에서 언급한 예법임은 두말할 필요가 없다. 아울러 인간의 모든 일은 그 발생 원인이 자신에게 있고, 그 결과의 책임 또한 자신이 짊어져야 한다.

　이상과 같이 양심을 선천적이 아닌 후천적 교육과 경험의 부산물이라고 보면, 다음과 같은 질문이 남는다. 도덕의 기원은 어디에 있는가. 우리는 어떻게 도덕적 인간으로 성장할 수 있으며, 그 원동력은 어디에 있을까. 만약 도덕의 근원이 인간 외부에 있다면, 도덕의 자율성은 어떻게 확보할 수 있는가. 또 순자가 말하는 도덕 규범인 예법은 어디에서 오고, 어떻게 정당화할 수 있는가.

다윈의 진화론적 관점

이상의 전통적 논의와 비슷하면서도 조금 다른 최근의 관점으로 다윈이 제창한 진화론이 있다. 진화론에 따르면, 지구상에 존재하는 유기체들은 고정불변한 게 아니라 오랜 세월에 걸쳐서 일련의 변화에 의해 서서히 발전해왔다. 유기체들은 주어진 환경에 적응하면서 단순한 것에서 복잡한 것으로 진화하는데 생존경쟁에 적합한 것은 살아남고 그렇지 못한 것은 도태되는 자연 선택의 원리가 작동한다. 진화론의 출현은 철학과 과학의 영역뿐만 아니라 사회문화 모든 분야에 커다란 변화를 불러왔는데, 여기서는 양심과 관련한 인간 본성을 중심으로 살펴본다.

인간은 어떻게 도덕적 동물이 되었는가. 인류가 다른 동물들에 비해 유약한 신체를 가지고서도 생존경쟁에서 살아남고 번영을 누릴 수 있었던 것은 사회 공동체 생활을 통해 가능했다. 인간 개개인이 혼자서 집을 짓고 곡식을 재배하며 신발을 만들고 옷을 제작하는 등 살아가는데 필요한 물건들을 스스로 만들어야 한다면, 정말 어렵고 머리 아픈 일이다. 현실적으로 가능하지 않을 듯하고, 설령 가능하다 하더라도 아주 열악한 제작 수준에 그칠 것이다.

인류는 사회를 구성하여 이 문제를 효율적으로 해결했다. 그렇지만 인간이 사회적 존재라는 사실은 개인이 자신의 삶을 우선하면서도 상대방을 배려하고 서로 협동해야 한다는 이중적 상황에 직면함을 의미한다. 다시 말해, 자신의 생존이라는 이기적 욕구와 타인에 대한 배려와 협력이라는 이타적 측면을 동시에 고려해야 하는 상황의 이중성을 초래하는 것이다.

사회적 존재로 진화한 인류는 이 문제를 해결하기 위해 타인을 이해하고 배려하는 사회적 본능 내지 사회적 감정이라는 독특한 특성을 발전시키는데, 이것이 지금 우리가 논하고 있는 양심의 기원이다. 사실 인간이 선천적으로 선한가 악한가 하는 문제는 중요하지 않았을지도 모른다. 처음에는 그 어떤 도덕과 관계없이 오직 생존의 문제만 있었으며, 그것을 위해서는 다른 모든 종과 마찬가지로 어떤 수단도 정당화되었을 것이다. 그렇지만 진화의 과정에서 사회적 존재로서 인간의 이중적 조건은 자신의 생존과 번식을 위한 공격 성향과 이기심만 수반했던 것이 아니라 서로에 대한 긍정적 정서도 함께 나타났기 때문에 이기심과 이타심은 사회적 진화에 있어 서로 밀접하게 얽혀 있다.

그러므로 양심이란 인류가 사회라는 공동체를 형성해 함께 살아가기 위해 발달시킨 사회생물학적 진화의 결과물이다. 인간의 고귀한 속성인 도덕적 능력은 처음에는 도덕과 아무런 관계가 없는 행태방식에 근거를 두고 있었지만, 오랜 진화의 과정을 거쳐 마침내 도덕의 토대로 자연적으로 성장한 것이다. 이렇게 볼 때, 양심과 같은 사회적 감정은 본능이고 선천적이다. 그러므로 사회적 존재로서 인간은 천부적으로 사회적 본능 내지 사회적 감정을 부여받은 것이다. 그래서 슬픔과 고통으로 힘들어 하는 사람을 보면, 그가 낯선 사람이라 하더라도 우리는 그 슬픔과 고통에 공감하고, 소설을 읽고 영화를 보면서 주인공의 운명에 아파하고 눈물 흘릴 수 있는 것이다.

진화론의 관점에서 볼 때, 양심은 오랜 진화의 과정을 통해 자연적으로 성장 발전했다는 점에서 후천적이고 우연적이고 상대적이며, 우리는 이를 천부적으로 부여받았다는 점에서는 선천적이다. 앞에서 이야기한 양심에 관한 두 이론을 섞어놓은 것 같다. 한편, 사회적 감정은 인간만의 전유물이 아니라 다른 동물도 공통적으로 가지고 있으며 단지 정도의 차이만 있을 뿐이다. 인간이 자랑하는 감각과 직관, 그리고 사랑, 기억,

주의력, 호기심, 모방, 사고력 등과 같은 감정과 능력은 하등 동물에서도 엿볼 수 있다. 이는 우리가 그들을 어떻게 대해야 하는가의 문제를 일으킨다.

  양심에 관한 진화론적 설명이 우리에게 주는 시사점은 무엇인가. 첫째, 양심과 같은 도덕 규범은 인간이 사회적 존재로 진화하는 과정에서 생겨났다는 점이다. 따라서 양심은 어느 정도 선천적 성격을 띠기도 하지만, 진화의 과정에서 주어진 환경에 적응하기 위해 만들어졌다는 점에서 상대적이고, 아울러 구체적인 사회 집단의 도덕 규범에 제한된다. 이는 우리의 양심이 시대와 사회를 초월한 보편적 도덕 규범 내지 원천이 아니라는 점을 나타낸다. 둘째, 양심을 사회적 본능으로 부여받고 태어난다는 점에서, 인간은 함께 살아가는 데 필요한 도덕적 능력을 가지고 있다고 볼 수 있다. 도덕적 인간으로 성장할 수 있는 토대를 이미 갖추고 있는 셈이다.

1. 양심의 존재는 증명 가능한가?
2. 양심은 선천적인가 후천적인가?
3. 양심과 공감 능력은 같은가, 다른가?

칸트, 2006. 백종현 옮김, 『윤리형이상학 정초』, 아카넷.
동양고전연구회 역주, 2016. 『맹자』, 민음사.
동양고전연구회 역주, 2016. 『순자』, 민음사.

세 번째 주제: 윤리학

인간은 본래 선한가 악한가?

　우리가 살고 있는 현실 세계는 욕망의 산물이다. 세계를 만들어가는 것도 인간의 욕망에 의한 것이고, 세계를 보존하는 것도 인간의 욕망에 의해서 이루어진다. 인간의 세계는 욕망의 세계이다. 욕망은 인간의 삶에 필수적인 요소라고 할 수 있다. 인간은 자신의 욕망을 충족하기 위해 자연을 변형시키며, 사회역사를 끊임없이 개조한다. 욕망은 주어진 환경을 적극적인 행위를 통해 자기 것으로 만들고자 하는 행위의 원천이다. 인간의 행위는 주로 욕망에 의해 이루어진다. 그러므로 인간의 역사는 욕망의 역사라고 할 수 있다.

　이러한 욕망의 세계에서 인간이란 어떠한 존재인가? 우리는 어떻게 살 것인가? 이러한 물음은 바로 인간의 본성에 대한 문제이며, 인간학과 관련된다. 동서고금을 막론하고 인간학에 대한 논의는 고대로부터 활발하게 전개되었다.

인간은 태어나서부터 부지불식간에 무엇을 해야 하고 무엇을 해서는 안 된다는 것에 대해 주위에서 자주 들으면서 성장하게 된다. 그러면서 인간은 해야 할 것과 해서는 안 될 것을 자연스럽게 규정하고, 그 기준에 따라 자신이나 남을 선(善)과 악(惡)으로 평가한다. 즉 선은 우리 사회에서 도덕적으로 가치 있는 보편타당한 것이고 악은 그와 반대로 없어져야 할 대상이다. 그런데 대부분의 인간은 선을 지향하면서도 늘 악의 유혹과 싸우게 된다. 이것은 인간이 동전의 양면처럼 선과 악의 속성을 함께 가지고 있기 때문일 것이다. 그러므로 인간은 항상 도덕적으로 선한 행동을 하려고 하지만, 늘 악한 행동을 할 가능성을 가지고 있는 존재이다. 인류가 생긴 이래로 우리가 살고 있는 현대사회에 이르기까지 한 인간의 의미를 넘어서 우리 사회를 보더라도 끊임없는 선과 악의 대결 구도로 이루어져 있다.

그런데 여기서 중요한 것은 선과 악이 어떤 기준에 의해서 정해지는가의 문제이다. 즉 우리는 어디까지 악이라고 하고 어디까지 선이라고 할 것인가? 더 나아가 선과 악은 어떻게 결정되는가? 우리가 살고 있는 세상에는 선도 없고 악도 없는데 힘 있는 누군가가 정해놓은 것은 아닐까? 선과 악이 정해졌더라도 왜 우리는 선하게 살아야 하고, 악하게 살면 안 되는가? 선하지 않고 악하지 않은 삶은 혹 없는가? 우리는 이러한 문제들을 해결하기 위해서 선과 악에 대한 근원의 문제를 먼저 파헤쳐야 할 것이다.

동양은 고대로부터 인간의 본성(本性)이 선한가 악한가에 대한 논의가 활발하게 전개됐다. 여기서 성(性)이란 심(心)자와 생(生)자의 합성어로 '태어나면서부터 가지고 있는 마음'이라는 의미이다. 즉 본성은 인간이 본래부터 타고난 성질을 말한다.

맹자의 성선설(性善說)

중국 전국시대의 유학 사상가인 맹자는 성선설(性善說)[1]을 주장하여 '인간의 본성은 선하다'라고 규정하고 도덕적인 인간상을 제시하였다. 맹자는 우산지목(牛山之木)의 비유를 통하여 인간이 본래 선하게 태어났지만 살아가면서 악해질 수 있다는 것을 밝히고 있다. 그는 「고자상」 8장에서 "우산의 나무들은 과거에는 아름다웠다. 그러나 커다란 나라 주변에 위치하여 도끼와 자귀로 나무들을 베어내니, 어떻게 아름다울 수 있겠는가? 분명 나무들은 밤낮으로 자라나고, 비와 이슬이 영양분을 적셔 주니 싹과 봉우리를 틔우지 않음이 없었다. 그러나 거기에 소와 양을 방목하자 산은 벌거숭이가 되었다. 지금 사람들은 그 벌거벗은 모습을 보고서, 결코 훌륭한 목재가 없었을 것이라고 생각한다. 그렇지만 어찌 그러한 모습이 그 산의 본성이겠는가? 인간에게 간직된 것도 어찌 어질고 정의로운 마음이 없었다고 할 수 있겠는가? 사람이 자신의 훌륭한 마음을 잃어버린 것도 역시 도끼와 자귀로 나무들을 베어내는 것과 같다. 날마다 도끼질을 하는데, 어떻게 아름다울 수 있겠는가?"라고 말했다.

우산(牛山)은 제(齊)나라의 동남쪽에 있는데, 본래부터 초목이 무성했던 산이다. 제나라의 교외에 위치하여 많은 사람이 초목을 베어갔기 때문에 우산의 아름다움이 없어졌다. 비가 오거나 이슬이 내려서 베어갔던

---

[1] 서양에서 성선설과 비슷한 주장을 한 사람은 루소(Jean-Jacques Rousseau, 1712~1778)이다. 인간은 본래 순수하고 선하지만, 악에 쉽게 상처를 받는다. 루소가 말하는 자연 상태는 자유롭고 행복한 상태이다. 자연 상태에서는 모든 것이 썩기 때문에 자기가 먹을 만큼만 가지면 된다. 동물의 세계와 마찬가지다. 그런데 화폐라는 썩지 않는 것이 등장함으로써 무한대로 많은 것을 축적할 수 있게 되었다. 즉 사적 소유가 행해짐에 따라 불평등이 조성되었다. 이에 인간은 모두를 평등하게 대우하고 자유롭게 행동할 수 있도록 보호해 주는 국가를 만들기로 계약을 맺게 된다. 이것이 바로 루소의 사회계약설이다.

초목의 새싹이 다시 돋아나더라도 소나 양이 와서 새싹을 뜯어먹어 우산은 마침내 벌거숭이가 되어버린 것이다. 사람의 본성 또한 우산의 나무와 같다. 사람은 처음에 아름답고 착하게 태어나지만, 살아가면서 착한 본성에 거슬리는 행위를 하여 양심(良心)이나 아름다운 덕성을 잃어버린다. 또한, 맹자는 「고자상」 11장에서 "사람들은 집에서 기르던 개나 닭을 잃어버리면 그것을 찾아야 한다는 것은 잘 알고 있습니다만, 마음(본성)을 잃어버리면 다시 찾아야 한다는 것은 모르고 있다."라고 이야기한다. 이것은 사람들이 가지고 있는 물건을 잃어버렸을 때는 찾으려고 온갖 수단을 가리지 않지만, 착한 본성을 잃어버렸는데도 찾으려고 하지 않는다는 의미이다.

그런데 인간의 본성이 본래 선하다는 것은 어떻게 확인할 수 있는가? 이것은 마음(心)을 통해서 알 수 있다. 인간은 태어나면서 하늘로부터 부여받은 인의예지의 덕을 갖추고 있는데, 이것은 남을 불쌍히 여기는 마음(惻隱之心) 부끄러워하고 싫어하는 마음(羞惡之心), 겸손하게 사양하는 마음(辭讓之心), 옳고 그름을 가릴 줄 아는 마음(是非之心)을 통해서 드러난다. 이 네 가지 마음이 나타나는 것은 착한 본성에 따라 자신에게서 저절로 우러나온 것이지, 외적인 보상을 받기 위해서가 아니다. 예를 들면 우물 속으로 아이가 빠지려고 하면 인간은 범죄자거나 착한 사람이거나 모두 본능적으로 아이를 구하려고 하는 마음이 생긴다는 것이다.

모든 인간은 착한 본성을 가지고 태어났음에도 불구하고 현실적으로 어떤 사람은 선행을 행하고 어떤 사람은 악행을 행하는 이유는 무엇 때문일까? 즉 인간은 왜 악(惡)을 만들어 내고 그것에 이끌리는 것일까? 맹자는 그 이유를 두 가지로 말한다. 즉 하나는 욕심이고, 다른 하나는 주의 환경이다. 악(惡)은 귀와 눈과 같은 감각기관의 욕심 때문에 생겨난다.

인간은 외물을 만나게 되면 그 외물에 대해 욕심을 갖게 되어 도덕적인 행위를 할 수 없게 된다. 예를 들면 우리는 처음에 지갑을 주웠을 때 주인을 찾아주려는 착한 마음을 가지지만, 지갑 속에 있는 돈을 본 순간 가지고 싶은 악한 마음이 생긴다. 즉 인간은 본래 선한 마음을 가지고 있었지만, 외물과 접촉하면서 욕심이 생긴 것이다. 그렇지만 맹자는 전적으로 욕심을 부정하지 않으며, 욕심을 적게 하는 것보다 더 좋은 것은 없다는 과욕론(寡欲論)을 주장한다. 또 악(惡)은 주위의 나쁜 환경 때문에 생겨난다. 마치 씨앗이 같더라도 토질이나 경작하는 사람의 태도에 따라 수확하는 양이 다른 것처럼 인간은 착한 본성을 갖추고 있다고 해서 반드시 착한 행위를 하는 것이 아니다. 그래서 맹자는 「고자상」 7장에서 "풍년에는 자제들이 의뢰함이 많고, 흉년에는 자제들이 포악함이 많다. 이것은 선천적인 자질이 다른 것이 아니라, 그 마음을 빠트려서 그렇게 된 것이다."라고 하였다. 즉 인간의 악한 행동은 그의 본성에서 나온 것이 아니라 선한 본성이 잘못된 환경 때문에 충분히 발달하지 못해서 나온 것이다.

  그런데 사람은 눈과 귀와 같은 감각적인 욕망을 가지고 있고 좋지 않은 환경 속에 존재하지만, 사람의 양심, 즉 착한 마음은 영원히 사라지지 않는다. 예를 들면 살인자도 하늘로부터 부여받은 착한 본성을 가지고 있기 때문에 교화를 시키면 착한 사람이 될 수 있다. 인간은 본래 착한 존재였으며, 착할 수 있는 타고난 본성을 영원히 가지고 있다. 그러므로 어떤 한 개인이 잘못을 저지르고 세상 사람들을 속일 수 있을지라도, 자신이 항상 가지고 있는 양심은 절대 속일 수 없다. 그래서 맹자는 「공손추상」 6장에서 "나에게 있는 사단(四端)을 다 넓혀서 채울 줄 알면 마치 불이 처음 타오르고, 샘물이 처음 용솟음치는 것과 같을 것이다. 진실로 이것을 채울 수 있다면 사해(四海)를 보호하는 것도 충분하지만, 만일 이것을 채우지 못한다면 부모(父母)를 섬기는 것도 부족하다."라고 하였다. 인간은 이러한 양심을 보존(保存)하고 존양(存養)하고 확충(擴充)하려고 노력해야 착한 본성을 회복할 수 있다.

양심을 보존하고 존양하고 확충하는 방법은 무엇인가? 그 방법은 바로 호연지기(浩然之氣)를 기르는 것이고, 부동심(不動心)하는 태도를 갖추는 것이다. 호연지기는 자신의 신념을 굽히지 않는 정의로운 기상이다. 이러한 도덕적인 기상을 기르는 것은 도덕적 용기를 함양하는 것이고 마음의 중심을 세우는 것이다. 그런데 호연지기는 억지로 조장(助長)할 수 있는 것이 아니며, 도덕적 실천을 통해서 완성된다. 예를 들면 말을 물가에까지 끌고 갈 수는 있지만, 물을 먹게 할 수는 없는 것과 같다. 부동심은 외물에 흔들리거나 충동하지 마음을 말한다. 즉 이것은 욕심을 버리는 것이다. 여기서 말하는 부동심은 공자가 말하는 불혹(不惑)의 의미와 상통한다. 그리고 맹자는 인간이 태어날 때부터 갖추고 있는 선한 마음을 회복한 후에 인의도덕(仁義道德)을 실천하는 사람이 나라를 다스려야 한다고 주장한다. 이것이 바로 맹자의 인정(仁政)이고 불인인지정(不忍人之政)으로서 맹자의 이상이다.

순자의 성악설(性惡說)

반대로 순자는 여러 차례 맹자를 직접 거론하면서 성악설(性惡說)[2]을 주

---

[2] 서양에서 성악설에 가까운 사람은 토마스 홉스(Thomas Hobbes, 1588~1679)이다. 홉스에 의하면 인간은 이기적이며 자신의 생명체를 보존하려는 것을 우선으로 삼기 때문에 자연 상태는 "만인의 만인에 대한 투쟁" 상태이다. 여기서 욕망이 생긴다. 욕망은 서로에게 피해를 주기(내가 훔치면 남도 훔친다) 때문에 이기적인 계산인 이성을 바탕으로 상호 계약을 맺는데 이것이 바로 사회계약설이다. 위반하는 사

장한다. 인간은 본래 악하고 남을 질투하며 한없는 욕구를 가지고 있는 이기적인 존재이다. 순자의 성악설은 욕구의 측면에서 인성(人性)을 설명할 때 가능하다. 그는 「성악(性惡)」편에서 "사람의 본성은 악하다. 사람의 좋은 것은 인위적 노력(僞)이다. 사람의 본성은 태어나면서부터 이득을 좋아한다. 그러한 본성을 따르기 때문에 싸움이 생기고 사양하는 마음이 없어진다. 사람의 본성은 태어나면서부터 질투하고 증오한다. 그러한 본성을 따르기 때문에 강탈과 도적이 생기고 충신(忠信)이 사라진다. 사람의 본성은 태어나면서부터 귀와 눈의 욕구가 있어서 소리와 여색을 좋아한다. 그러한 본성을 따르기 때문에 음란함이 생기고 예의와 법도가 사라진다. 그러므로 사람의 본성과 감정을 따른다면 반드시 싸움이 일어나 분수를 범하고 이치를 어지럽혀서 폭력으로 귀착된다. 그러므로 반드시 스승과 법도의 교화와 예의(禮義)의 도리를 두어야 한다. 그런 뒤에야 사양하게 되고, 문리(文理)에 부합되어 세상을 다스림에 이르게 된다. 이로써 본다면 사람의 본성은 나쁜 것이 분명하며, 그 선한 것은 인위적 노력 때문이다."라고 말했다.

  인간의 본성은 악이고, 선한 것은 인위적이고 후천적인 노력의 결과물이다. 그러므로 인간은 본래 악하게 태어나지만, 살아가면서 후천적인 노력으로 바르게 될 가능성이 있는 존재이다. 인간은 태어나면서부터 자신의 이익을 추구하기 위한 욕망을 위해서 다른 사람을 해치는 성질이 있다. 그러므로 방치해두면 사회적 혼란이 야기되어 악(惡)이 생긴다. 맹자가 말하는 인성은 사람이 태어나면서부터 가지고 있는 마음을 의미하며, 선악(善惡)은 도덕적 가치를 의미하는데, 순자가 말하는 인

람은 많은 이득을 보게 된다. 그러므로 위반하는 사람에게 막대한 권력의 힘을 집중시켜 위반하지 못하도록 한다. 그래야 평화로운 세상이 되는 것이다.

성은 사람이 가지고 있는 욕구를 의미하며, 선악은 사회의 치란(治亂)에 따라 결정된다. 순자에게서 선악은 개인적 관점에서 선악을 말하는 것이 아니라 사회적 관점에서 욕구와 물질의 일치 여부에 따라 달라진다. 그런데 여기서 중요한 것은 악이 물질의 희소성보다는 인간의 욕구에서 비롯되기 때문에 인간의 본성인 욕구를 조절할 수 있어야 한다는 것이다. 즉 이것은 인간의 본성인 욕구 자체를 악의 근원으로 본 것이다. 성악설은 인간의 본래 악한 모습을 설명하려는 것이 아니라 악한 인간의 존재를 밝혀서 그것을 인위적인 제도로 규제하여 사회를 혼란스럽지 않게 하는 데 목적이 있다. 그러므로 인간의 본성은 수양을 통해서 회복해야 할 대상이 아니라 외부적인 힘에 의해 개조하거나 바꾸어야 할 대상이 된다.

그렇다면 본래부터 가지고 있는 악을 어떻게 개조하고 바꾸어야 할 것인가? 인간은 욕구와 물질의 불일치로 인하여 서로 싸운다. 그러므로 싸움을 막기 위해서는 예(禮)가 필요하다. 예란 무엇인가? 순자는 「예론(禮論)」편에서 "사람은 나면서 욕망을 갖는다. 욕망하면서 얻지 못하면 구하지 않을 수 없다. 구하면서 기준과 한계가 없으면 다투지 않을 수 없다. 다투면 어지러워지고 어지러우면 궁해진다. 선왕은 그 어지러움을 싫어한다. 그래서 예의를 제정하여 구분을 짓고 그럼으로써 사람의 욕망을 기르고 사람의 욕구를 채우며, 욕망으로 반드시 사물을 궁하게 하지 않고 사물이 반드시 욕망에 굴하지도 않게 하여 양자가 서로 의지하고 성장하게 하는 것이다. 이것이 예(禮)가 생겨나게 된 이유이다."라고 했다. 세상에는 인간의 욕구에 비해서 욕구를 충족시키는 물질이 적다. 그러므로 다툼이 생기는데, 여기에서 예는 다툼을 조절하는 기능을 한다. 순자가 말하는 예는 인간을 통제하고 규제하는 것을 넘어서 인간의 욕망을 골고루 이루게 하는 도구로서 의미를 가진다. 그런데 순자는 본성이 악하다고 주장했기 때문에 본성으로부터 예를 끄집어낼 수 없다. 그렇다면 순자가 말하는 예(禮)는 어디에서 오는 것인가? 순자가 말하는 예는 성인의 작위에서 생겨난 것이다. 그렇다면 성인은 본성에 존재하지 않는 예를 어떻게 가질 수 있는가? 그것은 성인에게 생각하는 힘이 있고, 생각하는 힘에 따른 인위적인 결과가 있기 때문이다. 그 인위적인 결과가 바로 예이다.

더 나아가 순자는 「대략(大略)」편에서 "예가 나라의 질서를 바르게 하는 것은 저울로 가벼움과 무거움을 재는 것과 같고, 먹줄로 굽은 것과 곧은 것을 구별하는 것과 같다. 그러므로 사람은 예가 없으면 살아갈 수 없고, 일이란 예가 없으면 이루어지는 것이 없다. 국가는 예가 없으면 편안할 수 없다."라고 말했다. 예는 나라를 다스리는 중요한 법도이다. 왕이나 제후들은 예에 따라 나라를 다스려야 천하를 얻을 수 있다. 즉 순자는 객관적인 예로써 인간의 행위를 규제하는 예치(禮治) 사상을 주장한다.

고자의 성무선무악설(性無善無惡說)

맹자와 논쟁을 했던 고자는 인간의 본성은 선하지도 않고 악하지도 않다고 하여 백지설(白紙說) 혹은 성무선무악설(性無善無惡說)[3]을 주장한다.

---

3 르네상스기의 대표적인 인문주의자인 에라스무스(Erasmus, D., 1446~1536)는 "인간이 태어날 때에는 완성되지 않은 밀랍과 같다."라고 하여 인간을 선한 존재도 아니고 악한 존재도 아닌 미완성의 대상으로 보았다. 더 나아가 영국 경험론 철학의 시조인 로크(Locke, J, 1623~1704)는 "인간의 마음은 백지와 같다."라고 주장하였다. 즉 인간의 몸과 마음은 아무것도 전혀 그려져 있지 않은 백지와 같은 상태로 태어나는데 주변 환경과 상호작용을 통하여 성숙한 인간으로 되는 것이다. 그리고 실용주의 철학자 듀이(Dewey, J, 1856~1952)도 "인성의 본질에는 선악이 없고, 인간은 주의환경과 접촉함으로써 선해질 수도 있고 악해질 수도 있다."라고 하였다.

그래서 고자는 "음식을 좋아하고 색을 좋아하는 것이 성이다."라고 한다. 이것은 먹고자 하는 개체보존의 본능과 번식하고자 하는 종족보존의 본능을 의미하는 것이다. 즉 인간이라는 한 존재가 살아가면서 사회를 유지하고자 하는 가장 기본적인 욕구가 바로 본성인 것이다.

고자는 하나의 생명체로서 가지고 있는 식색의 본능 그 자체는 선한 것도 아니고, 악한 것도 아님을 논증하기 위해서 단수설(湍水說)를 이야기했다. 그는 「고자상」 2장에서 "사람의 본성은 마치 소용돌이치는 물과 같은 것이다. 동쪽 방향으로 물을 흐르게 하면 곧장 그 물은 동쪽으로 흐르고, 서쪽 방향으로 물을 흐르게 하면 곧장 서쪽으로 흐른다. 인간의 본성이 착함과 착하지 않음으로 나누어지지 않는 것은 물의 본성이 동쪽이나 서쪽으로 나누어지지 않는 것과 같은 것이다."라고 했다. 즉 인간의 본성은 식색의 본능을 일으키는 일이 발생하게 되면 그 주어진 상황에 따라 선한 행동으로 드러나기도 하고 또는 악한 행동으로 드러나기도 할 따름이다. 이로움을 좋아하는 것 자체는 선도 아니고 악도 아니다. 왜냐하면, 인간이 이로움(利)을 좋아하여 얻고자 하는 것은 타고난 본성인데 이것만으로 선악(善惡)을 이야기할 수 없기 때문이다. 인간의 욕구는 그 자체로 악이 될 수 없고 자신의 욕구만을 충족하려고 할 때 악이 생긴다. 그러므로 인간은 이로움을 좋아하는 타고난 본성을 절제할 수 있다면 선한 사람이 될 수 있는 것이다. 선과 악은 이로움을 좋아하는 본성에 따라 후천적으로 형성된 결과물이다.

선악의 대비

인간을 성선설(性善說)과 성악설(性惡說)의 대비적 관점에서 살펴보면 어떤 사실을 알 수 있을까? 세상에는 좋은 인간도 많고 나쁜 인간도 많다.

맹자의 성선설은 인간이 본래 선하지만 살아가면서 악해질 수 있기 때문에 타고난 본성을 보존하고 확충하는 것은 중요하다. 인간은 누구나 인의예지의 착한 본성을 본래 가지고 태어나기 때문에 이익을 추구하려고 하는 것은 이차적인 문제이다. 그러므로 이 문제를 해결하기 위해서는 끊임없는 반성과 수양이 필요하다. 순자의 성악설은 인간의 본성이 악하지만 살아가면서 교육을 통해 착하게 살 수 있는 가능성이 있다는 것이다. 순자의 입장에서 인간은 동물적이고 자연적인 욕망을 가지고 태어나기 때문에 늘 이익을 추구하려는 존재이다. 그러므로 욕망을 없애기 위해서는 제도화된 예를 통한 통제가 필수적이다.

그렇다면 선하거나 악한 사람은 처음부터 따로 존재하는 것일까? 처음부터 따로 존재한다면 인간의 본성은 선한가 아니면 악한가?

토론 주제

1. 인간의 본성은 선한가 악한가? 그 선과 악의 경계는 어떻게 결정되는가?
2. 맹자와 순자는 성선설과 성악설로 상반되는 것 같지만 모두 선을 지향하는 것을 목표로 삼고 있다. 그런데도 우리는 왜 악의 유혹에 끌리는가?
3. 도덕과 자유 중에 무엇을 선택하는 것이 옳은 선택인가?

참고 문헌

김학주 옮김, 2008. 『순자』, 서울:을유문화사.
프란츠 부케티츠, 2009. 염정용 옮김, 『왜 우리는 악에 끌리는가』, 경기:21세기북스.

세 번째 주제: 윤리학

삶과 죽음, 그 너머는?

누구나 죽는다

모든 살아 있는 것은 언젠가 죽는다. 자신이 살아 있다는 것을 느끼고 의식하는 모든 생명체는 자신의 죽음을 민감하게 받아들인다. 『예기(禮記)』 「단궁 상」에 의하면 고대 중국에서는 "여우도 죽을 때가 되면 제가 살던 언덕으로 머리를 바로 하고 죽는다(狐死正丘首)"라는 말이 전해지고 있었다고 한다. 죽음 앞에서는 동물도 이례적인 행동을 한다고 생각했던 것이다. 동물뿐만 아니라 사람도 마찬가지다. 『논어』 「태백」에는 "새가 장차 죽을 때에는 울음소리가 애처롭고, 사람이 장차 죽을 때에는 그 말이 착한 법이다(鳥之將死 其鳴也哀 人之將死 其言也善)"는 증자(曾子)의 말을 인용하고 있다.

죽음 앞에선 사람들의 말과 행동에 대한 기록은 헤아릴 수 없이 많다. 니체는 '자신이 벌을 받은 신'이라는 내용의 마지막 말을 남겼다고 한다.

괴테의 마지막 유언은 '빛을 더 많은 빛을'이라는 신화적인 표현인지, 아니면 그저 '요강을 달라'는 평범한 유언이었는지가 논쟁의 대상이다. 사실이야 어떻든 사람들이 죽음 직전에 남기는 말이 남다르게 느껴지는 것은 이제 우리가 더 이상 그들의 말을 들을 수 없으리라는 것을 알고 있기 때문이다. 죽음은 결정적으로 개인들을 갈라놓는다. 사람들이 죽음에 대해 비상한 관심을 가지는 데는 충분한 이유가 있다. 삶에서 이토록 극단적이고 확고한 변화를 초래하는 사건은 비견할 것이 거의 없기 때문이다. 인간적인 삶에서 이러한 전망, 즉 여행을 떠나는 이의 의사와 상관없이 목적지가 결정된 이러한 전망의 실재는 많은 사람을 혼란스럽게 만들었고, 결국 서로 다른 태도를 만들어 냈다.

월명사의 경우

『삼국유사』권5에는 승려 월명사(月明師)가 지었다는 향가 「제망매가(祭亡妹歌)」 —죽은 여동생(亡妹)을 제사지내며(祭) 부른 노래(歌)—가 실려 있다. 한문과 이두의 혼합으로 이루어진 원문을 현대어로 옮기자면 대략 다음과 같다.

> 생사의 길은
> 여기 있으매 두려워지고
> 나는 간다 말도
> 못다 이르고 갔느냐
> 어느 가을 이른 바람에
> 여기저기 떨어지는 잎처럼
> 한 가지에 나서

가는 곳을 모르는구나
아 미타찰(彌陀刹)에서 너를 만나볼 나는
도를 닦아 기다리련다

향가는 흔히 10구체 3단 구성으로 이해하는 것이 일반적이다. 이 향가의 경우 그것은 4-4-2라는 구절로 구분된다. 첫 네 구절은 삶과 죽음의 갈림길이란 운명의 어쩔 수 없는 상황과 먼저 세상을 떠난 누이를 그리는 마음이, 중간 네 구절은 여동생과의 사별로 실감하는 인생무상의 느낌이, 마지막 두 구절에서는 불교적인 윤회설에 입각한 재회에 대한 다짐이 드러나고 있다. 그렇지만, 이 향가가 말하는 것이 여기에만 그치는 것은 아니다. 삶과 죽음에 대해서 사람들이 보편적으로 가지는 어떤 원형적인 태도가 함께 함축되어 있기 때문이다. "생사의 길"이란 표현 속에는 하나의 길이 둘로 갈라지는 갈림길의 이미지가 포함되어 있다. 그런데 '삶의 길'이라고 불리는 것은 자신의 경험을 통해서라도 어떻게든 이해할 수 있다지만, '죽음의 길'이란 과연 어떤 길일까? 우리는 어떻게 죽음의 길에 대해 언급할 수 있는가?

플라톤적 사유란?

이 갈림길의 함축을 이해하려면 약간 우회로를 택해서, 고대 그리스의 철학자였던 플라톤을 경유해야 한다. 월명사는 생사의 갈림길에서 삶의 무상함을 느끼고 있지만, 플라톤은 이 두 가지 길 가운데 죽음의 길로 나아가는 것이 진정한 삶의 의미이자, 심지어는 철학의 의미라고 주장하는 기이한 면을 보여 주기 때문이다. 플라톤이 소크라테스의 입을 빌려 다음과 같이 말할 때 그것은 두드러진다.

우리는 그것을 혼이 몸에서 벗어남(apallagē) 이외에 다른 것이 아니라고 믿고 있는 게지? 그리고 이것이 죽음(tethnanai)이라고, 즉 몸(sōma)은 몸대로 혼에서 떨어져 나와 그것 자체로만 있게 되고, 혼(psychē)은 혼대로 몸에서 떨어져 나와 그것 자체로만 있는 것이라고 믿고 있는 게지? 죽음이란 이것 이외에 다른 것이 아니겠지?(플라톤, 「파이돈」)

플라톤의 주장은 그 기이함만큼이나 독특한 존재론적 전제들을 가정한다. 그의 세계는 전형적으로 이원론적이다. 즉, 두 개의 세계가 선명하게 구별된다. 첫째, 몸과 혼이 결합한 세계다. 둘째, 몸에서 벗어난 혼의 세계다. 그리고 탄생이란 몸과 혼의 결합이며, 죽음이란 몸과 혼의 분리이다. 이 이원론이 문제가 되는 것은 몸과 혼이 결합한 세계가 바로 우리가 살고 있고 숨을 쉬는 이 세계이고, 혼의 세계가 이 세계를 넘어선 어떤 세계라고 가정되기 때문이다. 이러한 세계관 속에서는 이 세계와 저 세계, 몸과 혼의 위상 관계가 분명하게 제시된다.

"혼과 몸이 한데 있을 때 자연은 몸에 대해서는 복종하고 지배받도록 지시하되, 혼에 대해서는 지배하고 주인 노릇을 한다고 정해준다고 말일세. 그리고 이런 점에서 이번에는 어느 쪽이 신적인 것을 닮았으며, 또 어느 쪽이 사멸하는 것을 닮은 것으로 자네에겐 생각되는가? 혹시 자네에겐 신적인 것은 그 본성이 지배하고 이끄는 쪽이지만, 사멸하는 것은 그 본성이 지배받고 복종하는 쪽이라 생각되지 않는가?"
"제게는 그렇게 생각됩니다."

"그러면 혼은 어느 쪽을 닮았는가?"
"소크라테스 선생님, 그건 아주 분명합니다. 혼은 신적인 것을 닮았으되, 몸은 사멸하는 것을 닮았다는 것은."(「파이돈」)

혼은 지배하고, 몸은 지배받는다는 생각은 마음이 몸의 주인이라는 상투적인 이원론의 고상한 표현이다. 몸의 세계는 사멸하는 세계이고, 혼의 세계는 신적인 것이다. 따라서 이런 생각으로부터 몸의 세계는 볼 수 있는 것의 세계이고, 혼의 세계는 보이지 않는 것의 세계라는 세계관으로 나아가는 것은 어렵지 않다. 그래서 플라톤은 "혼은 몸보다도 보이지 않는 것을 더 닮았지만, 몸은 볼 수 있는 것을 더 닮았네"라고 말하는 것이다. 더 나아가면 보이는 것의 세계는 변화하고 사멸하고, 보이지 않는 것의 세계는 변화하지 않고, 불멸하는 것이라고 가정되는 것도 자연스럽다. 그래서 몸의 감각이 보이고, 변화하며, 사멸하는 세계에 대한 앎과 관계되고, 혼의 보이지 않는 인식 능력이 보이지 않고, 변화하지 않으며, 불멸하는 세계에 대한 앎과 관계된다고 주장하는 것도 가능하다. 이렇게 볼 때 왜 플라톤이 전자를 '(가상적인) 억설'이라고 부르는 반면 후자를 '(진리에 대한) 인식'이라고 부르는지를 이해할 수 있다. 그런데 도대체 이런 것들은 왜 필요한가? 보이는/보이지 않는, 변화하는/변화하지 않는, 사멸하는/불멸하는 등의 개념쌍으로 분리되는 두 개의 세계, 몸/혼 몸/마음 정신/육체 등으로 구분되는 인간의 두 가지 구성 성분, 억설/인식으로 나뉘는 두 가지 앎의 종류 등은 도대체 왜 필요한 것일까? 죽음이 바로 그 핵심적 계기다.

이상의 구도 속에서 우리 삶의 근원적 문제는 바로 '몸'으로부터 연유된다. 인간은 몸과 혼의 결합이지만, 이 결합은 사랑하는 두 남녀의 결혼과 같은 그런 것이 아니다. 오히려 무고한 이가 감옥에 갇혔다는 이유로 죄인처럼 간주하는 그런 결합이다. 즉, 몸은 감옥이고, 혼은 감옥에 갇힌 무고한 사람이다. 그의 무고함은 그가 감옥에서 풀려나는 날 빛을 발할 것이다. 바로 이런 의미에서 죽음이란 플라톤에 의하면 '영혼의 자유'를 의미하는 것이다. 간단하게 말해서 플라톤의 죽음에 대한 견해는 상호 연관된 거대한 이원론 체계의 한 고리에 불과하다. 여기에서는 세계, 인간, 인간의 삶과 죽음의 의미 등이 한데 뭉뚱그려진 채로 제시된다. 우리가 살고 있는 이 세계와 저 세계-플라톤에 의하면 그것은 이데아의 세계이다-, 몸과 혼의 뒤얽힘이 있고, 이러한 전제로부터 유도되는 인식론의 구도가 있다.

즉, 몸에서 연유하는 감각적인 인식으로서 신뢰할 수 없는 억설과 순수한 혼의 이데아에 대한 인식으로서의 진리가 대비된다. 인간은 이 세계에 유배를 온 것이며, 삶이란 이데아 세계로부터 혼이 추방된 것이다. 이러한 전제로부터 혼이 다시 그 세계를 그리워하고, 다시 그 세계로 돌아가기 위해 노력해야 한다는 주장이 바로 뒤따라 나온다. 이런 점에서 인간은 혼만이 있었을 때의 인식 내용을 몸의 제약으로 말미암아 '망각하거나' '잃어버린' 상태에 놓여 있다고 말할 수 있다. 이것이 플라톤의 인식이론이 상기설(想起說)로 명명된 이유이기도 하거니와, 철학자가 죽음을 추구하는 존재라고 설파되는 이유이기도 하다.

> "철학(지혜에 대한 사랑)에 옳게 종사하여 온 사람들은 모두가 다름 아닌 죽는 것과 죽음을 스스로 추구하고 있다는 것을 다른 사람들이 실로 모르고 있는 것 같으이."(「파이돈」)

"선생님께서는 우리에게 배움(알게 됨, 이해하게 됨: mathēsis)이란 상기함(想起: anamnēsis) 이외의 다른 것이 아니라고 하시는데, 그게 사실이라면, 그 주장에 따라서도 지금 우리가 상기하게 되는 것들은 이전에 어느 땐가 우리가 알게 되었을 것(배웠을 것)임이 짐작건대 필연적입니다. 그러나 이는, 만일에 우리의 혼이 지금의 이런 인간적인 모습으로 태어나기 이전에 어딘가에 있었지 않았다면 불가능한 일입니다."(「파이돈」)

플라톤은 이렇게 말한다. 참된 철학자는 "늘 죽는 일에 마음을 쓰고, 따라서 모든 사람 가운데 죽음을 가장 덜 무서워하는 자"이고, 그의 영혼은 "육체에서 해탈할 것을 일생동안 연구"했기 때문에, 참으로 철학적인 영혼은 "항상 죽음을 연습"해 왔으며, 결국 "철학은 다름 아닌 죽음의 연습이 아닌가?"라고 되묻는다. 철학과 죽음의 이러한 기이한 관계는 이 세상 너머의 어딘 가에서 자기보다 앞서 세상을 떠난 동생을 만나기 위해 도를 닦는 월명사와 그리 멀지 않다는 것을 알 수 있다. 결국, 플라톤 철학이 복잡한 이원론의 연쇄 구조를 가지는 근본 이유는 죽음을 이 세계에서 저 세계로, 보다 구체적으로는 보이는 세계에서 보이지 않는 세계로, 사멸하는 세계에서 불멸하는 세계로, 변화하는 세계에서 변화하지 않는 세계로의 초월을 가능하게 만드는 계기로 작동하게 만든다. 즉, 플라톤의 거대한 이원론 체계는 죽음에 대한 인간적인 두려움을 초월의 계기로 변환시키려는 철학적 열망의 소산물이다.

삶의 너머

소포클레스는 『안티고네』에서 "두루 돌아다녀 모든 것에 정통한 그 결코 미숙한 채로 미래를 맞이하지 않네. 오직 죽음만은 피할 수 없지만"이라고 고백한다. 반면에 에피쿠로스는 죽음이 인간에게 '가장 두려운 악'이라고 인정하면서, 이것을 의도적으로 무시할 수 있는 방법이 있다는 듯이 말하고 있다.

> "가장 두려운 악인 죽음은 우리에게 아무것도 아니다. 왜냐하면, 우리가 존재하는 한 죽음은 우리와 함께 있지 않으며, 죽음이 오면 이미 우리는 존재하지 않기 때문이다. 그렇다면 죽음은 산 사람이나 죽은 사람 모두와 아무런 상관이 없다. 왜냐하면, 산 사람에게는 아직 죽음이 오지 않았고, 죽은 사람은 이미 존재하지 않기 때문이다."(에피쿠로스, 「메네케오스에게 보내는 편지」)

이에 반해 플라톤은 이중적이다. 일단 그는 현상적인 죽음의 의미를 받아들인다. 하지만 곧이어 죽음의 위상을 -따라서 죽음의 의미를- 변경시킨다. 몸으로부터 영혼의 해방이라는, 정신의 자유라는, 참된 진리에 대한 인식의 계기라는 것으로 변경시킨다. 이러한 철학적 열망이 플라톤만의 것이라고 생각해서는 안 된다. 플라톤과 유사한 이원론을 견지하는 곳에서는 언제나 이와 유사한 생사관이 나타나기 때문이다. 헤브라이즘을 대표하는 아우구스티누스가 인간의 나라와 신의 나라(神國)을 구별했을 때, 그는 사실상 기독교 전통에서 플라톤의 사유를 답습한다.

> 따라서 두 가지 사랑을 통하여 두 가지의 국가가 성립된다. 즉 신에 대한 경멸에 이르는 자기 사랑에 의한 지상의 국가와 자

기경멸에 이르기까지 지양되는 신에 대한 사랑에 의한 신의 나라(神國)가 그것이다(『신국론』).

심지어 동양의 고전이라는 『도덕경(道德經)』의 첫 장조차도 다음과 같이 말함으로써, 플라톤 철학의 이원론과 은밀한 내적 연관을 가지는 것이 아닐까 하는 의심이 들게 만든다.

말할 수 있는 도는 항구불변의 도가 아니고, 말할 수 있는 이름은 항구불변의 이름이 아니다(道可道非常道 名可名非常名).

어투는 다르지만, 도(道)에 대한 두 가지 구별은 '말할 수 있는 도'와 '말할 수 없는 도'라는 언어적 차이 이외에도, 분명하게 항구성과 비항구성의 관점에서 서술된다. 최소한 이것이 플라톤이 말하는 변화하는 세계와 변화하지 않는 세계라는 이원론과 구별되지 않는다는 점은 분명해 보인다.

마찬가지로 토마스 아퀴나스가 다음과 같이 인간을 정의할 때도 우리는 플라톤의 그림자를 느끼게 된다.

인간은 영혼일 뿐만 아니라 영혼과 육체로 구성된 그 무엇이다 (『신학대전』).

인간에 대한 이원적 이해, 변화하는 것과 변화하지 않는 것의 이원론, 인간의 세계와 신의 세계라는 이원론은 모두 일란성 쌍둥이들이다. 이 일란성 쌍둥이들은 모두 죽음을 하나의 계기, 하나의 극적인 장면의 변경, 하나의 전환으로 간주하지, 여행의 끝, 모든 것이 무화되는 삶의 종착점으로 여기는 것을 반대한다. 즉, 이들은 모두 죽음에 대한 의미를 각별하게 챙긴다. 천국과 지옥의 이원론에 근거한 죽음을 계기로 하는 영혼의 구원이란 주제는 죽음의 직전에 사제 앞에서 마지막 고해성사를 하는 종교적 전통 속에서 절정에 달한다. 도가 사상이 장생불사를 꿈꾸는 신선술로 나아갈 때, 그들은 아예 삶에서 죽음이란 영역을 한쪽으로 치워버릴 수 있다고 가정하는 것 같다. 사실상 조선 후기의 유명한 성리학자였던 노사 기정진의 일화에서도 죽음 이후로 연결되는 삶과 유사한 어떤 여정의 이미지가 읽힌다. 그의 「연보(年譜)」에 따르면 기정진은 나이 80이 가까워 고혈압이나 뇌졸중에 가까운 흔히 우리가 중풍이라고 부르는 질병을 앓았다. 이 질병의 증상 가운데 하나가 구안와사, 즉 입이 비뚤어지는 것이다. 이런 상황에서 치료를 권유받자 그는 이렇게 말했다고 한다.

> 풍병(風病)으로 말미암아 입이 비뚤어졌는데, 약으로 치료하라고 명하자 이렇게 말했다. "나는 70 이후로 병이 들어도 약을 먹지 않았다. 늙어서 병들어 죽는 것은 일상사일 뿐이기 때문이었다. 그러나 이 병은 예전과 같은 면모와 소리를 낼 수 없도록 만드니, 지하에 돌아가 부모님을 모실 것을 생각하면 내 마음이 절박하다.

기정진의 진술 속에는 플라톤과 유사한 것이 분위기가 다르게 진술되고 있다. 그 또한 죽음을 삶의 당연한 측면으로 받아들인다. 늙고 병들어 죽는 것은 일상적인 일일 뿐이다. 그러나 지하에 돌아가 부모님을 다시 만나 모실 것이라고 말하는 대목에서는 여전히 죽음 이후로 연장되는 이 세계에서와 유사한 어떤 삶을 묘사하고 있다. 근본적인 일치점은 이들이 모두 죽음 이후를 가정한다는 점이다. 정말로 이러한 것이 가능한 것일까? 어떤 사람들은 이런 견해에 반대한다.

죽음은 무(無)?

1992년에 개봉된 클린트 이스트우드가 감독 및 주연을 맡은 영화 「용서받지 못한 자」에서 주인공은 죽음에 대해 대충 이런 논조로 말한다. "누군가를 죽인다는 것은 그의 현재를 없애는 것일 뿐만 아니라, 과거와 미래까지도 한꺼번에 없애버리는 것이다." 여기에는 죽음이 모든 것의 무화(無化)라는 솔직한 인식이 깔려 있다. 반면에 에피쿠로스는 죽음을 무시하라고 말한다.

'죽음이 우리에게 아무것도 아니다'라는 믿음에 익숙해져라. 왜냐하면, 모든 좋고 나쁨은 감각에 있는데, 죽으면 감각을 잃게 되기 때문이다. 따라서 '죽음이 우리에게 아무것도 아니다'라는 사실을 제대로 알게 되면 가사성(可死性)도 즐겁게 된다. 이것은 그러한 앎이 우리에게 무한한 시간의 삶을 보태어 주기 때문이 아니라, 불멸에 대한 갈망을 제거해 주기 때문이다. '죽음은 두려운 일이 아니다'라는 사실을 진정으로 깨닫는 사람은 살아가면서 두려워할 것이 없다(「메네케오스에게 보내는 편지」).

플라톤을 비롯한 기독교, 유학, 도가의 전통은 두 개의 세계와 두 개의 세계에 걸친 인간의 삶 속에서 죽음의 의미를 이해하라고 말한다. 이런 경향은 너무도 뿌리가 깊다. 키에르케고르가 『죽음에 이르는 병』에서 "죽음도 최대의 정신적 비참을 나타내는 말이지만, 그러나 구제는 진실로 죽는 데에, 죽어버리는 데에 있다"라고 말할 때도 유사한 것이 드러난다. 죽음은 단지 정신의 비참이 아니다. 그것은 역설적으로 구원의 계기인 것이다.

이런 사유의 뿌리 깊은 전통 때문에 현대에 이와 같은 사유와 극적으로 대비를 이루는 것을 발견하는 것조차 가능하게 되었다. 예를 들어 사르트르가 에피쿠로스적인 희미한 전통을 이어받아 다음과 같이 말하는 것을 들어보자.

> 죽음은 탄생과 마찬가지로 하나의 순전한 사실이다. 죽음은 바깥으로부터 우리에게 다가오는 것이며, 우리를 바깥으로 변화시킨다. 사실을 말하자면 죽음은 탄생과 조금도 구별될 것이 없다. 우리가 사실성이라고 부르는 것은 탄생과 죽음과의 동일성 그것이다(『존재와 무』).

사르트르에 의하면 죽음의 특이성은 두 가지 이유 때문에 발생한다. 첫째, 에피쿠로스와 마찬가지 관점에서 인간은 자신의 죽음을 스스로 경험하거나 확인할 수 없다. 둘째 자기 삶의 의미는 주체로서의 자기 자신에 의해 주어진다. 이 둘을 합치면 죽음이란 늘 타자의 죽음이라는 형태로 나에게 경험된다는 것을 알 수 있다. 그러므로 그것은 나 스스로에 의해서 경험되고 의미화되는 사건이 아니다. 그것은 바깥으로부터 어떤 이유를 알지도 못한 채로 내 삶으로 불쑥 끼어든다. 즉, 죽음은 나 자신의 주체성에 심대한 영향을 끼치면서 내가 좌우할 수 없는 바깥으로부터 내 삶에 개입하는 피할 수 없는 어떤 것이다. 이것이 그가 삶이 부조리하고, 동시에 죽음도 부조리하다고 말하는 이유이다.

그렇다면 죽음이란 무엇인가? 그것은 사실성의 어떤 양상, 그리고 대타존재의 어떤 양상 이외의 아무것도 아니다. 다시 말하면 소여(所與) 이외의 아무것도 아니다. 우리가 탄생하였다는 것은 부조리한 일이며, 우리가 죽는다는 것도 부조리이다. 또 한편 이 부조리(不條理)는 이미 '나의' 가능성이 아닌, 오히려 타인의 가능성인 나의 가능성-존재의 끊임없는 타유화(他有化)로서 나타난다(『존재와 무』).

나의 바깥에 있는 것으로서 죽음을 받아들이면 우리는 죽음과 죽음 이후에 대해 필연적인 어떤 한계를 갖게 된다. 즉, 나의 죽음이라는 사건 이후에 대해 내가 어떻게 할 수 있는 것은 전적으로 존재하지 않는다. 그것들은 오로지 타자의 영역에 속하기 때문이다. 확실히 이런 점에서 실존주의는 플라톤주의와 대척점에 서 있다.

서사, 혹은 만다라?

그렇다면 우리의 상황은 어떤가? 에피쿠로스와 플라톤의 대립은 삶과 죽음에 대한 우리의 고전적인 이해의 양극단을 대표한다. 죽음 이후에는 아무 것도 없는 것인가? 아니면 무한한 천국이, 이데아의 세계가, 참된 도의 세계가, 돌아가신 부모님과 다시 만나 다시 자식의 도리를 다하는 제2의 시공간과 인생이 존재하는 것인가?

『논어』에 의하면 공자는 제자인 계로(季路)에게 죽음에 대한 질문을 받고서 이렇게 대답했다고 한다.

삶도 모르는데 죽음을 어떻게 알겠는가!(未知生 焉知死)

죽음에 대한 관심보다는 삶에 대한 관심을 더욱 권장하는 듯한 공자의 말도 가만히 생각해보면 두 가지 관점에서 해석될 수 있다. 즉, 공자의 말은 삶에 대해 충분히 알 수 있다면 죽음에 대해서도 알 수 있다는 뜻인가? 그래서 우리는 『주역』이 말하는 것처럼 "위로는 우러러 천문을 관찰하고 아래로는 굽어보아 지리를 살핀다. 그러므로 밝음과 어두움의 원인을 알고, 시작에 근원하여 마지막을 돌이켜 연구해서 삶과 죽음에 대해 알(仰以觀於天文 俯以察於地理 是故知幽明之故 原始反終 故知死生之說)" 수 있을까?

아니면, 죽음은 우리가 영원히 알 수 없는 한계 너머의 어떤 사태라는 뜻일까? 이것은 사르트르가 말하는 것처럼 영원히 경험할 수 없는 삶을 원초적으로 제약하는 한계이므로, 이것을 받아들이고 이런 한계가 좌우할 수 없는 영역을 개척함으로써 죽음을 뛰어넘는 자유로운 삶을 사는 것에 진력하는 뜻인가? 나아가 만일 이런 진술이 사실에 가깝다면, 우리의 죽음 너머를 말하는 그 숱하게 많은 철학적 서사(narrative)들의 의미란 무엇일까? 그것은 단순히 거짓인가? 아니면 그 서사의 내부에 보다 나은 인생의 비밀을 간직한 만다라들인가?

토론 주제

1. 모든 생명체에 공통적인 죽음의 의미란 무엇인가?
2. 자신의 고통을 이유로 목숨을 끊는 것과 타인의 고통을 이유로 자기 목숨을 버리는 행동 사이에는 무슨 차이가 있는가?
3. 인간의 자기희생적 행위를 가능하게 만드는 것은 무엇인가?

참고문헌

빅터 프랭클, 2012. 이시형 옮김, 『죽음의 수용소에서』, 서울:청아출판사.
칼 세이건·앤 드루얀, 1995. 김동광·과학세대 옮김, 『잃어버린 조상의 그림자』, 서울:고려원미디어.
테오도르 아도르노, 2005. 김유동 옮김, 『미니마 모랄리아』, 서울:도서출판 길.

세 번째 주제: 윤리학
욕망이란 무엇인가?

욕망과 절제

얼마 전 학생들과 '자신의 참기 힘든 욕망'이라는 주제로 이야기를 나누었다. 그들이 이야기한 참기 힘든 욕망에는 '과제를 해야 함에도 쏟아지는 잠', '늦은 밤 먹게 되는 야식', '시험 기간이면 왠지 더욱 보고 싶어지는 영화', '시작만 하면 도무지 끊을 수 없는 인터넷 게임', '지금 당장 갖고 싶은 것' 등 일상의 소소한 것부터 일반화된 욕망까지 저마다 다양한 것들이 있었다. 유사한 점은 대화를 나눈 학생 모두가 욕망을 절제하지 못해 후회한 경험을 가지고 있었으며, 일부 학생은 욕망을 절제할 수 있는 나름의 해결책도 갖고 있었다는 점이다. 더불어 "물질적인 풍요를 가져야 행복할 수 있는가?"라는 다소 흥미로운 주제를 가지고 이야기를 나눈 적도 있었는데, 이때 학생들은 찬반 의견으로 나뉘어 각자의 의견을 적극적으로 피력하기도 했다. 찬성하는 편의 전반적 논거에는 기본적인 의식주의 풍요로움이 인간에게 정신적·신체적으로 안정과 행복감을 준다는 확신이 있었다. 반면에 반대하는 편에서는 행복이란 지나친 물질주의를 경계하고 자신이 소유한 것에 충분히 만족할 때 비로소 뒤따르는 것이라고 주장했다.

우리는 적절한 수준의 욕망이 사회 활동을 하는 데 필수적이라고 생각하지만, 그것이 과했을 때는 주변인에게는 물론 스스로에게도 피해를 준다는 사실을 알고 있다. 이와 관련하여 심리학계에서는 욕망에 대한 섬세한 분석을 진행해왔다. 특히 미국의 철학자이자 심리학자였던 매슬로우(A. H. Maslow:1908-1970)가 주장한 '욕구단계설'에 따르면, 인간의 욕구는 타고난 것이고, 욕구의 강도와 중요성에 따라 생리적욕구(Physiological Needs), 안전욕구(Safety Needs), 애정(사회적)욕구(Belongingness and Love Needs), 존경욕구(Esteem Needs), 자아실현욕구(Self-actualization Needs)의 5단계로 분류된다. 매슬로우는 인간의 욕구가 하위단계에서 상위단계까지 계층적으로 배열될 수 있으며, 하위단계의 욕구가 충족되어야 그다음 단계의 욕구가 발생한다고 강조한다.

매슬로우가 제시한 인간 욕망의 위계성은 삶에서 나타나는 현실문제들의 근본 원인을 밝히는 데 있어 유용하다. 하지만 그것이 안고 있는 다음의 문제점들을 간과할 수 없다는 점에서 한계를 드러낸다. 우선 욕구들의 우선순위가 과연 타당한 것인지의 여부를 증명하기 어렵다는 문제점을 안고 있다. 더불어 '자기실현욕구'의 단계를 가시적으로 측정하여 정확한 통계자료로 도출해내기도 곤란하다는 점도 무시할 수 없다. 또한, 개개인에 따라 욕구의 중요도에 의한 우선순위가 변화할 수 있다는 '욕구 계층화의 예외성'을 고려하지 못했으며, 욕구 단계 수준의 범위가 다소 모호하고 중첩된다는 문제점도 간과할 수 없다. 예를 들어 실제로 우리는 하위단계의 욕구를 직접적으로 성취하지 못하더라도 대체적인 목표를 설정할 수 있기 때문에 상위단계로의 이행이 가능한 경우를 더러 관찰할 수 있다. 이 밖에도 문화적 상대성의 관점에서 개인주의 혹은 집단주의의 정도에 따른 사회적 분위기가 개인적 욕구의 결정에 미치는 영향도 존재한다는 점에서 '욕구이론'의 독단적인 활용에는 일부 제약이 따를 수밖에 없다. 따라서 우리는 각자의 욕구를 스스로 분석해서 정의하기보다 "왜 우리는 해결책을 알고 있으면서도 욕망 앞에 무너지는 경험을 하는가?"에 관해 고심해 볼 필요가 있다. 다시 말해 욕망을 절제하는 방법적인 측면에 있어서 고민을 해봐야 한다는 것이다.

　이와 관련하여 욕망의 '절제'에 관한 하나의 사례로 『마시멜로 이야기』를 들 수 있다. 이 책은 소위 잘나가는 대기업 사장 '조나단'과 그의 운전기사 '찰리'의 대화로 시작한다. 그들이 나눈 대화 중 '달콤한 마시멜로를 이용하여 만족을 유예하는 실험'에 관한 일화는 전체 이야기의 핵심 주제가 담긴 부분이자 전 세계 독자들에게 깊은 인상을 남긴 부분이라고 알려져 있다. 그 내용을 간략하게 살펴보면, 조나단은 어린 시절 아버지의 제안에 따라 한 실험에 참여한다. 그 실험은 실험에 참가한 600명의 아이들에게 마시멜로를 하나씩 나누어주고, 누구도 지켜보지 않는 상태에서 양심적으로 먹지 않고 15분을 기다린다면 상으로 마시멜로를 하나 더 주겠다는 실험이다. 조나단은 잠시나마 그 누구의 감독도 없는 상황 속에서 먹고 싶은 충동을 억제하며 욕망과 자제심 사이의 내적 갈등을 경험한다. 결국, 그는 자신의 욕망을 통제하며 자제력을 발휘, 마시멜로를 먹지 않은 채 기다렸고, 상으로 마시멜로 하나를 더 받게 되었다. 그리고 어느덧 10년이란 시간이 흐른 뒤, 실험에 참여한 아이들을 추적해 보니 15분을 참았던 아이들이 그렇지 못한 아이들보다 학업성적이 뛰어나면서도 친구들과의 관계도 원만하고, 스트레스를 보다 효과적으로 관리하고 있다는 놀라운 사실을 확인할 수 있었다. 이야기를 마무리하며 조나단은 어린 시절의 경험을 통해 인간의 자유의지를 어떻게 활용할 것인지에 대한 교훈으로 '더 큰 만족과 보상을 위해 당장의 욕구 충족을 미룰 줄 아는 의지가 바로 성공을 견인하는 강력한 지표'라고 설명한다.

순간의 감정이나 욕망을 충족시킬 수 있는 기회가 왔을 때 바로 잡아야 하는 경우도 있을 수 있지만, 오히려 그것들을 정도에 알맞게 조절하며 때를 기다린다면 더 큰 이익과 성공을 가져다줄 수도 있다는 것, 이것이 바로 『마시멜로 이야기』 속 숨겨진 교훈이다. 물론, 누구나 각자가 가진 욕망은 다르고 절제의 기준도 다를 수 있다. 그러나 일반적으로 욕구를 적당한 선에서 제어하는 것이 필요하며 이를 미덕으로 삼고 있다. 또한, 개인이 추구하는 가치의 차이를 전제하고서라도 '절제'라는 실천이 필요하다. 그 까닭은 욕망과 거리가 먼 것처럼 이해되어 온 불교와 에피쿠로스(Epikouros 기원전 341-270)의 입장 역시 절제를 통한 '아타락시아(ataraxia)'와 해탈(解脫)을 강조하고 있기 때문이다.

욕망에 관한 불교와 에피쿠로스의 입장

불교의 목적은 고를 벗어나 열반에 이르는 것이다. 따라서 불교는 괴로움의 원인에 대한 정의와 괴로움에서 벗어나는 방법에 대한 탐구를 일관되게 한다. 불교에서는 괴로움의 원인에 대한 정의에 30여 가지를 들고 있으며, 이는 크게 네 가지로 범주화된다. 그 첫 번째가 욕망(Kāma)이다. 욕망은 다시 두 가지 의미를 갖는데, 욕망의 대상과 욕망 그 자체다. 전통적인 불교에서는 욕망의 문제를 내면 의식에 관련해서 언급하고 있다. 그러나 그것이 표면화되는 것은 외부 대상에 대한 집착 때문이다. 예를 들면 의복이나 음식을 대상화하여 욕망을 일으키지만, 곧 얻지 못함으로써 불평과 아쉬움의 감정을 경험하게 된다. 따라서 물질적 대상을 문제 삼는 것이 아니라 대상에 대하여 욕망하고 집착하는 것을 선과 악의 판단 기준으로 삼는다.

욕망은 탐욕(rāga)이나 갈애(taṇhā)와 같은 의미다. 흔히 우리가 말하는 의욕(chanda)은 욕망 또는 탐욕과 다른 의미를 갖는다. 의욕은 그 결과에 상관없이 하고자 하는 마음만을 의미하며, 탐욕은 열망, 갈망, 집착, 이기적 욕망을 의미하는 부정성을 내포하며 성냄(dosa)과 어리석음(moha)과 함께 세 가지 근본적인 번뇌로 정의된다. 한편 갈애는 대상에 대한 집착을 일으키는데, 이는 세계와 주체에 대한 왜곡된 인식에서 발생하는 것으로 묘사되곤 한다. 따라서 불교의 관점에서 욕망이 부정적인 성향을 띤 것이므로 제거되어야 하는 것으로 정의되는 까닭은 그것이 괴로움으로부터 벗어난 상태라고 알려진 해탈에 이르지 못하도록 방해하는 장애물이라고 보기 때문이다.

또한, 욕망이 세계와 주체에 대한 무지에서 비롯하였을지라도 그 자체로서 부정적인 것이 아니라 불교적 세계관에서 지향해야 할 목적과 위배되거나 상충되기 때문에 제거되어야 할 대상이다. 그래서 욕망은 곧 절제라는 덕목을 요청하게 된다. 이는 에피쿠로스학파에서도 잘 나타난다. 에피쿠로스에게 있어서 즐거움과 행복을 결정하는 요인은 내적인 것이다. 이는 자기 자신을 잘 알고 자신의 욕망에 휘둘리지 않으며 욕망을 조절할 수 있는 능력을 말하며 이러한 능력은 자기 지배능력이다. 따라서 에피쿠로스가 말하는 절제는 욕망에 대하여 잘 아는 것을 전제한다.

에피쿠로스는 욕망을 다음과 같이 정의한다.

1) 자연적인 동시에 필연적인 욕망
2) 자연적이기는 하지만 필연적이지는 않은 욕망
3) 자연적이지도 않고 필연적이지도 않으며 다만 헛된 생각에 의해 생겨나는 욕망(『중요한 가르침』, p. 29.)

여기서 첫 번째 '자연적이고 필연적인 욕망'은 목이 마를 때 물을 마시려고 하는 것과 같이 고통을 제거하려는 욕망으로써 충족시켜야 하는 욕망이다. 두 번째 '자연적이기는 하지만 필연적이지 않은 욕망'은 비싸고 맛있는 음식을 먹고 싶어 하는 욕망같이 쾌락의 형태만을 바꿀 뿐 고통 자체를 없애주지는 못하는 욕망으로, 필연적 욕망으로 바꾸어야 한다. 세 번째, '자연적이지도 않고 필연적이지도 않으며 다만 헛된 생각에 의해 생겨나는 욕망'은 자신의 명예를 빛내기 위해 이름뿐인 직책을 탐내는 것과 같은 욕망으로 제거되어야 하는 욕망으로 간주된다.

또한, 에피쿠로스는 모든 욕망을 자연적인 것과 공허한 것으로 나눈다. 자연적인 욕망은 자연이 요구하는 욕망이다. 따라서 배고픔과 같이 자연스럽게 다가오고 느껴지는 욕망이다. 이에 반해 공허한 욕망은 꼭 필요하지도 않은데 외부적 자극에 의해 그저 생겨나는 욕망과 같은 것이다. 전자는 제한되어 있어 쉽게 충족되는 반면, 후자는 결코 채워질 수 없는 허영심에 불과하다고 말한다. 다시 자연적인 욕망은 필연적인 것과 필연적이지 않은 것으로 나누어진다. 충족되지 않으면 반드시 고통스러운 욕망은 필연적이다. 충족되지 않더라도 반드시 고통이 따라오지 않는 욕망은 필연적이지 않은 욕망이다. 너무 달성하기 힘든 욕망이거나 달성하기 위해서 너무 큰 고통이 수반되는 욕망은 필연적이지 않은 욕망이다. 자연적이고 필연적인 욕망에는 행복을 위해 필요한 것, 휴식을 위해 필요한 것, 삶 자체를 위해 필요한 것이 요구된다.

에피쿠로스의 쾌락

에피쿠로스는 욕망이 쾌락에 대한 동기이면서 장애라고 주장한다. 따라서 실천적 지혜를 통해 욕망을 잘 조절해서 쾌락을 극대화해야 한다고 말한다. 그렇다면 우리는 어떻게 선이 되는 욕망과 악이 되는 욕망을 구별하고 통제해서 진정한 쾌락의 경지에 이를 수 있을까? 에피쿠로스는 정적인 쾌락을 중요하게 생각한다. 정적 쾌락은 동적 쾌락과 같은 결핍이나 과잉으로 인한 고통이 없는 평정상태, 육체적 고통과 심적 불안이 없는 평정상태를 말한다. 에피쿠로스는 정적 쾌락을 선호할 뿐만 아니라, 그와 같은 정적 쾌락의 평정심을 해치지 않는 범위 내에서 최소한의 동적 쾌락을 추구할 것을 권장한다. 이와 같은 이유로, 에피쿠로스는 쾌락의 변덕에 흔들리지 않는 소박한 삶을 최선의 삶이라고 말한다.

그런데 라파엘 울프(Raphael Woolf)는 에피쿠로스의 쾌락과 욕망의 관계를 다음과 같은 사례를 통해 설명한다. 이코노미 클래스를 예약한 사람들에게 비행사가 추첨을 통해 무료로 비즈니스 클래스로 업그레이드시켜 준다고 했을 때, 일반적으로 뜻하지 않은 안락함은 우리의 욕망을 충족시켜 차후에 이코노미 클래스의 불편함을 견딜 수 없게 만든다. 그런데 진정한 에피쿠로스는 추첨에 의해 제안된 비즈니스 클래스를 받아드려 즐길 것이며, 또한 추첨에 당첨되지 않더라도 실망하지 않을 것이라고 한다. 라파엘 울프에 따르면 에피쿠로스에게 있어 목표이자 중요한 점은 고통이 없는 상태이다. 이는 일상생활에서 동적인 쾌락을 경험하게 될 상황에서 출발했다고 하면서 고통에서 자유로운 상태가 반드시 동적인 쾌락이 없는 상황이라고 생각할 하등에 이유는 없는 것이다.

에피쿠로스의 경우 평정심으로부터 더 많은 쾌락을 얻는다고 말하는 것과 평정심이 달성된 다음 다른 것으로부터 어떠한 쾌락도 얻을 수 없다고 말하는 것은 다른 차원의 논의이다. 울프는 정적인 쾌락과 동적인 쾌락을 제대로 구분한다면 에피쿠로스가 후자를 주장할 이유가 없다고 말한다. 즉 쾌락이란 행복과 밀접하게 연관된다. 에피쿠로스는 쾌락이 행복한 삶의 시작이자 끝이라고 말한다. 그는 아름다움과 탁월함 등이 우리에게 쾌락을 줄 때 가치를 지니고 그렇지 않으며 버려야 한다고 단호하게 말한다. 탁월함 중에서도 실천적 지혜가 시작이고 가장 가치 있는 것이다. 그 까닭은 실천적 지혜가 없으면 고통을 주는 쾌락이 무엇인지를 분간하지 못해 태어난 선인 쾌락조차도 놓치거나 더 큰 고통을 가져오는 쾌락을 불러들일 수 있기 때문이다.

선과 악의 기준은 주체 외부에 객관적으로 존재하는 것이 아니라 행위 주체가 자신의 실천적 지혜를 가지고 자신의 탁월함에 맞게 판단하는 것이다. 에피쿠로스는 쾌락 그 자체를 긍정적으로 보고 추구해야 하는 것으로 여기며, 반대로 고통은 나쁜 것이고 따라서 피해야 한다는 점을 인정한다. 그래서 쾌락 자체는 그 자체로 좋고 선한 것이지만 자칫 잘못하면 쾌락을 부르기 위해 사용한 수단이 더 큰 고통을 안겨다 줄 수 있다. 또한, 인간의 본성도 고통에 의해 파괴될 수 있기 때문에 고통은 처음부터 조심하고 피할 필요가 있다고 주장한다.

결국, 쾌락의 핵심은 고통으로부터의 해방이다. 행복은 의존적이지 않은 습성을 지닌 인간이 욕망을 가지는 한계를 깨닫고 불안으로부터 자유로운 경지를 말한다. 이러한 개념이 '아타락시아(ataraxia)'라고 한다.

힘든 일이 없는 상태가 육체적 쾌락의 상태라면 불안이 없는 상태는 정신적 쾌락에 속한다. 둘 중에 불안이 없는 상태인 아타락시아가 더 중요하다. 에피쿠로스의 쾌락은 육체적·정신적 욕망을 채우고 어떤 것이든 원하는 것을 소유하며 그러한 과정에서 발생하는 감각적 즐거움을 극대화하는 것과는 거리가 멀다. 결국, 아타락시아는 자기 자신의 지혜와 자유로운 결단으로 무엇이 고통을 제거하는 행동인가를 명확하게 판단하면서 살아가는 데서 나온다.

한편 자기만족이 극대화된 상태를 '자족(autarkeia)'이라고 불렀다. 자족은 가장 큰 선이고 자족의 최고 결과는 자유이다. 인간들은 스스로 서지 못하고 불안하며 따라서 다른 존재의 도움을 필요로 하는 존재이다. 자족은 스스로 서고 자기 내면의 자유를 확립하며 진정한 자존감을 가지고 살아가는 것이다. 이렇게 홀로서기가 된 사람은 다른 사람에게 기대기보다 다른 사람에게 도움이 되는 사람이다.

불교의 해탈

불교는 욕망의 절제와 자기 조율을 통한 번뇌의 소멸 즉 해탈을 목표로 한다. 이 번뇌는 '나'에 대한 그릇된 오해에서 비롯한다. 이 오해로 말미암아 대상에 대해 지향성을 일으켜 나의 것을 획득하려는 마음 작용을 일으키는 데 이것이 불교에서 말하는 집착이다. 따라서 나에 대한 그릇된 이해를 시정하는 바른 앎이 선행되어야 하는 것이다.

이때 나에 대한 바른 앎이란 참된 나에 대한 앎이다. 이를 무아(無我: anātman)로 표현한다. 무아는 나의 존재에 대한 있음과 없음의 문제가 아니다. 사실 무아란 형이상학적 자아인 아트만이 존재하지 않는다는 주장이다. 형이상학적 자아관념은 우파니샤드(Upaniśad)의 '아트만(ātman)'

이론에서부터 출발한다. 『문다까(Muṇḍaka)우파니샤드』에서는 '나무 열매를 열심히 먹고 있는 새'와 '자신은 먹지 않고 열심히 먹고 있는 새를 응시하는 새'의 비유를 통해 형이상학적 자아관념을 설명한다. 즉 우파니샤드는 경험적 자아의 배후에 현상을 초월한 자기동일적 실재로서 응시하는 새와 같은 아트만이 존재한다고 주장하는 것이다. 이에 대해 불교는 '무아'라는 주장으로 대응한다.

불교는 자기 자신을 정신적-신체적 작용으로 분해하는 분석적 관찰로써 그 속에 동일한 성질을 갖고 불멸하는, 또한 내부에서 모든 감관과 정신적-신체적 작용을 조절하는 아트만이 없다는 것을 말하면서 제시되고 있다. 불교는 아트만이 실재하지 않는다는 입장이며, 이는 정신적 신체적 현상의 배후의 형이상학적 원리를 배제한 것이다. 다시 말해 정신적 신체적 현상에서 우리가 상식적으로 자아라고 생각하는 것 안에는 아무런 실체적인 것도 존재하지 않는다고 주장하는 것이지 경험적 자아의 실존까지 부정하는 것은 아니다. 불교에서 경험적 자아의 실존을 인정하는 방식은 자아가 구성되는 방식에 의해 설명된다. 즉 경험적 자아는 정신적-신체적 작용으로서 서로 병렬적이며, 상호의존적이기 때문에 인과적 실효성을 유지할 수 있는 것이다.

이와 같이 형이상학적 자아를 부정하고 경험적 자아를 정신적-신체적 작용을 통해 설명함으로써 주체에 대한 바른 이해를 지향한다. 그러나 이와는 반대로 나에 대한 그릇된 이해는 욕망의 발생에서 괴로움으로 연속하는 일련의 심리 현상을 제어할 수 없다. 이는 자아에 대한 존재론적 이해가 선행되어야 윤리적인 논의가 가능해지는 것이다. 그래서 불교는 욕망을 부정하는 철학이 아니라 욕망의 왜곡된 구조를 설명함으로써 해탈로 이끄는 길을 제시하는 것이다.

이 과정은 먼저 경험 또는 검증 가능한 정신적-신체적 현상에 부여된 명칭으로서 존재를 인식해야 한다. 『밀린다왕문경』에는 형이상학적 자아를 비판하거나 경험적 자아를 설명하는 과정에서 집합 개념을 가져온다. 이는 전체(avayavin)를 그 부분들(avayava)의 조합으로 분석함으로써 전체 개념의 비실재성을 논증하는 방식이다. 특히 인간을 정신적-신체적 작용으로 분해하는 분석적 관찰은 아트만과 같은 자아 관념이 '집합 개념'임을 쉽게 파악할 수 있다는 장점이 있다. 이는 라일(Gilbert Ryle)이 제시한 '범주의 오류(categorical mistake)'를 적용하고 있는 것으로 보이는데, 집합개념으로만 실재하는 대상을 실체화했을 때 생겨나는 혼돈이라는 것이다. 특히 범주의 오류는 아트만의 존재를 주장하는 진영에서 아트만에 부여한 위상이 모든 현상적 속성들을 소유하는 주인이며, 이러한 속성들이 의지하는 토대이기 때문에 발생한다.

다음으로는 경험적 자아에 대한 오해에서 기인한 허구적인 자신, 다시 말해 일상적 언어사용에 따라 개념적으로 구성된 자아를 집착하고 소유하려 하는 태도를 반성한다. 이는 욕망을 전환시킴으로써 집착을 끊는 것이다. 욕망을 전환시킨다는 것은 자신에 대한 집착을 버리고 관심의 대상을 모든 것으로 확대하는 것을 말한다. 즉 '나'라는 존재의 소멸을 맛보는 것이 아니라 '나'와 '남'이라는 구분을 없애는 긍정의 힘을 경험하는 것이다. 이를 해탈이라고 정의한다.

토론 주제

1. 현재 자신에게 불만족스러운 것들을 제시하고 조원들과 해결방안을 논의해 보라.
2. 물질적인 풍요를 가져야 행복할 수 있는가?
3. 절제의 기준은 어디에서 찾을 수 있는가?

참고 문헌

이진남, 「에피쿠로스의 욕망과 쾌락」『인문사회과학연구』 제13권 제1호, 부경대학교 인문사회과학연구소.
에피쿠로스, 1998. 오유석 옮김, 『쾌락』, 문학과지성사.
폴 윌리암스 · 앤서니 트라이브, 2011. 안성두 옮김, 「주류불교-붓다의 근본사상」 『인도불교사상』 씨아이알.

네 번째 주제

문화, 예술, 언어, 종교

- 문화적 다양성은 인정되어야 하는가? (정미라)
- 예술이란 무엇인가? (김현)
- 언어란 무엇인가? (김혜영)
- 점을 통해서 미래를 예측할 수 있는가? (조우진)

네 번째 주제: 문화, 예술, 언어, 종교

문화적 다양성은 인정되어야 하는가?

인간의 삶과 문화

인간의 오랜 역사를 살펴보면 무엇보다 특징적인 것은 인간이 다른 유기체처럼 주어진 자연환경에 순응해서 수동적으로 사는 것이 아니라 자연환경에 능동적으로 관계함으로써 주어진 환경을 변화시켜 새로운 세계를 만들어왔다는 것이다. 즉 인간의 역사는 주어진 자연환경으로부터 벗어나 자신이 사는 세계를 끊임없이 새롭게 창조해온 역사라 할 수 있다. 문화(Culture)는 이러한 역사 속에서 행해진 인간 삶의 총체적인 양식, 즉 언어, 풍습, 도덕, 학문, 예술, 다양한 제도 등을 포괄적으로 의미한다. 문화는 자연과 구분되는 개념으로서 주어진 대로 존재하는 자연적인 것과는 달리 인간에 의해 만들어진 인위적인 것을 의미하며, 인간의 물질적, 정신적 산물들을 총체적으로 나타낸다고 할 수 있다. 인간은 변화하는 역사 속에서 새로운 삶의 양식을 만들어 왔으며, 따라서 문화는 과거의 양식을 그대로 보존하기도 하고, 현재를 덧붙이는 방식으로 지속적으로 변화해왔다.

　인간은 주어진 자연환경을 새롭게 변형시켜 새로운 세계, 즉 문화적 세계를 만들어 낼 뿐만 아니라 이러한 세계 속에서 자기 자신을 변화시킨다. 물론 인간은 자연의 일부로서 모든 다른 동물들처럼 자연적 요소를 지니고 있지만 동시에 자연적 상태에서 벗어나 자신을 문화적 존재로 재창조한다. 예를 들면 인간은 생명을 유지하기 위해 일정하게 음식물을 섭취해야 한다는 점에서 다른 동물들과 동일하지만 그러나 음식물을 섭취하는 방식에 있어서 동물들과 확연히 구분된다. 따라서 독일의 낭만주의 사상가인 헤르더(J. G. Herder)가 인간의 문화적 특성을 "제2의 탄생"으로 규정한 것처럼 인간은 단순히 자연적 존재만이 아니라 문화적 존재이며, 인간은 이러한 문화를 통해 다른 동물과 구별되는 자신만의 고유한 특성을 드러낸다.

　문화는 원래 라틴어의 cultura에서 유래한 말로 '경작하다, 가꾸다' 등을 의미하였다. 물질적인 농업 경작을 표현했던 cultura는 로마의 철학자 키케로에 의해 정신적 경작을 의미하는 단어로 사용됨으로써 인간 자신을 가꾸는 교양이나 도야의 의미를 함축하게 되었다. 물질적으로나 정신적으로, 외부 세계뿐만 아니라 인간 자신을 만들어 내는 개념으로 사용되었던 문화는 18세기가 지나서야 유럽에서 보편적인 개념으로 사용되기 시작했다. 18세기 유럽에서 문화라는 개념은 문명(Civilization)이라는 개념과 혼용되어 사용되었으며 무엇보다도 자연이나 야만상태에서 벗어난 '예의 바름', '교양 있음', 그리고 '이성에 토대를 둔 제도' 등을 의미하였다. 18세기 이후 일반화된 문화의 이러한 개념은 자연은 미개하고 야만적이며, 오직 인간의 이성에 근거해 인간이 만들어 낸 인위적인 것만이 훨씬 더 뛰어나다는 인식에 기초하고 있다. 유럽 사회를 지배했던 이러한 문화적 정체성은 "예절"을 중시하는 귀족들의 생활방식의 우월성을 나타내주는 척도로 이해되었을 뿐 아니라, 더 나아가 여전히 자연적인 삶을 영위하는 아프리카나 아메리카 원주민들, 그리고 아시아 사람들에 대한 유럽인들의 우월성을 드러내는 기준으로 작용하였다.

현대사회에서 문화는 인간의 삶의 총체적 양식이라는 포괄적인 의미뿐 아니라 인간의 여가시간을 보내는 다양한 활동들을 나타내는 좁은 의미로 사용되기도 한다. 즉 영화제나 연주회, 그리고 전시회 등 예술과 관련된 행위뿐 아니라 다양한 축제나 스포츠를 즐기는 행위 등을 문화적인 행위로 표현하며, 이러한 문화는 인간의 삶의 질을 나타내는 핵심적인 요소로 이해된다. 특히 현대사회는 이러한 문화가 범람하는 시대라 할 수 있으며, 예술적 차원이든, 대중 문화적 차원이든 문화의 향유는 현대인들의 삶에서 중요한 의미를 지니게 되었다. 무엇보다도 문화적인 삶은 현대인들에게 노동하는 삶과 구분되는 여유로움과 한가함을 나타내줄 뿐 아니라, 노동하는 삶의 고단함을 위로해주는 영양제와 같은 것으로 이해된다.

특히 라디오나 TV, 그리고 인터넷과 같은 매스미디어의 발달은 대중문화를 발전시켰으며, 이러한 대중문화는 특정 계층뿐 아니라 모든 사람에게 문화를 향유할 수 있는 기회를 제공해 줌으로써 누구나 쉽게 문화적 삶을 누리는 것을 가능하게 하였다. 대중문화와 더불어 문화는 더이상 예술적 가치만이 아니라 오락적 가치를 함축하게 되었으며 이와 더불어 문화는 단순한 향유를 넘어 경제적 가치를 창출하는 상업적 요소를 지니게 되었다. 인간 삶의 고유한 양식으로서 한 민족이나 국가에 특수한 형태로 나타났던 문화는 대중문화를 통해 보편성을 획득하게 되었으며, 문화는 이제 국경을 넘어서 경제적 부가가치를 만들어 내는 새로운 영역으로 이해된다. 세계 어디에서나 동일한 음악을 들을 수 있을 뿐 아니라 동일한 영화에 열광하기도 한다. 문화는 이제 하나의 상품으로서 대중들의 보편적인 기호와 취향에 맞추어 생산된다. 세계 시장을 겨냥한 문화 산업이라는 용어는 문화와 관련해 현대인에게 아주 익숙한 표현이 되었으며, 한류로 표현되는 한국의 영화와 드라마, 그리고 K팝의 수출은 대중문화의 보편성을 나타내주는 대표적인 사례로 이해된다.

위에서 언급한 것처럼 문화는 일차적으로 인간 삶의 총체적인 양식을 의미하지만, 더 나아가 특정인들의 교양 있는 생활양식을 표현하기도 하며, 또한 좁은 의미에서 예술적인 향유와 함께 삶의 질을 나타내기도 할 뿐 아니라 여가시간에 누릴 수 있는 오락적 가치와 함께 경제적 가치를 창출하는 상품으로 이해되기도 한다. 문화가 이러한 다층적인 의미를 지닌 것은 무엇보다도 현대사회에서 문화가 인간의 삶과 다양한 방식으로 밀접하게 연관되어 있기 때문이다. 인간의 삶은 이제 문화를 떠나서 더 이상 이해할 수 없으며, 문화인이나 문화생활은 현대사회에서 누구나 획득하고 영위해야 할 가치로서 규범적 의미를 지니게 되었다.

문화적 특수성과 보편성

문화는 일반적으로 특수성을 통해 표현된다. 문화는 각각의 민족들이 자신들을 둘러싼 자연환경 속에서 독자적으로 발전시켜온 각 민족의 고유한 역사적 · 사회적 산물이기 때문이다. 각각의 민족들은 그들이 처한 자연환경이나 역사적 전통, 사회적 환경의 변화에 따라 각기 다른 삶의 양식을 지니게 되며, 이와 함께 서로 다른 문화를 형성한다. 따라서 문화의 내용은 지역마다, 그리고 시대마다 달라질 수 있다. 한국 사회에서는 몸을 심하게 노출하는 것을 부정적으로 보는 데 반해 햇빛이 부족한 지역에 사는 유럽 사람들은 일광욕의 필요성 때문에 몸의 노출을 자연스러운 것으로 이해한다거나, 개인보다 공동체를 중요시하는 농경 사회에 비해 개인의 권리를 무엇보다 우선시하는 산업사회의 개인주의 문화는 바로 자연적 · 사회적 환경의 차이에서 생겨난 것이다. 따라서 어떤 문화가 다른 문화보다 더 우월하다거나 가치 있다고 말할 수 없으며 모든 문화는 각각 고유한 특성을 지닌 것으로서 그 자체로 의미 있는 것이라 할 수 있다.

"다리우스왕이 화장하는 관습을 지닌 그리스인들을 불러놓고 돈을 얼마나 주면 그들의 죽은 아버지의 시신을 먹을 용의가 있느냐고 물었다. 그러자 그리스인들은 돈을 아무리 많이 주어도 그런 짓은 하지 않겠다고 대답했다. 다리우스왕은 죽은 부모의 시신을 먹는 관습을 지닌 칼라티안이라는 부족을 불러놓고, 돈을 얼마나 주면 부모의 시신을 화장하도록 허락하겠느냐 물었다. 그들은 비명을 지르며 그런 불경한 말씀은 제발 삼가 달라고 말했다."

위의 예문은 고대 그리스의 역사가인 헤로도투스의 『역사』에 나오는 이야기이다. 이 이야기를 통해 헤로도투스는 관습은 민족마다 다르며 이러한 관습이 "만물의 왕"이라고 규정함으로써 각각의 민족이 지닌 고유한 관습은 그 자체로 존중해야 한다는, 즉 각 문화가 지닌 특수한 성격을 존중해야 한다는 사실을 표현하고자 한다. 그리스인들은 부모의 시신을 화장함으로써 부모의 영혼이 자유롭게 내세로 갈 수 있다고 믿은

데 반해 칼라티안인들은 부모의 시신을 먹음으로써 부모의 영혼이 자신에게 계속해서 남아있을 것이라는 믿음을 지니고 있었던 것이다. 그리스인들이나 칼라티안인들은 돌아가신 부모를 경애한다는 동일한 윤리적 가치를 지니고 있었으나 죽은 부모를 사랑하는 방식을 다르게 표현했을 뿐이며, 이러한 방식은 각 민족의 고유한 문화로 나타난다.

그러나 모든 인간은 동일하며 따라서 그들이 추구하는 문화의 방향도 동일한 목표를 지녀야 한다는 문화 진화론적 관점은 각각의 문화가 지닌 고유성을, 즉 문화의 다양성을 인정하지 않는다. 문화 진화론에 따르면 모든 문화는 원시적이고 낮은 저급한 단계에서 일정한 단계를 지나 보다 높은 단계로 발전한다. 대표적인 문화 진화론자인 모건(L. H. Morgan)은 모든 문화가 야만적인 상태에서 미개한 상태로, 그리고 문명의 단계로 진화한다고 주장한다. 즉 문화진화론은 옷을 입지 않고 여전히 자연에 가까운 방식으로 생활하는, 우리가 흔히 야만인이라고 부르는 아프리카나 아시아의 일부 종족을 인류의 발달 단계 중 초기에 해당하는 것으로 이해한다. 문화진화론자들은 '시간적인 전후 관계'와 '문화적인 진보'를 구분하며, 동시대에 생존하는 집단이라 할지라도 문화적으로 더 진보해있거나 덜 진보한 상태가 있을 수 있다고 생각한다. 따라서 각각의 문화는 문화의 진보를 측정하는 기준에 따라 우수한 문화와 열등한 문화라는 문화적 서열이 매겨진다. 그들의 관점에 따르면 산업혁명을 주도한 영국을 비롯한 유럽 사회가 가장 진보한 사회이다. 이들 사회보다 미개한 사회들은 유럽 사회와 비슷한 과정을 거쳐 이들 국가가 도달한 수준의 문화를 지니게 된다.

그러나 우리는 어떤 사회가 다른 사회보다 기술적인 측면에서 더 많이 발전하지 않았다고 해서 문화적으로 열등하거나 야만적인 사회라고 하지 않는다. 물질적인 차원이나 기술적인 차원에서는 발전이나 진보를 이야기할 수 있지만, 사회적인 제도나 관습 등 삶의 고유한 양식들에 대해서는 우열을 평가할 수는 없다. 나이프와 포크를 사용하는 서양 음식문화가 젓가락을 주로 사용하는 아시아 음식문화에 비해 우월하다고 할 수 없는 것과 마찬가지로 손으로 음식을 먹는 인도나 아랍문화를 열등하다고 할 수는 없을 것이다. 모든 사회적인 제도나 관습들은 각 민족이 처한 자연적 · 사회적 환경에 의해 만들어진 것이며 따라서 우열의 기준을 적용할 수 없다. 결국, 이러한 문화진화론적 관점은 서구적인 것을 가장 진화된 것으로 이해하는 서구인들의 자문화중심주의적 사고에서 나온 것이라 할 수 있다. 모든 인간이 동일하다는 문화진화론의 이론적 출발은 아주 중요하고 의미 있는 관점이지만 그러나 모든 문화가 동일한 목표를 지니고 있으며 동일한 방향으로 발전한다는 문화진화론적 사고는 인종차별주의나 서양의 식민지 제국주의를 정당화하는 논리적 위험을 담지하게 된다.

 문화의 보편성은 각각의 문화가 지닌 내용에서의 보편성이 아니라 모든 민족은 고유의 문화적 특성을 지니며, 각각의 문화는 그 자체로 의미 있는 것으로 존중되어야 한다는 형식적인 보편성을 의미할 뿐이다. 따라서 문화는 모든 인간이 추구해야 할 절대적 가치를 함축할 필요는 없다. 세계화에 따른 이주민의 증가나 노동력의 국제적 이동, 그리고 국제결혼 등 다양한 문화가 접촉할 기회가 많아진 현대사회에서 '문화적 갈등'을 극복하고 '문화적 공존'을 할 수 있는 최선의 길은 자신의 문화만 우월하다고 생각하는 자문화중심주의를 탈피하고 문화가 지닌 특수한 성격에 대한 이해와 더불어 타문화를 존중하고 인정하는 것이다.

다문화주의와 문화 상대주의

문화진화론이 '모든 인간은 동일하다'라는 동일성의 원리에 근거해있다면 '모든 인간은 각각의 고유성을 지닌다'라는 사실을 이론적 출발점으로 삼고 있는 다문화주의(Multiculturalism)는 각각의 문화가 지닌 고유한 가치의 인정을 절대적인 규범적 이상으로 삼는다. 즉 다문화주의는 문화적 차이와 다양성에 대한 단순한 사실판단을 넘어 문화적 차이에 대한 인정에 규범적 정당성을 부여하는 입장이라 할 수 있다. 다문화주의 입장에 따르면 모든 문화는 각각 고유한 가치를 지니며, 따라서 하나의 동일한 기준에 의해 서로 다른 문화를 평가하는 것은 도덕적으로 정당화될 수 없는 행위라는 것이다.

세계화가 확산함에 따라 서로 다른 문화가 접촉하는 것은 보편적인 현상이 되었다. 또한, 노동력의 국제적 이동이나 국제결혼에 의해 한 국가 내에서 다양한 문화가 공존하는 다문화 사회는 현대사회를 지배하는 중요한 특성 중의 하나가 되었다. 다문화주의는 현대의 이러한 사회적 상황 속에서 각 문화가 지닌 고유한 가치를 인정함으로써 다양한 문화의 공존을 가능하게 하고, 문화적 차이에 의해 야기되는 갈등을 최소화할 수 있다는 점에서 매우 의미 있는 관점을 함축하고 있다. 문화적 차이가 차별이 되어서는 안 된다는 다문화주의의 규범적 요구는 각각의 민족이 지닌 문화적 차이에 대한 인정을 넘어 '상이성에 대한 권리'로 까지 확대될 수 있다. 즉 다문화주의는 주류인 남성과 다르다는 이유로 배제된 여성이나, 다수인 이성애자들에 의해 비정상적인 것으로 비난당하는 성적 소수자들, 혹은 중심 국가들의 문화에 의해 소외된 주변 국가들이 지닌 고유한 문화가 사회적 인정을 획득하는 것을 가능하게 한다.

개고기를 먹는다는 이유로 우리를 비난하는 서구 사람들에게 우리는 문화적 차이와 다양성을 인정하는 다문화주의적 관점에서 우리를 변호할 수 있다. 즉 서구인들에게 개는 '애완동물'이지만 한국인들에게는 전통적으로 소와 돼지와 같은 '가축'이며, 따라서 개고기를 먹는 것은 '문화적 차이'의 문제이지 문명과 야만의 문제는 아닌 것이다. 마찬가지로 우리는 공공장소에서 차도르[1] 착용을 금지하는 프랑스 정부를 비판할 수 있다. 이슬람 사회에서는 전통적으로 성적 유혹을 야기하는 여성의 신체적 부위를 가려야 한다는 코란의 종교적 지침에 따라, 그리고 햇빛이 따가운 자연 환경 때문에 여성에게 부르카나 차도르를 착용하게 하였다. 그러나 여성의 인권을 침해한다는 이유로 프랑스는 이슬람 여성들의 차도르 착용을 금지하는 법안을 통과시킴으로써 이슬람 사회의 거센 반발을 불러일으켰다. 우리는 다문화주의적 관점에서 프랑스 정부의 이러한 정책을 비판할 수 있으며, 다양한 문화에 대한 관용과 타문화에 대한 인정을 요구할 수 있다. 이러한 경우 다문화주의는 서로 다른 문화에 대한 이해의 폭을 넓힘으로써 문화들 사이에서 야기될 수 있는 충돌을 최소화할 수 있을 것으로 보인다.

그러나 다양한 문화들 사이의 우열이나 가치판단을 배제하고 각각의 문화가 지닌 특수성을 인정해야 한다는 다문화주의의 윤리적 요청이 언제나 정당화될 수 있는 것은 아니다. 인도에서 전통적으로 행해져 왔던 남편의 장례식 때 부인이 산채로 화장되는 사띠나[2] 여성이 결혼할 때 남

---

[1] 이슬람 여성들이 종교적인 전통에 따라 착용하는 것으로 신체의 부위를 감추는 정도에 따라 히잡과 차도르, 니캅, 부르카로 나누어진다. 히잡은 얼굴을 제외한 머리와 목을 감싸는 두건이고, 차도르는 얼굴을 제외한 전신을 가리는 외투이며, 니캅은 눈을 제외하고 전신을 감추는 외투이며, 부르카는 온몸 전체를 감추는 외투로써 눈 부분은 망사로 되어있다.
[2] 인도에서 행해졌던 전통적인 힌두교적 의식의 하나로 남편의 장례식 때 부인이 산

성 쪽에 많은 돈을 지참금으로 지불하는 다우리제도[3] 등을 문화적 특수성이라는 이름으로 용인할 수는 없다. 또한, 이슬람 문화권에서 부인이나 누이가 성폭행을 당하거나 혼외 성관계가 드러날 때 가문의 명예를 더럽혔다는 이유로 자행되고 있는 명예살인이나 아프리카나 중동의 일부 지역에서 행해지고 있는 여성할례[4]를 '고유한 문화'에 대한 인정이라는 이유로 정당화할 수는 없다. 특히 지구상에서 행해지는 다양한 여성억압의 형태들은 일반적으로 '고유한 문화'라는 외연을 가지고 행해지는 경우가 많으며, 이러한 문제들은 다문화주의가 소수자에 대한 해방이 아닌, 오히려 폭력과 억압으로 변질될 수 있는 가능성이 있음을 나타내준다. 무엇보다도 가치를 평가할 수 있는 보편적 기준을 거부하는 다문화주의는 인간의 기본적인 권리에 심각한 손상을 가져올 수 있다.

다문화주의의 이러한 위험성은 '절대적으로 가치 있는 문화란 있을 수 없으며, 각각의 문화는 나름의 정당성을 지니고 있다'라는 문화상대주의적 입장으로부터 나온다. 상대주의는 절대적이며 보편적인 어떠한

채로 화장되는 관습이다. 지금은 법적으로 금지되어 있지만 여전히 일부 지방에서 행해지고 있다. 여성이 스스로 선택한다는 점에서 '자살'로 이야기하기도 하지만, 지방의 카스트 회의가 여성에게 외압을 행할 가능성도 배제할 수 없으며, 또한 '힌두적 열려관'이 여성에게나 혹은 이웃들에게 '사띠'를 여전히 용인하는 방식으로 작용하고 있다고 할 수 있다.

[3] 여성이 결혼할 때 남성 쪽에 지참금을 지불하는 전통적인 인도의 관습이다. 최근에는 이러한 관습이 악용되어 남성들이 부를 축적하는 수단으로 결혼을 이용하기도 하며, 지참금을 많이 지불하지 않은 여성에게 학대 혹은 살해까지 하는 일들이 빈번하게 발생한다.

[4] 아프리카 및 중동지역 일부에서 자행되는 전통적 의식으로 사춘기 무렵 여아들의 외부 생식기를 잘라내는 것을 말한다. 이곳 여성들은 이런 성인식 의례를 당연한 것처럼 받아들이고 있으며, 의식을 행하다 위생상의 이유로 생명을 잃는 경우도 많다고 한다.

가치나 진리도 용인하지 않은, 즉 모든 사회적 가치들을 상호 비교할 수 있는 객관적 기준을 거부하는 철학적 입장이며, 이러한 상대주의적 관점을 문화에 접목한 이론이 문화상대주의이다. 문화상대주의적 관점은 도덕적인 옳고 그름에 대한 판단을 거부하며, 따라서 다른 문화적 관습에 대한 어떠한 비판도 용인하지 않는다. 결국 '모든 문화는 그 자체로 타당하다'라는 문화상대주의적 관점은 모든 가치를 무비판적으로 수긍함으로써 '각 민족의 고유한 관습에 의한 것이라면 어떠한 것이든 용인될 수 있다'라는 도덕적으로 회의주의적인 관점을 필연적으로 내포하게 된다. 젓가락을 도구로 사용하는 사람이 손으로 음식을 먹는 사람들에게 '저 사람들의 음식 먹는 문화는 틀린 것이 아니라 나와 다를 뿐이야'라고 생각하는 상대주의의 관용적 입장은 정당화될 수 있다. 그러나 살인을 하는 사람에 대해서까지 '저 사람은 나와 사는 방식이 다를 뿐이야'라는 상대주의적 판단은 인간의 기본적인 사회적 질서를 부정하는 결과를 초래하는 위험을 함축하게 된다.

보편적 가치와 인권

위에서 살펴본 것처럼 문화의 다양성을 인정하는 것이 항상 옳은 것은 아니다. 물론 이제껏 중심에서 배제되고 소외된 주변인들, 즉 여성이나 성적 소수자, 장애인 혹은 약소민족의 문화적 차이에 대한 인정은 중요하며, 차이가 차별의 근거가 되어서는 안 된다는 것 또한 분명하다. 그러나 모든 차이가 그 자체로 존중될 수는 없으며, 각각의 집단에 나름의 이유가 있다는 것을 근거로 모든 문화가 용인될 수는 없다. 다양한 문화에 대한 개방과 포용이라는 다문화주의가 지닌 긍정적인 힘은 무시할 수 없지만 다문화주의에 내재한 상대주의의 위험은 다문화주의가 일정한 제약지점이 필요함을 보여 준다. 무엇보다도 문화적 특수성을 근거로 인간의 생명을 경시하거나 인간의 기본적인 권리를 억압하는 문화를 정당화할 수는 없기 때문이다.

문화적 다양성에 대한 인정과 함께 현대사회에서 중요한 가치 규범으로 등장한 개념은 인권개념이다. 다문화주의가 각각의 개인이나 민족이 지닌 특수성에 근거해 있다면 인권은 모든 인간에게, 모든 민족에게 동일하게 적용되어야 한다는 점에서 보편성에 근거해 있다. 세계 2차 대전 후 1948년도에 만들어진 세계인권선언은 "모든 인간은 출생부터 자유로우며 존엄과 권리에 있어서 평등하다"(제1조)라는 모든 인간의 자유와 평등의 원칙을 천명하고 있다. "인간의 양도할 수 없는 권리"로서 생명권, 자유권, 평등권은 인간이면 누구나 지니는, 어떠한 상황에서도 훼손되어서는 안 되는 최소한의 기본적인 권리이다. 이러한 인권개념은 "동등한 존중"이라는 보편 도덕에 토대를 두고 있으며, 누구나 타인으로부터 동등한 존중을 받을 권리와 더불어 타인을 동등하게 존중하는 의무를 함축한다.

차이를 존중하는 다문화주의적 사유와 모든 인간에게 동일한 권리를 부여하는 인권개념이 모두 정당화될 수 있다면 타인에 대한 인정은 일반적으로 두 가지 의미를 함축해야 한다. 첫째는 성별, 인종 혹은 민족과 상관없이 모든 인간이 지닌 기본적인 권리에 대한 존중이며, 둘째는 개인이나 각각의 민족이 지닌 고유한 삶의 양식에 대한 존중이다. 첫 번째가 보편성에 토대를 둔 개인의 권리에 대한 인정으로서 인권개념의 토대를 이루고 있다면 두 번째는 문화적 차이와 다양성에 대한 인정으로서 다문화주의의 바탕을 이루고 있다. 개인의 권리에 대한 인정과 문화적 차이에 대한 존중은 모두 중요한 도덕적 가치이자 윤리적 규범이다.

그러나 문제는 문화적 차이에 대한 인정이 항상 개인의 권리에 대한 존중을 함축하고 있지는 않다는 것이다. 이미 앞에서 언급한 것처럼 인도에서 행해지는 '다우리 제도'나 이슬람 문화권에서 발생하는 '명예살인' 등은 문화적 차이에 대한 인정과 개인의 권리의 존중이 상호 상충되는 대표적인 예라 할 수 있다. 이러한 예들은 인간의 기본적인 권리와 문화적 차이에 대한 존중이 서로 대립할 때 무엇이 우선적인 가치를 지녀야 하는가를 명확히 보여 준다. 특히 고유한 문화라는 형태로, 수많은 민족에게서 발견되는 여성 억압의 기제들은 문화의 다양성에 대한 인정이 인간의 기본권을 전제하지 않을 때 얼마나 심각하게 왜곡될 수 있는지를 구체적으로 보여 준다. 다양한 문화의 공존을 추구하는, 문화적 차이의 인정에 근거하는 다문화주의는 인권이라는 보편성에 제약되지 않는다면 오히려 차별받는 집단의 해방이 아닌, 이러한 집단에 대한 폭력으로 작동할 수 있는 기제를 필연적으로 함축하게 된다.

또한, 다문화주의는 문화를 폐쇄된 사회체계로 이해함으로써 문화의 특수성과 고유성을 강조하지만 변화하지 않은 문화란 실제로 존재하지 않는다. 즉 문화를 만드는 인간이 다른 인간들과의 만남을 통해 변화하듯이 문화 또한 다른 문화와의 접촉을 통해 끊임없는 변형의 과정에 놓여 있다고 할 수 있다. 특히 오늘날처럼 문화 간의 교류가 활발할 때 폐쇄적이고 독립적으로 존재하는 단일한 문화는 거의 존재하지 않는다. 전통문화를 토대로 문화적 정체성을 이야기할 수 있지만, 타문화와의 교류 속에서 끊임없는 진행형으로 존재하는 현재의 문화적 정체성을 이야기하기란 쉽지 않은 일이다. 그렇다고 해서 각 민족의 고유한 특성을 나타내는 문화적 차이를 부정하려는 것은 아니다. 중요한 것은 모든 문화는 그 문화에 속해 있는 구성원들이 자신들의 문화를 가치 있다고 확신할 수 있을 때, 그리고 자신들의 문화에 대한 비판적 거리두기를 통해 자기 문화에 대한 확신을 얻을 수 있도록 자기 변형을 끊임없이 이루어 낼 수 있을 때 비로소 자기 보존력을 지닐 수 있다는 것이다. 문화적 충돌을 피하고 다양한 문화가 공존할 수 있기 위해서는 타문화의 인정에 근거한 다문화주의적 태도는 무엇보다도 의미 있는 일이다. 그러나 동시에 모든 문화는 자신들이 갇혀 있는 폐쇄적인 틀을 벗어나 타문화에 대해 개방되어 있을 때, 그리고 무엇보다도 인류의 보편적 가치인 인권에 의해 뒷받침될 수 있을 때 진정한 생명력을 지닐 수 있을 것이다.

토론 주제

1. 문화적 다양성은 무조건 용인되어야 하는가?
2. 인권이라는 이름으로 문화적 차이가 용인되지 않은 구체적 사례들을 찾아보고, 인권이 문화적 차이에 대해 항상 우선적 가치를 지니는지 논의해 보시오.
3. 각각의 문화가 지닌 고유성에 대한 인정문제와 인권의 보편성 사이에서 야기되는 갈등을 해결하는 방안은 무엇인가?

참고 문헌

원승룡, 2007. 『문화이론과 문화철학』, 서광사.
마르코 마르티니엘로, 2008. 윤진 옮김, 『현대사회와 다문화주의』, 한울.
조효제, 2007. 인권의 문법, 『후마니타스』.

네 번째 주제:문화, 예술, 언어, 종교

예술이란 무엇인가?

아름답지 않은 예술?

1917년 프랑스 예술가 마르셀 뒤샹(Marcel Duchamp, 1887~1968)은 파리의 어느 중고 가게에서 남성용 변기를 구입한 후, 리차드 머트라는 이름을 서명하여 뉴욕 앙데팡 미술전시회에 출품한다. 뒤샹이 제출한 이 '작품'은 심사위원들 사이에서 거센 반발을 불러일으켰고, 당연히 그의 작품은 출품이 거부되었다. 오늘날 우리에게 '샘(Foutain)'이라는 이름으로 잘 알려진 뒤샹의 변기는 예술에 대한 기존의 통념들을 뿌리째 흔들어 놓은 예술사의 혁명으로 기록되어 있다. 뒤샹 이래로 예술은 더 이상 '아름다움(美)'을 예술의 본질로 꼽지 않는다. '아름다움'의 자리를 '의미'가 대신하면서 서양 사회에서 오랫동안 유지되어 왔던 예술의 통념들이 해체의 길로 들어서게 되었다.

뒤샹의 작품뿐만이 아니라, 오늘날 우리가 접할 수 있는 다양한 예술작품들은 아름다움과는 아무런 상관이 없는 것들이 대부분이며, 어떤 작품들은 의도적으로 아름다움보다 추하고 흉한 것들을 형상화하려고 하는 것처럼 보이기도 한다. 현대 예술가 프란시스 베이컨(F. Bacon)의 작품에는 피가 낭자한 채 침대 위에 눕혀진 시체가 등장하는가 하면, 천장에 걸린 흉물스러운 고깃덩이와 그것을 배경으로 하여 유령처럼 앉아 있는 얼굴 없는 인물이 등장하기도 한다. 어린아이들의 낙서를 연상시키는 장 미셸 바스키아(J. M. Basquiat)의 그림들, 팝아트의 대명사 앤디 워홀(A. Warhol)의 작품들을 한 번이라도 접한 경험이 있는 사람이라면, '예술=미'라는 등식에 곧장 이의를 제기할 것이다. 회화뿐만이 아니다. 인내심 없이는 결코 들을 수 없는 존 케이지(J. M. Cage)의 기괴한 소음음악, 무대 위에서 피가 낭자하게 사람을 자르는 앙토냉 아르토(A. Artaud)의 연극은 결코 아름답지 않다. 현대 예술은 아름답기보다는 추한 것에, 균형과 균제보다는 불균형과 일그러짐에, 심리적 안정을 주는 미적 조화보다는 새로운 충격을 주는 것에 집착함으로써 전통적인 예술관을 파괴하고 있다. 작품의 감상자가 작품을 바라보면서 작품이 무엇을 형상화한 것인지를 쉽게 읽어낼 수 있었던 전통 예술과는 달리 현대 예술은 그 의미를 심층에 깊이 숨겨둔 암호문이 되어 버렸다.

현대 예술이 갖는 이러한 경향은 오랫동안 서양 사회를 지배해 왔던 예술에 대한 기존의 관념들과 비교해 보면 더욱 두드러진다. 우리는 현대 예술의 특징을 이해하기 위해 예술에 대한 전통적인 관념으로서 오랫동안 서양의 예술사를 지배해 왔던 두 가지 통념만을 살펴보기로 한다.

예술은 미메시스다

서양에서 가장 오래된 예술관은 미메시스(Mimesis)로서의 예술관이다. 미메시스로서의 예술관이란 예술이 참된 것 혹은 진정한 가치를 갖는 어떤 것을 모방(mimic)한다는 것을 뜻한다. 플라톤(Platon)과 아리스토텔레스(Aristoteles)에 의해 마련된 이러한 예술관에서 예술 활동 및 예술작품의 본질은 모방에 있었으며, 특히 예술적 모방의 본질은 아름다움을 형상화하는 것이었기에, 모방은 예술적 창작의 근원으로까지 간주되었다. 물론 모방으로서의 예술에 대한 플라톤과 아리스토텔레스의 태도가 동일한 것은 아니었다. 플라톤은 예술이 모방이라는 점에서 저급하고 열등한 것으로 간주한 반면, 아리스토텔레스는 모방이야말로 인식과 배움의 근원이며 예술창작의 기원이 된다고 생각하였다.

플라톤은 『국가』 제10권에서 우리가 몸담고 살아가는 현상의 세계는 그 가멸성으로 인해 참된 진리를 가질 수 없으며, 오직 참된 것, 진실로 존재하는 것은 이데아 세계일 뿐이라는 철학적 가정 아래, 현상의 세계를 모방한 예술작품에 대해 부정적인 견해를 표명한다. 현상은 이데아의 모방이며, 예술작품은 이 현상을 다시 한번 모방한 것이기 때문에, 예술작품은 진리로부터 세 단계나 떨어져 있는 열등한 것으로 규정된다. 플라톤이 예술적 모방을 진리를 왜곡하는 열등한 것으로 간주한 것은 사실이지만, 예술의 본질이 미메시스에 있다는 사실마저 부정한 것은 아니다. 예술이 그 내용상 참다운 것, 신적인 것을 형상화하고 있는 한 플라톤은 이것이 지닌 예술적 가치를 적극적으로 인정하고 있기 때문이다. 예컨대 플라톤은 고대 그리스의 디오니소스 제전 때 불렸던 디튀람보스 찬가만큼은 그 내용이 주로 신적인 것이라는 측면에서 좋은 예술이라고 평가하기도 한다.

모방을 실재에 대한 왜곡으로서 폄하하는 플라톤과는 달리 아리스토텔레스는 미메시스로서의 예술에 매우 높은 가치를 부여한다. 플라톤에게서 예술적 모방은 이데아에 대한 참된 지식과 전혀 무관하게 이루어질 뿐만 아니라, 모방자로서의 예술가도 실재에 대한 참다운 지식을 결여한 흉내쟁이에 불과하다. 이 때문에 플라톤은 예술적 모방에서 지식을 얻는다는 것은 불가능하다고 보았다. 그러나 아리스토텔레스는 스승 플라톤의 대척점에 서서 모방이야말로 우리에게 인식과 배움의 원천이자, 이로 인한 쾌감을 불러일으키는 것이라고 간주한다. 모방에 대한 아리스토텔레스의 평가는 『시학』에 쓰인 다음의 문장에서 정확하게 드러난다.

"모방은 어렸을 적부터 인간 본성에 내재한 것인데, 인간이 여타의 동물들과 다른 점도 인간이 가장 모방을 잘하며 모방에 의하여 지식을 습득한다는 점에 있다. 또한, 모든 인간은 날 때부터 모방된 것에 대해 쾌감을 느낀다. 이런 사실은 경험이 증명하고 있다. 아주 보기 흉한 동물이나 시신의 모습처럼 실물을 볼 때면 불쾌감을 주는 대상이라도 매우 정확하게 그려놓았을 때, 우리는 그것을 보고 쾌감을 느낀다. 그림을 보고 쾌감을 느끼는 것은 봄으로써 배우기 때문이다."

어떤 것을 모방한 작품을 보면서 그 작품이 무엇을 재현한 것인지를 알아내는 것은 인간이 누릴 수 있는 유익한 배움의 기쁨이요, 보기 흉한 실물이나 실제 대상이라고 하더라도 그것을 모방한 작품의 경우에는 실물이 갖지 못하는 다른 측면들이 얼마든지 있을 수 있다는 것이다. 앞서 우리가 언급하였던 프랜시스 베이컨의 작품만 하더라도, 베이컨이 형상화한 시체나 고깃덩어리를 실제로 본다면 누구나 다 고개를 돌리고 보기를 기피하겠지만, 일단 이 대상들이 작품으로 형상화된다면, 실물이 갖지 못한 다른 매력을 가질 수도 있는 셈이다. 이 때문에 아리스토텔레스는 모방을 오직 인간만이 갖는 독특한 능력 중의 하나로 간주하고, 모방술로서의 예술, 즉 미메시스로서의 예술이 갖는 독자적인 힘과 지위를 인정하고 있다. 인간은 미메시스로서의 예술작품을 통해 새로운 어떤 것을 발견하기도 하고, 그로 인해 배움의 즐거움을 맛볼 수 있을 뿐만 아니라, 실제 생활에서 느낄 수 없는 예술적 쾌감을 향유하기도 한다. 이렇듯 아리스토텔레스는 미메시스를 예술적 활동 및 창작의 기원으로 간주함으로써 미메시스적 예술관을 긍정적으로 확립하였으며, 예술이 더 이상 외적 대상에 대한 미메시스로서 존재하지 않게 된 19세기에 이르기까지 서양의 예술관을 지배하였다.

예술은 아름다워야 한다

예술에 대한 두 번째 통념은 예술이 아름다움, 즉 미를 추구한다는 것으로서, 특히 이 아름다움의 원인을 작품의 균형과 균제에서 찾았다는 점이다. 예술작품은 아름다움을 표현해야 하는데, 예술작품이 표현하는 아름다움이란 작품을 구성하는 부분들이 잘 조화되어 균형을 이룰 때에만 가능하다. 우리에게 잘 알려진 '벨베데레의 아폴론 상'이나 '밀로의 비너스 상'은 0.382 대 0.618이라는 황금비를 구성하고 있다. 비단 아폴론 상이나 비너스 상만이 아니라 우리가 알고 있는 고대 그리스의 조각상들은 모두 균형미와 균제미를 통해 아름다움을 극대화한 작품들로 평가되고 있다. 예술작품이 균형미와 균제미를 본질로 삼는다는 생각은 아리스토텔레스 『시학』의 다음과 같은 구절 속에 잘 나타나 있다.

"아름다운 것은 생물이든 여러 부분으로 구성된 사물이든 간에 그 여러 부분의 배열에 있어 일정한 질서를 가지고 있어야 할 뿐만 아니라, 일정한 크기를 가지고 있지 않으면 안 된다. 왜냐하면, 아름다움은 크기와 질서에 있기 때문이다. 따라서 1) 너무 작은 생물은 아름다울 수가 없다. 왜냐하면, 그 지각은 순간적이므로 분명할 수가 없기 때문이다. 2) 또 너무 큰 생물, 이를테면 길이가 수백 척이나 되는 생물도 아름다울 수 없다. 왜냐하면, 그런 대상은 단번에 관찰할 수가 없고, 그 통일성과 전체성이 시계(視界)에 들어오지 않기 때문이다."

고대의 조각상뿐만 아니라 회화가 지배적 장르를 이루었던 르네상스 시대에도 균형과 균제가 예술작품의 아름다움을 결정한다는 생각이 지속되었다. 르네상스 시대 화가들은 캔버스 위에 여러 개의 직사각형과 정사각형 및 삼각형의 구도를 통한 황금분할을 통해 캔버스 위에 그려진 인물들의 안정성과 통일성을 추구하였다. 르네상스 시대에 이르러 일반화된 원근법은 조각을 통해 입체적으로 구현되었던 균형과 균제의 원리가 평면으로 옮겨진 대표적인 예라고 할 수 있다. 물론 신플라톤주의의 창시자 플로티누스(Plotinus)는 예술작품의 아름다움을 균형미와 균제미에서 찾는 것에 이의를 제기하기도 하였다. 그러나 극히 예외적인 경우를 제외하고는 예술이 그 본질상 아름다움을 추구하며, 이 아름다움이 작품 속에 구현된 전체적인 조화를 통해서만 형상화 가능하다는 생각은 오랜 시간 동안 서양 예술의 강령으로 자리잡게 되었다.

예술에 대한 위 두 가지 전통적 견해들, 즉 예술은 참되고 진실한 어떤 것을 아름답게 표현한 것이라는 전통적 견해들은 19세기 독일 철학자 헤겔(G.W.F. Hegel)에 이르러 절정에 달한다. '예술은 이념의 감각적인 비추임'이라는 명제로 예술의 본질을 규명한 헤겔은, 예술이 정신의, 그것도 고차적인 정신의 표현이며, 이 정신이 감각적 소재를 통해 자기 자신을 드러낸 것이라고 정의한다. 예술이 정신의 산물이라는 바로 이 점 때문에, 헤겔은 아무리 보잘것없는 작품이라 할지라도 자연의 아름다움보다 예술작품의 아름다움이 월등히 뛰어나다고 한다. 헤겔에 의하면 정신은 자유를 향한 끊임없는 내적 충동을 가지고 있으며, 이 자유의 실현 정도에 따라서 예술의 양식이나 장르도 달라진다. 이를테면 피라미드나 오벨리스크와 같은 거대 건축을 지배적 장르로 가진 동방예술은 정신의 발전 정도가 가장 낮은 단계이며, 조각을 지배적 장르로 가진 고대 그리스와 로마의 예술은 좀 더 고차적인 정신의 표현이다. 정신이 자신을 표현하고 드러내기 위해 더 이상의 감각적 소재에 얽매일 필요가 없는 회화나 음악, 시문학에 이르면 정신이 가장 발달한 단계에 이르게 되며, 이 마지막 단계를 헤겔은 예술의 종언이라는 테제로 정의한다.

19세기에 이르기까지 적어도 서양에서 '예술=아름다움'이라는 등식이나, 혹은 예술이 어떤 고차적이며 참된 것을 미메시스한 것이라는 정의에 그 누구도 이의를 제기하지 않았다. 우리가 작품을 보고 감동을 하거나 예술적 전율을 느끼는 이유는 예술작품이 우리가 일상 세계에서 보는 실물을 닮아 있으면서도, 실물보다 더 실물 같고 더 아름답기 때문이었다. 예술적 아름다움을 창출하는 근원은 단연 예술적 활동의 원천을 이루는 미메시스에 있었다. 그렇다면 플라톤과 아리스토텔레스 이래 오랜 시간 서양의 지배적 예술관으로 자리잡아 온 미메시스적 예술관이 변화하게 된 이유는 무엇일까?

전통적 예술관의 파괴와 예술의 자율화

우선 19세기 중반에 발명된 사진술을 들 수 있다. 일명 '회화의 죽음'이라 불리는 이 사건은 예술에서 모방의 힘을 박탈한 데서 그치는 것이 아니라, 미메시스적 예술관에 종지부를 찍게 하였다. 인간의 지각이 도달할 수 없는 심연의 영역에 이르기까지 렌즈를 들이댐으로써 인간의 지각세계를 확장해준 사진술로 인해 예술은 더 이상 실물에 대한 아름다운 모방일 필요가 없어져 버렸다. 이제 예술은 더 이상 모방하지 않는다. 아방가르드(avant-garde)라 불리는 모더니즘 예술에서 우리는 작품이 우리 눈앞에 존재하는 실물을 아름답게 모방한 것이라는 생각을 할 수 없다. 오히려 예술작품은 존재하는 실물을 그대로 옮기기보다는, 그것을 변형하거나 일그러뜨림으로써 육안으로 포착되지 않는 우리 내면의 세계를 형상화한다. 그리고 이 형상화는 항상 기존의 예술작품이 추구했던 전통적인 형식과 기법들을 능가해야만 한다. 우리가 현대 예술작품을 보아도 그것이 도대체 무엇을 형상화하고 있는지를 알 수 없는 이유는 대부분의 현대 예술작품들이 의미를 그 표층 아래 숨겨두기 때문이다. 예술작품의 내용과 의미가 표면에서 심층으로 향해 있기에, 예술작품은 현대에 이르러 해독되어야 할 수수께끼가 된다.

현대 예술이 추구하는 이러한 경향은 19세기 중후반 유럽의 시대적 분위기와 무관하지 않다. 벤야민(W. Benjamin)이 잘 표현한 것처럼 근대 이전 서양사회에서 예술은 인간의 종교적인 희구와 염원을 예술작품으로 형상화한 제의적 기능을 가지고 있었다. 예술이 표현하는 참된 것, 진리의 내용은 우리가 중세 서양의 기독교 예술을 떠올려 보면 쉽게 알 수 있듯이 주로 탈세속적인 것과 밀접한 관련을 갖고 있었다. 굳이 중세 서양의 기독교가 아니라 하더라도, 원시시대 인류가 제작한 '뮐렌도르프의 비너스'나 '알타미르 동굴 벽화'를 떠올려 보면, 이들 작품이 다산과 풍요를 기원하는 주술적이고 제의적인 색채를 강하게 띠고 있다는 것을 알 수 있다. 근대 이전 예술의 가장 중요한 기능은 종교적인 염원이나 희구를 예술적으로 형상화하는 것이었다. 예술이 소재의 측면에서 주술적이고 종교적인 내용을 대상으로 삼거나 그 기능의 측면에서 종교에 부속되어 있는 이러한 경향을 우리는 벤야민이 그렇게 불렀던 것처럼 예술의 제의가치라고 부를 수 있다.

서양사회가 르네상스 시대에 접어들면서 기존의 종교적 세계관이 흔들리게 되고, 인간을 중심으로 한 현세적이고 현실적인 세계관이 등장하게 되면서 종래의 예술이 가졌던 제의적 기능도 점점 사라지게 된다. 예술을 종교의 부속물로 바라보던 전통적인 예술관은 19세기 후반에 들어 급격하게 퇴조하기 시작하면서 20세기에 이르면 예술의 전 영역에서 완전하게 자취를 감추게 된다. 19세기 후반부터 20세기에 이르러 예술이 그 기능의 측면에서나 소재의 측면에서나 종교와는 무관해지면서, 그 자체로 독자적이고 자립적인 영역이 되어가는 이러한 경향을 우리는 '예술의 세속화' 혹은 '예술의 자율성'이라고 부를 수 있다.

예술의 세속화 혹은 자립화 경향은 다방면에 걸쳐 전개되었다. 우선 근대에 이르러 예술에 나타난 가장 큰 변화는 건축, 회화, 조각, 음악 등 각각의 예술영역이 독립성을 갖게 되었다는 점이다. 근대 이전에는 하나의 건축물(예컨대 성당) 안에 회화, 조각, 음악이 통합되어 총체적 예술을 이루었던 반면, 근대에 이르게 되면 건축으로부터 회화, 조각, 음악이 분리되면서 해체의 경향을 띠게 된다. 또한, 예술은 그 소재 및 형식의 측면에서도 다양화되었다. 회화의 경우 17세기~18세기 네덜란드에서 유행하였던 풍속화는 종교적 내용을 대상으로 삼던 기존의 회화로부터 과감한 탈피를 보여 주는 대표적인 예이다. 근대 이전에는 어떤 예술가도 일상적인 사물들이나 자연 대상을 예술적 소재로 삼지 않았다. 음악의 경우에는 기존의 조성음악이 파괴되고 무조음악이 등장하는가 하면, 연극의 경우에도 플롯의 파괴를 핵심으로 삼는 반(反)아리스토텔레스적 서사기법이 사용되기도 하였다. 근대에 이르러 예술은 내용적인 측면뿐만 아니라 형식적인 측면에서도 고전적인 예술이념을 과감하게 파괴하거나 해체하면서 독자적이고 자립적인 영역을 구축하고 있다. 예술이 그 소재에 있어서 마땅히 취해야 할 어떤 것, 예술가들이 규율처럼 따라야 하는 어떤 주어진 형식이란 현대 예술에 존재하지 않는다. 근대 말에 이르러 오늘날까지 지속하고 있는 예술의 자율화 경향은 예술과 비예술의 경계를 무너뜨리면서, 새로운 소재와 형식들을 예술 속으로 편입시키고 있다. 이렇게 본다면, 오늘날 예술이 추구하는 자율성과 독자성을 일상의 예술화, 혹은 예술의 일상화라 불러도 무방할 것 같다.

다시, 예술이란 무엇인가?

오늘날의 예술은 더 이상 아름다움을 형상화하거나 아름다움을 예술의 본질로 추구하지 않는다. 오늘날 예술의 가장 큰 특징이라고 한다면, 소재와 형식이 다양하게 확장됨으로써 오히려 예술과 비예술의 경계가 모호해지고 있다는 점일 것이다. 뒤샹의 작품 '샘'에서 오늘날의 팝아트에 이르기까지 어떤 특정한 형식과 소재만을 대상으로 삼는 예술은 더 이상 존재하지 않는다. 오히려 현대 예술은 끊임없이 기존의 형식을 파괴하면서 새로운 것을 추구하려고 한다는 점에서 새로움이야말로 현대 예술의 지배적인 특징이 되어 버렸다. '과거로 돌아가는 것은 반역이다'라는 아방가르드의 강령은 현대 예술이 지닌 이러한 경향을 집약적으로 보여 주고 있다. 현대 예술이 포괄하는 형식과 소재의 무한한 다양성 때문에, 전통적인 예술관념에서는 반미학적인 것으로 배척되었던 추한 것도 예술적 소재가 되었다. 추는 더 이상 예술의 영역에서 배척되어야 할 반예술적인 것이 아니라, 오히려 전통적인 예술관념에 대한 전복과 혁명이라는 이름으로 예술적 형상화의 적극적 대상이 되었다. 이런 점에서 현대 예술은 결코 아름다움을 추구하지 않는다는 명제는 현대 예술 일반을 포괄하는 가장 대표적인 명제일 수도 있다.

예술이 시대의 산물인 한, 예술 개념의 변화는 불가피하다. 예술이 주술과 축제의 수단, 종교적 제의의 기능으로부터 떨어져 나와 독자적이고 자립적인 영역을 구축한 것은 서양의 역사에서 그리 오래되지 않는다. 현대 예술이 추구하는 해체와 파괴, 새로움의 경향을 예술 영역의 자립성과 독자성이라는 이름으로 환호하는 이도 있지만, 한편으로는 새로움의 추구라는 현대 예술의 경향이 매너리즘에 빠져 있다는 비판도 만만치 않게 제기되고 있다. 프랑스의 철학자 장 보드리야르(J. Baudrillard)는 '뒤샹과 워홀 이후 현대 예술은 더 이상 새롭지 않다'라고 주장한다. 현대 예술이 추구하는 새로움과 충격이 오히려 권태로움을 자아낸다는 것이다. 물론 보드리야르의 이런 주장이 예술의 자율성과 독자성을 폄하하는 일면이 있기는 하지만, 그럼에도 보드리야르의 주장은 '도대체 예술이란 무엇이며, 어떠해야 하는가?'라는 고답적인 질문을 되풀이하게 한다. 예술이란 무엇일까? 예술이 어떠해야 하느냐는 물음은 아직도 의미가 있는 물음일까? 예술과 예술 아닌 것 사이에 경계가 있는 것일까? 혹은 예술이라는 이름으로 모든 것이 허용될 수 있는 것일까?

토론 주제

1. 예술작품이 전하는 메시지가 교훈적이거나 도덕적일 필요가 있는가?
2. 예술 혹은 예술작품이 사회 저항의 수단일 수 있는가?
3. 예술과 비예술을 구분할 수 있는가? 구분할 수 있다면 그 기준은 무엇인가? 혹은 구분할 수 없다면 그 이유는 무엇 때문인가?

참고 문헌

아르놀트 하우저, 2010. 백낙청·반성완 옮김, 『문학과 예술의 사회사』, 창비.
철학 아카데미, 2006. 『철학, 예술을 읽다』, 동녘.
진중권, 2008. 『서양미술사』, 휴머니스트.

네 번째 주제:문화, 예술, 언어, 종교

언어란 무엇인가?

철학, 언어, 기호

현대 철학에서 언어(language)와 기호(sign)의 문제는 단순히 의사소통을 위한 도구 또는 사회·문화적인 관점에서 해명되는 자아 정체성의 문제를 벗어나, 그 시대에 당면한 철학의 문제의식을 반영하고 있다. 20세기 이후 철학의 주요한 문제들은 언어와 기호에 대한 탐구로부터 출발한다고 볼 수 있기 때문이다. 이러한 흐름은 크게 프랑스를 중심으로 이루어지는 구조주의(structuralism)와 후기 구조주의(post-structuralism) 계열이 있으며, 다른 한편으로 영미권을 중심으로 이루어지는 분석철학과 퍼스(C. Peirce, 1839-1914)의 기호학을 들 수 있다.

예를 들어, 리오타르(J. F. Lyotard)는 『포스트모던적 조건』(원제: La Condition Postmoderne, 1979)을 통해, 형이상학의 위기와 이것에 의존된 보편적 제도의 위기를 지적하며 '거대 담론에 대한 불신'을 선언하는데, 이

때 의존하고 있는 주요한 철학적 방법론이 언어에 대한 화용론적인 접근이다. 이 시각은 18세기 계몽주의적 사고에 근거하고 있는 모더니즘에 대한 비판과도 이어지며, 이성적 주체나 진리 아래 체계화된 사고와 합리성에 대한 믿음을 전면적으로 거부하고 있다. 말하자면 리오타르와 같은 후기 구조주의자들은 거대 담론에 따른 질서나 제도, 역사, 문화 등 지식과 권력의 영역에서 이루어지는 보편적 구조나 틀을 해체하며, 다양한 서사와 차이를 긍정하는 포스트모던의 시대를 연다.

언어철학의 흐름에 관해서는 미국의 신실용주의 철학자로 불리는 로티(R. Rorty)의 분석을 인용해 볼 수 있다. 로티는 20세기 초 '언어적 전환(Language Turn)'을 이끈 전기 분석철학의 인식론적 과제가 언어를 통한 '표상'의 문제로 전환되었다고 진단하기 때문이다. 이는 정신이 아닌 언어를 통해 우리가 실재를 어떻게 잘 표상할 수 있는지에 관한, 표상주의(representationalism) 의미이론에 대한 비판으로 이어진다. 특히『철학과 자연의 거울』(원제: Philosophy and the Mirror of Nature, 1979)에서 로티는 전기 분석철학이 정신과 세계의 문제를 언어와 세계(실재)의 관계에 관한 물음으로 그 철학적 분석의 방향을 전환했다고 말한다. 그 결과 전기 분석철학이 데카르트-로크-칸트로 이어지는 토대주의적 지식이론의 언어적 변형으로, "칸트 철학의 또 하나의 변양"이라고 규명하고 있다. 이러한 비판을 통해 로티는 철학의 역할이 객관적인 지식을 추구하기 위한 체계 건설에 있는 것이 아니라 대화를 지속하기 위한 실천의 관점에서 치유적인 활동을 하는 '교화(edification)'에 있다고 보고, 인식론에서 해석학으로 향하는 '거울 없는 철학'을 주장한다.

이렇듯 언어/기호의 본성을 이해하기 위해서는 언어/기호에 관한 현대 철학자들의 주요한 문제의식을 확인해 볼 필요가 있다. 그들의 문제의식을 알아보기 위해 우리는 소쉬르(F. de Saussure, 1857-1913)의 언어학(기호학)으로부터 출발해 데리다(J. Derrida, 1930-2004)의 후기 구조주의로 이어지는 대륙적 전통과, 분석철학의 전·후기 흐름을 개괄해 볼 수 있는 비트겐슈타인(L. Wittgenstein, 1889-1951)의 언어관을 검토해 보려고 한다. 이 여정에서 만나보는 그들의 중심적인 문제의식과 그 분석에 따른 철학적 귀결을 확인해 봄으로써, 오늘날 우리에게 언어/기호가 어떠한 의미로 이해될 수 있는지를 논의해 볼 수 있을 것이다.

구조와 언어

현대 기호학의 출발점으로 논의되고 있는 두 축은 소쉬르의 '기호학(semiology)'과 퍼스의 '기호학(semeiotic)'이다. 그들은 각각 언어학과 논리학에 토대를 두고 기호의 본성을 탐구하는데, 언어 또한 이러한 기호의 본성에 대한 그들의 포괄적인 연구 아래 이루어졌다. 특히 소쉬르는 『일반언어학 강의』(원제: Cours de Linguistique Générale, 1916)에서 "언어[는] 기호학적 현상의 총체 속에서 하나의 특수 체계"를 이루고 있다고 말한다. 말하자면 그 관계는 언어학이 기호학의 일부분으로서, 기호학이 발견하게 될 법칙들인 "일반 과학의 한 부분"에 언어학이 포괄될 수 있다는 것을 의미한다.

이러한 소쉬르에게 언어는 랑그(langue)와 파롤(parole)의 관계로 새롭게 재구성된다. 랑그는 언어의 수행적인 측면인 파롤과 구분되는데, 무엇보다 랑그는 사회적이면서 본질적인 반면 파롤은 개인적이며 부수적이라는 것이다. 소쉬르는 이러한 랑그가 "개인의 외부에 있으므로 개인 혼자서는 창조할 수도, 변화시킬 수도 없다"라고 말한다. 말하자면 랑그는 하나의 보편적 규칙이라고 할 수 있고 파롤은 그 규칙을 개별적으로 이행하는 부수적인 활동으로 이해할 수 있는데, 여기서 중요한 분석은 발화자들의 소통방식과 의미에 대한 이해가 모두 이러한 체계(구조) 내에서 이루어진다는 점이다.

따라서 소쉬르는 랑그와 파롤의 상호의존적 관계는 인정하더라도, 언어학의 중심적인 과제를 언어 현상 일반에 적용될 수 있는 보편적 법칙을 찾아낸 일이라고 보았다. 요컨대 파롤이 아니라 랑그의 관점에서 언어에 내재한 '선험적인 규칙'을 찾는 것이 그의 주된 임무였다. 이제 언어학은 언어에 대한 언어학, 즉 '일반 언어학'으로서 역사학과 문헌학 등의 텍스트 연구는 물론, 일반 교양 전반에 관계되어 있으면서 동시에 그 자체로 자율적인 체계를 갖는 연구에 관한 학문이라는 것이다. 이러한 문제의식을 반영하고 있는 분석 방법이 공시태(synchronique) 개념이다.

역사적인 변화나 시간의 흐름을 적용하는 통시태(daichronique)와 달리 공시태는 우연성을 배제하는 방법론이다. 다시 말해 공시태는 역사성을 거부하는 관점으로 하나의 안정된 규칙 또는 "기호학의 항구적 원칙"에 대한 연구를 시도한다. 이러한 관점에서 소쉬르는 랑그의 기호체계에서 근원적인 원칙을 분석할 수 있다고 보았다. 그리고 그 원칙은 '기표(signifier, 시니피앙 signifiant)'와 '기의(signified, 시니피에 signifié)'라는 이원론적 구도로 공식화된다.

소쉬르에 따르면 랑그가 지니는 기호체계는 기표와 기의로 구성되는데, 이때 기표는 청각영상이지만 표상된 내용을 상징하고 있는 형식이라고 할 수 있다. 소쉬르는 청각영상이 감각적이라 할지라도 물리적인 대상에 따른 소리가 아니라 그 소리의 "정신적 흔적" 또는 "감각이 우리에게 증언해 주는 소리의 재현"이라고 말하기 때문이다. 반면 기의는 그러한 기표에 의해 의미된 내용이라고 할 수 있다. 이 둘의 결합이 '기호

(signe)'가 되는 것인데, 이때 의미를 규정하는 역할은 기의가 아니라 기표에 있다. 즉, 언어의 의미는 외부 대상을 가리키는 지시적 관계를 통해 생성되는 것이 아니라 언어체계 그 자체 내에서 기표들의 차이들을 통해서만 이루어지는 구조를 갖는다. 그리고 이 차이를 가능하게 하는 제1원칙이 바로 기호의 자의성(arbitrariness) 개념이다.

> 기표를 기의에 결합하는 관계는 자의적이다. 또는 좀 더 간략히 언어기호는 자의적이라고 말할 수 있는바, 그 이유는 우리가 기호를 기표와 기의의 연합에서 비롯되는 전체라는 의미로 사용하기 때문이다. 가령 soeur(누이)이라는 개념은 그것의 기표 구실을 하는 s-ö-r라는 일련의 소리와는 아무런 내적 관계도 맺고 있지 않다. 그 개념은 다른 어떤 소리에 의해서도 똑같이 표현될 수 있을 것이며, 그 증거로 언어들 사이의 차이점과 서로 다른 언어들의 존재 그 자체를 들 수 있다. …… 위에서 말한 원칙(기호의 자의성)은 언어의 언어학(linguistique de la langue) 전반을 지배한다(소쉬르, 『일반언어학강의』).

소쉬르는 기호의 자의성을 통해 의미가 외부의 대상과 연결되지 않은 언어체계 내에서 생성될 수 있다는 것을 보이며, 그로 인해 언어가 다른 모든 제도와 근본적으로 구별될 수 있다고 보았다. 예를 들어 '나무'라는 낱말의 의미는 그 기표가 지시하고 있는 실제 대상인 나무로부터 발생하지 않고, 꽃이나 풀과 같은 다른 기표들과의 연쇄적인 차이, 즉 기표들 사이의 차이를 통해 발생한다. 그러나 그러한 구조적 틀 내에서 이루어지는 기표들의 차이는 해석자의 의도가 개입되는 해석의 과정에서,

의미의 역동적인 구조를 해명하는 데 그 한계를 갖는다는 비판을 받는다. 헤르만 파레트(H. Parret)의 분석처럼, 구조주의 기호학에서는 의미의 역동성과 생산을 통한 해석의 다양성을 담아낼 수 없다는 것이 핵심적인 난점으로 제시되기 때문이다(파레트, 『현대기호학의 흐름』). 그리고 이러한 소쉬르의 기호학에 대한 강력한 비판자 중의 한 사람이 바로 데리다였다.

차연의 언어

데리다는 '은유(metaphor)'가 철학의 언어 모두에 편재해 있으며, 철학의 언어는 "모두가 수사"라고 주장한다. 이 주장은 로고스(logos)를 중심으로 이루어지는 '음성중심주의(phonocentrisme)' 철학에 대한 비판으로부터 출발하는데 그 기원은 플라톤으로까지 거슬러 올라간다. 데리다의 분석에 따르면 플라톤이 『파이드로스』에서 보인 파르마콘(parmacon) 비유는 이항대립적인 관계를 통해, 문자언어에 대한 음성언어의 우위를 나타낸다. 플라톤은 치료제로서의 약과 독약이라는 이중적인 의미를 지닌 파르마콘에서 독으로서의 문자(글쓰기) 개념을 강조하고 있기 때문이다. 즉, 진리는 화자의 생생한 음성(로고스)을 통한, '현전(présence)' 속에서만 드러나는 것이며, 문자는 그러한 직접적인 목소리에 대한 기억을 오히려 방해하고 죽은 진리만을 전달하는 독과 같은 역할을 한다는 것이다. 데리다는 이를 통해 '본질은 현전'이라는 신화를 읽어내며, 치료제인 약으로서도 해석되는 파르마콘에서 배제된 의미를 찾는다. 이 역전은 '현전의 형이상학(métaphysique de la présence)'에 대한 비판이면서 동시에 말과 글, 본질과 현상, 동일성과 차이의 관계를 생산하는 이항대립적 사고를 통해 구축된 '기원'에 대한 전면적 해체를 의미한다.

이러한 데리다의 비판적 문제의식의 중심에는 언어학을 언어과학으로 대체하고 싶었던 소쉬르의 일반 언어학이 있었다. 데리다에 따르면 소쉬르의 일반 언어학은 음성언어와 문자언어의 대립적인 관계 속에서 문자언어의 협소하고 파생적인 기능만을 인정하고 있다. 소쉬르는 문자언어에 대한 음성언어의 우위라는 서양철학의 전통을 무비판적으로 계승하고 있는데, 이는 문자언어가 음성언어를 대리 재현하는 관계로 보고 있다는 데서 비롯된다는 것이다.

> 소쉬르는 문자 언어에 대한 전통적인 정의를 다시 취하고 있는데, 그것은 플라톤과 아리스토텔레스에서 표음문자와 단어로 이루어진 언어 모델을 중심으로 편협화되고 있다. "언어와 문자언어는 분명하게 구분되는 두 개의 기호체계이다. 후자의 유일한 존재 이유는 전자를 대리 표기하는 데(representer) 있다."(소쉬르, 『일반언어학 강의』) 이러한 문자언어의 대리적인 규정은, 아마 그것이 본질적으로 기호라는 관념과 소통할 뿐만 아니라 단지 하나의 선택 또는 평가를 반영하는 것도 아니며, 소쉬르의 고유한 심리학적·형이상학적 전제에서 한 치도 벗어나지 않는다. …… 그 문자의 환경 속에서 에피스테메 일반(과학과 철학), 특히 언어학이 창시될 수 있었던 것이다(데리다, 『그라마톨로지』).

데리다는 말과 주체와의 동일성을 전제하는 소쉬르의 일반 기호학에서는 문자언어의 존재를 음성언어의 대리 재현으로 간주함으로써 기호가 지연되고 유보되는 운동적인 의미의 차원을 간과했다고 비판하는 것이다. 이는 감각적인 것과 지성적인 것 또는 기표와 기의, 형식과 내용이라는 이항대립적인 구도에 대한 비판이며 동시에 문자언어에서 보이는 대리 재현적인 속성의 지위에 대한 새로운 역전을 의미한다. 대신 데리다는 소쉬르의 기호학을 '그라마톨로지(문자학, grammatologie)'로 전환해야 한다고 주장한다.

그라마톨로지는 에크리튀르(écriture: 음성언어 속에서 존재하는 문자언어)를 다루는 학문으로 "에크리튀르(문자)가 무엇이며 에크리튀르 개념의 다의성과 다가치성이 어떻게 만들어지는가를 안다는 조건"에서만 가능할 수 있는 문자학이다. 이때 데리다는 존재와 존재자의 관계에서 '존재 망각의 역사'에 관한 하이데거(M. Heidegger)의 문제의식을 받아들임으로써 단순히 기호들의 차이에 관한 학문이 아니라, 차이 그 자체를 가능하게 만드는 조건에 관한 메타적인 성찰을 반영한다. 물론 데리다의 철학은 하이데거처럼 존재의 비은폐성(aletheia)이라는 존재론적 사고로의 귀환이 아니라, 차이 그 자체를 생산할 수 있는 '순수한 운동'에 관한 해체론적 사고로 향한다.

> 차연(différance)의 운동, 더는 환원될 수 없는 원종합(archisynthése)으로서, 유일하고 동일한 가능성에서 시간화, 상호 관계, 언어를 개방시키고자 하는 원-문자는 모든 언어 체계의 조건인 까닭에 언어 체계의 부분을 이룰 수 없으며, 그 영역 속에서는 하나의 대상으로 자리매김 될 수 없었다.…… 따라서 여기서 관건은 구성된 차이가 아니라 일체의 내용 규정에 앞서 차이를 생산하는 순수한 운동이 문제인 것이다. (순수한) 흔적은 차연이다. 흔적은 어떠한 청각적, 시각적, 음성적, 문자 표기적인 감각적

충만함에도 종속되지 않는다. 그것은 반대로 그것들의 조건 자체이다(데리다, 『그라마톨로지』).

데리다는 라틴어 'differre'에서 차용한 불어나 영어의 차이라는 개념이 공간적 차이만을 보여 주고 있다고 보기 때문에, 차연이라는 단어를 새롭게 조합한다. 차연은 시간의 지연과 공간적 차이를 동시에 반영하는 것으로 프랑스 단어 차이(différence)에서 각각 e와 a로 모음 철자만 다를 뿐 소리는 같다는 것이다. 이는 문자로서 존재하는 차이 또는 원-문자로서의 '흔적(trace)'에 관한 것이며 동시에 음성 언어들은 그 차이들이 현존적으로 즉시 환원될 수 없다는 것을 의미한다.

이러한 차연의 언어를 통해 데리다는 "텍스트 밖은 없다"라고 말한다. 텍스트의 사이에는 결정될 수 없는 기록된 흔적들에 따른 여백이 존재하고, 그러한 분절화의 작업들을 통해 의미는 언제나 연기될 수밖에 없기 때문이다. 즉, 의미의 비결정성은 텍스트와 텍스트 사이의 여백에 따른 차이의 운동들에 기인한다. 그렇다면 이제 언어는 데리다의 분석처럼 차연을 통해서 이해될 수 있는 텍스트들의 직조물에 불과할까? 다원주의 시대를 살아가는 우리에게 의미의 다양성과 더불어 다원적 가치에 대한 추구는 문화적으로나 사회적으로나 다양한 인간 삶의 양식으로부터 발생하는데, 이러한 차이들은 이제 자연스러운 삶의 조건처럼 이해되고 있다. 만약 이러한 차이가 텍스트만의 문제가 아니라고 생각된다면, 우리는 이제 비트겐슈타인의 문제의식을 만나볼 차례가 되었다.

사용으로서의 언어

20세기 초에 빈학파(vienna circle)를 중심으로 과학적이면서도 논리적인 분석의 방법을 철학에 적용하려는 일군의 수학자, 철학자, 과학자들의 모임이 '논리실증주의(logical positivism)'로 불리는 분석철학의 흐름을 형성한다. "모든 지식은 경험에서 나온다"라는 경험주의 논제가 이제 언어철학을 통해 의미의 '검증 이론(verification theory)'으로 재구성되는데, 이때 의미(sense) 있는 진술은 오직 참과 거짓으로 결정될 수 있는 명제(position)로 구성된다. 즉, 명제는 진리치(truth-value)를 갖는 문장으로 "세계에 관한 사실적인 정보"만을 기술하고 있는 문장이다. 그리고 이러한 언어관은 프레게(G. Frege), 러셀(B. Russell), 비트겐슈타인과 함께 전기 분석철학의 주요한 철학적 패러다임으로 기능한다.

특히 러셀의 제자이기도 했던 비트겐슈타인은 러셀이 주장한 '논리적 원자론(logical atomism)'을 받아들여, 세계가 원자적 사실들의 결합 또는 사물들이 아닌 "사실들의 총체"라고 주장한다. 이때 세계에 대한 사실들은 언어를 통해 객관적으로 기술될 수 있는데, 그 이유는 언어와 세계가 논리적 형식(logical form)을 공유하고 있다는 데서 비롯된다. 즉, 언어는 세계의 '사태(state of affairs)'를 반영하고 있는 논리적 그림이며, 비트겐슈타인은 이 분석을 그림 이론(picture theory)이라는 언어관으로 공식화한다.

『논리-철학 논고』(원제: Tractatus Logico-Philosophicus, 1921)를 통해 제시되고 있는 그림 이론은 언어와 세계의 관계를 '대응(correspondence)'의 관계로 가정하고 있다. 예를 들어, "흰 눈이 내린다"라는 문장은 세계의 사태를 기술하고 있는 문장이며, 실제로 흰 눈이 내리면 그 문장은 참이 되고 내리지 않으면 거짓으로 판명될 수 있다는 것이다. 이러한 그림 이론을 통해 비트겐슈타인은 그동안의 철학적 문제들이 무의미한 명제를 의미 있는 명제로 혼동한 문제였다고 말한다. 다시 말해 비트겐슈타인은 지난 철학의 문제가 처음부터 세계의 사실과 대응할 수 없는 무의미(nonsense)한 문장들로 이루어진 "언어의 논리에 대한 오해"에서 비롯되었다고 보고, 의미와 무의미의 관계를 밝히면 그 혼동이 해소된다고(dissolved) 보았다. 즉, "말할 수 없는 것에 대해서는 침묵해야 한다"는 『논고』의 마지막 서술은 그 혼동에 대한 해소를 통해, 철학의 역할이 이론이나 체계를 세우는 데 있는 것이 아니라 언어적 분석을 통한 치유적 활동에 있다고 본 것이다.

그러나 『철학적 탐구』(원제: Philosophische Untersuchungen. 1953)에서 비트겐슈타인은 언어의 본성이 세계를 반영하는 '논리'에 있는 것이 아니라, 구체적인 삶 속에서 사용되는 도구적인 관점, 즉 '사용'에 있다고 주장한다. 비트겐슈타인은 전기에서 자신이 가정했던 의미에 관한 객관주의적인 탐구의 방식이 '선험적 요청'의 산물임을 그 스스로 밝히고, 언어와 세계와의 맑은 수정체와 같은 관계에 대한 자신의 탐구가 '일반성에 관한 열망(craving for generality)'이었다고 분석하고 있기 때문이다. 그 결과 언어와 세계의 논리적 관계는 이제 그 언어를 사용하는 우리의 활동과 세계와의 관계 문제로 전환된다.

비트겐슈타인의 이러한 후기 언어관은 '언어게임(language game)' 이론으로 요약할 수 있다. 『철학적 탐구』에서 언어게임은 "언어와 그 언어가 뒤얽혀 있는 활동들의 전체"로 정의되고 있는데, 여기에는 비언어적 행동까지 모두 포함되는 포괄적인 언어들의 사용에 관한 문제를 다루고 있다. 그리고 이러한 입장은 논리적으로 완벽한 하나의 인공언어, 즉 이상언어에 대한 분석적 입장에서, 언어에는 고정된 본질이 없으며 "어떤 활동의 일부 또는 삶의 형식의 일부"라는 일상언어에 대한 분석으로 전환되었다는 것을 보여 준다.

핏처(G. Pitcher)의 분석에 따르면 언어게임 안에서는 명확한 정의로 인식되는 직시적 정의조차도 모든 경우에서 적절히 해석되고, 적절히 설명되고, 적절히 이해되어야 한다(핏처, 『비트겐슈타인의 철학』). 특히 후기의 시각에서 비트겐슈타인은 우리의 언어가 단일한 의미로 해석되지 않는 느슨한 관계의 '가족 유사성(family resemblance)'을 이루고 있다고 보기 때문이다. 그 관계 안에서 놀이라고 부를 수 있는 활동들을 통해 우리는 의미를 습득하고 이해하고 사용한다.

우리가 "놀이들"이라고 부르는 과정들을 한번 고찰해 보라. 나는 놀이판 위에서 하는 놀이들, 카드놀이들, 공놀이들, 운동경기들 따위를 뜻하고 있다. 무엇이 이 모든 것들에 공통적인가? …… 이러한 유사성을 "가족 유사성"이란 낱말에 의해서 말고는 더 잘 특징지을 수 없다. 왜냐하면, 몸집, 용모, 눈 색깔, 걸음걸이, 기질 등등 한 가족의 구성원들 사이에 존재하는 다양한 유사성은 그렇게 겹치고 교차하기 때문이다. 그리고 나는 '놀이들'은 하나의 가족을 이루고 있다고 말할 것이다(비트겐슈타인, 『철학적 탐구』).

"의미"란 낱말을 이용하는 경우의 많은 부류에 대해서-비록 그 모든 경우에 대해서는 아닐지라도-이 낱말은 이렇게 설명될 수 있다. 즉, 한 낱말의 의미는 언어에서 그것의 사용이다(비트겐슈타인, 『철학적 탐구』).

후기 비트겐슈타인에게 한 낱말의 의미는 다양한 언어게임들의 문법적 규칙을 익히고 그 사용의 시행착오를 통해 얻어지는 것이지만, 그 또한 해당하는 언어게임 안에서만 유용할 수 있는 결과물로 간주된다. 언어는 그 언어를 사용하고 있는 상황과 맥락, 환경에 따라 모두 변화할 수 있기 때문이다. 즉, "언어게임이 변하면 개념들이 변화하며, 또 개념들과 더불어 낱말들의 의미들도 변화"한다. 이제 언어는 논리적 분석의 대상이 아니라 우리 삶의 '도구'로서, 그 도구를 사용하는 인간의 산물로 이해되는 것이다. 이런 맥락에서 후기는 전기와 다른 치유적 활동을 보여 주는데, 그것은 언어에 대한 "형이상학적 사용으로부터 그것들의 일상적 사용으로 다시 돌려보내는 것"이었다. 따라서 후기의 관점에서 해명되는 언어는 우리의 삶 속에서 이해될 수 있는 언어의 본성에 대한 탐구를 통해, 우리가 어떻게 성공적인 대화의 길로 이를 수 있는가에 대한 의사소통적인 국면에 대한 이해와 그 실천적인 사용에 대한 실용주의적인(pragmatical) 탐구의 방향을 보여 준다고 할 수 있다.

토론 주제

1. 현대철학의 관점에서 언어(기호)는 어떠한 특성을 갖는가?
2. 언어는 우리의 생각을 모두 표현할 수 있는가?
3. 서로 다른 언어를 사용하더라도 서로를 이해하고 소통할 수 있는 근거는 어디에 있는가?

참고 문헌

김상환, 1996. 『해체론 시대의 철학』, 문학과지성사.
노양진, 2009. 『몸·언어·철학』, 서광사.
루트비히 비트겐슈타인, 2006. 이영철 옮김, 『철학적 탐구』, 책세상.
자크 데리다, 2010. 김성도 옮김, 『그라마톨로지』, 민음사.
페르디낭 드 소쉬르, 2006. 최승언 옮김, 『일반언어학 강의』, 민음사.

네 번째 주제: 문화, 예술, 언어, 종교

점을 통해서 미래를 예측할 수 있는가?

우리의 미래는 행복할까? 우리는 왜 미래를 기대하는가? 우리는 미래를 예측 가능한가? 이것은 동서고금을 막론하고 우리의 삶에 대한 불확실성을 바탕으로 파생되는 질문들이다. 지나온 과거는 우리의 삶에 지침을 제공할 수 있는 것이지만, 미래는 우리가 존재할 가능성으로서 미지의 세계이다. 그런데 우리는 과거의 경험을 바탕으로 현재를 살아가면서 미래에 대한 행복을 다짐한다. 미래는 우리에게 불행한 곳이 아니다. 하지만 우리에게 주어진 미래는 늘 불확실하게 존재하는 것일 뿐이다. 우리는 자주 현실적 존재라고 말하면서도 미래에 대한 앎의 욕구를 끊임없이 발산하고 있다. 우리는 미래에 대한 불확실함을 어떻게 해결할 수 있는가?

현대 과학문명은 과거에 누군가의 질문이나 생각으로부터 드러난 결과물이다. 이러한 질문과 생각은 고대로부터 출발한 것이다. 그렇다면 고대의 사람들은 어떤 질문을 던지고 생각했을까? 당시에도 먼 미래에 대한 염원을 이야기하기도 했겠지만, 당장 내일이 궁금했을 것이다. 그래서 세상을 다스리는 권력자들은 미래를 예측할 수 있는 점술을 사용하여 자신의 논리를 합리화시켰을 것이다. 실제로 지금도 우리 주변에 점술과 관련된 많은 관습이 존재한다. 그리고 많은 현대인은 자신의 삶에 대한 미래를 알기 위해서 점술가를 찾아간다. 이렇게 본다면 우리 주위에 있는 점술은 미신의 의미를 가질 뿐만 아니라, 우리의 삶 속에 살아 숨 쉬고 있는 문화적 소산일 것이다.

왜 사람들은 점을 치는 것일까? 물론 요즘 사람들은 옛날처럼 점을 절대적으로 신봉하는 것은 아니지만, 알 수 없는 무엇인가에 대해 의심한다. 대부분 점을 보려는 사람들은 우환(憂患)을 가지고 있는 경우가 많다. 그리고 그들은 현실적 고통인 우환을 벗어나고자 점을 친다. 별다른 우환이 없는 사람이 심심풀이로 점을 보았는데, 점쟁이가 좋지 않은 말을 하면 지금까지 없었던 우환이 갑자기 생기기도 한다. 여기에서 우리는 인간이 불완전한 존재라는 것을 충분히 알 수 있다. 과학문명이 아무리 발전하더라도 해결할 수 없는 인간의 문제가 존재한다는 것이다. 점치는 사람이 점을 부정적으로 이용할 수도 있겠지만, 그렇지 않다면 점치는 행위는 점사(占辭)를 가지고서 어떤 대상이나 사태의 문제점에 대해 심리를 상담하는 역할을 충분히 담당할 수 있을 것이다. 즉 점은 인간의 고민을 치유할 수 있는 긍정적인 힘을 내포하고 있다.

동양의 『주역』

고대 중국에는 인간의 고민을 해결하는 방법 가운데 하나인 거북점이 존재한다. 거북점은 점치는 사람이 상제(上帝)를 향해 기도한 뒤에 거북이의 배 껍질을 불에 구워 쪼개지는 현상을 관찰하고 해석함으로써 길흉을 점치는 것이다. 점(占)이라는 한자어는 복(卜)자와 구(口)자의 결합으로 이루어진 글자이다. 복(卜)자는 바로 거북이의 배 껍질을 불에 구웠을 때 쪼개는 형상을 가지고 만들어진 글자이고, 구(口)자는 점치는 사람이 입으로 묻고 말하는 것을 의미한다. 고대의 권력자들은 거북점을 가장 신성한 것으로 여겼으며, 그것을 통하여 자신의 지배를 합리화하는 데 사용하기도 하였다. 왜냐하면, 권력자는 거북점을 인위적 방식으로 이용할 수 있었을 뿐만 아니라, 자의적인 해석이 가능했기 때문이다. 그렇다면 이러한 거북점은 언제 사용하였을까? 거북점은 주로 전쟁이나 부족 간의 동맹(결혼), 기후제와 같은 큰일에 사용되었을 뿐 사적인 용도로 쓰이지 않았다. 그러므로 거북점은 미래를 예측하는 고대의 방법일 뿐만 아니라 법과 같은 위대한 것이다.

 이러한 거북점은 거북이의 수효가 줄면서 남생이나 소, 돼지 등의 어깨뼈를 이용하여 점을 치는 것으로 바뀐다. 이것은 바로 수렵이나 유목의 생활상을 드러내 주는 점법이다. 그런데 인간은 정착 생활을 하면서 새로운 점법을 만들었다. 그것이 바로 시초점(蓍草占) 혹 서점(筮占)이다. 시초는 삼과에 속하는 신성한 풀로서 하늘로 쭉쭉 뻗으며, 한 뿌리에 매우 많은 줄기가 나오는 것이 특징이다. 시초점의 등장은 점의 대중화를 통하여 고대의 권력을 분산시키는 역할을 하였다. 시초점은 『주역』이라는 책을 통해서 점치는 것이다. 그런데 여기서 또 중요한 것은 누구나 점을 칠 수는 있지만, 『주역』에 등장하는 점사를 해석하는 것이 쉽지 않다는 것이다.

그렇다면 『주역』¹이란 무슨 책인가? 『주역』은 중국 고대 주(周)나라를 배경으로 형성된 역(易)이다. 주나라의 역사와 제도는 유가철학의 기반이 될 뿐만 아니라 동아시아의 사유세계를 형성하였다. 『주역』이라는 책은 누가 만들었는지에 대한 설이 다양하지만, 단순히 점을 치는 도구를 벗어나서 당시 지식인의 세계관이 담긴 철학서이다. 그런데 여기서 간과할 수 없는 것은 『주역』이 본래 점치는 책이라는 것이다. 그래서 『주역』은 진시황제의 분서갱유(焚書坑儒)의 화를 피할 수 있었던 것이다. 만약 『주역』이 당시에서 유가경전의 중요한 텍스트 가운데 하나였다면 그 화를 피하지 못했을 것이다. 그러므로 우리는 『주역』이 한대 이후에 유교를 국교화하면서 성인의 경전으로 추앙되었다고 볼 수 있다. 그렇다면 『주역』의 원리는 어떻게 만들어졌을까?

고대사회에 사람들이 자신들의 삶 속에 늘 보았던 것은 높고 푸른 하늘과 자신이 밟고 서 있는 넓고 누런 땅이었을 것이다. 그다음에는 땅으로 우뚝 솟아있는 큰 산을 보았을 것이고, 고개를 들어 하늘에서 떠다니

---

1 역(易)이라는 단어의 의미를 통해서 그 원리를 살펴보자. 첫째, 『역』은 변역(變易)이다. 즉 변해서 바뀐다는 말이다. 변역은 어느 시점에서 시작하여 어느 시점에서 끝나는 것이 아니라 두 시점 사이를 끊임없이 반복적으로 왕래하는 것이다. 세상에는 어느 것도 움직이지 않는 것이 없다. 어떤 대상이 움직이지 않는다고 생각하는 것은 그 대상의 움직임이 너무 느려서 인지할 수 없기 때문이다. 둘째, 역(易)은 이간(易簡)이다 즉 쉽고 간간하는 말이다. 역은 세상의 복잡한 현상을 음(--)과 양(-)이라는 두 가지 부호로 설명한 추상화된 모델이다. 그러므로 이간은 복잡한 우주 만물의 법칙을 단순하고 쉽게 설명한다는 의미인데, 예를 들면 '콩을 심은 데 콩 나고, 팥 심은 데 팥 난다'라는 논리와 같다. 셋째, 역은 불역(不易)이다. 즉 바뀌거나 변화하지 않는다는 것이다. 세상의 모든 만물은 변하기 마련이지만 변한다는 법칙 자체는 변하지 않는다. 물은 늘 흘러가지만 낮은 곳을 향해 흘러가는 법칙 자체는 변하지 않는다. 즉 질서와 법칙은 변하지 않는다. 이 세 가지를 종합하면, 『역』은 복잡한 세계의 변화를 간단하고 쉬운 논리로 법칙화한 것이다.

는 구름을 보다가 구름 사이에서 우레가 치고 비가 내리는 것을 보았을 것이다. 이 빗물이 도랑을 지나서 연못을 이루어 강과 먼바다로 흘러가는 것을 보았을 것이다. 그리고 이때 바람이 심하게 불면서 나뭇가지들이 마찰을 일으켜 산에서 불이 일어나는 것을 보았을 것이다. 이와 같이 『주역』의 원리에 의하면 사람들은 하늘, 땅, 산, 우레, 물, 연못, 바람, 불을 만나면서 세상을 이해하기 시작했다. 처음에 이 8가지는 모두 사람들에게 두려운 존재였지만, 사람들은 시간이 지나면서 천지만물과 하나로 조화를 이루기 시작했다. 성인은 이 8가지 자연적 요소를 가지고 세상을 설명하는 책을 만들었는데, 이것이 바로 동양고전인 『주역』이다. 『주역』은 미래를 점치고 항상 인간 자신에게 던져져 있는 우환(憂患)을 해결하기 위해 존재했던 책이다. 사회가 발전하고 새로운 이론들이 등장하면서 『주역』은 더욱 복잡한 이론과 결합하여 새롭게 점치는 방식으로 응용된다.

『주역』의 변용 가운데 현대사회에서 우리가 가장 흔히 볼 수 있는 점술의 하나가 바로 사주(四柱)이다. 여기서 사주라는 것은 사람의 탄생을 집의 기둥으로 비유한 것이다. 집이 보통 네 기중으로 이루어진 것처럼 사람도 생년(生年), 생월(生月), 생일(生日), 생시(生時)가 존재한다. 이 네 기둥에는 각각 간지(干支) 두 글자씩 배치되어 모두 여덟 글자로 구성되어 있기 때문에 붙여서 사주팔자, 사주명리학, 사주추명학이라고 한다. 즉 사주팔자는 한 개인의 타고난 운명을 알아내어 길흉화복을 점치는 것이다. 즉 사람은 누구나 자신의 운을 타고나는데 이 사주 속에 자신의 일생이 담겨있다고 믿는다. 그래서 사람들은 자신의 일이 잘 풀리지 않으면 '팔자가 사납다'라는 말을 자주 한다. 이러한 것은 서양의 점성술에서도 나타난다.

서양의 점성술

고대의 점술로 동양에 『주역』이 있다면 서양에는 점성술이 있다. 점성술은 고대에 계절과 기상 현상의 연관 관계 속에서 등장하는 점법인데, 계절에 따라 인간에게 찾아오는 가뭄이나 홍수 등의 재앙을 하늘에 있는 해와 달과 별들의 운행이나 별의 밝기, 모양, 자리 등을 관찰하여 해결하는 방법이다. 즉 점성술은 하늘의 현상을 통해서 땅 위에서 발생하는 여러 가지 문제들을 예측하는 것이다. 물론 동양에도 독자적인 점성술이 존재하며, 적도 12차로 나누어 목성의 위치에 따라 길흉을 점쳤다. 서양 점성술의 발달은 고대 바빌로니아의 신관들에 의해서 이루어졌다. 신관들은 하늘의 현상에 우주의 법칙과 질서를 지배하는 어떤 힘이 존재한다고 보았다. 이러한 법칙을 알고 있는 신관들은 권력자들의 비호를 받으며 그 사회에서 많은 영향력을 발휘하였다. 신관들은 수성, 금성, 화성, 목성, 토성을 신으로 간주하고 거기에 태양과 달을 포함했다. 그리고 그들은 7개 행성의 위치에 따라 천재지변이나 왕권교체 등과 관련된 예언을 하였다. 이 당시 점성술은 권력자의 힘을 보존하거나 키우는 역할을 하는 것이지, 결코 개인들의 운명을 점치기 위한 것이 아니었다.

고대의 점성술의 발달에 중요한 역할을 한 것은 황도12궁의 등장이다. 동양의 사주는 12간지로 동물의 띠를 가지고 점을 치는데, 서양의 점성술은 황도12궁의 별자리를 가지고 점을 쳤다. 황도12궁은 태양의 궤도를 중심으로 원을 12등분한 12성좌의 이름이다. 이것은 1개월마다 태양의 위치를 나타낸 것이다. 그리고 7개의 신은 이 황도12궁을 중심으로 운행하기 때문에 당시 사람들은 행성이 머물고 있는 궁에 따라서 다양한 예언을 할 수 있게 되었다. 황도 12궁과 7개의 행성의 접목은 점성술을 비롯한 천문학의 발전에 기여하였다. 고대에는 점성술과 천문학이 하나의 체계로 결합한 상태였는데, 이것은 하늘에 대한 신앙과 천문학적 지식이 분리되지 않았다는 것을 의미한다. 이러한 점성술은 본래 제국이나 제왕의 운명을 점치는 것인데, BC 3세기경 그리스에 전해지면서 일반인들에게 널리 퍼졌다. 더 나아가 이러한 새로운 만남은 점성술과 천문학이 천천히 서로 헤어지는 발판이 되었다. 그리고 점성술은 시간이 지나면서 점점 금기의 술수로 전락하게 된다. 그 이유는 여러 가지가 있겠지만 중요한 것은 기독교의 흥기이다. 기독교는 유일신을 믿기 때문에 자신들이 믿는 다른 신의 존재를 부정한다. 즉 7개 별의 신이 하늘에 존재한다는 것은 긍정할 수 없는 것이다. 그러면서 점성술은 르네상스 시대 이전에 서양의 역사에서 사라졌는데 다시 이슬람 문화권에서 융성하게 된다.

그런데 점성술은 지동설을 주장하는 코페르니쿠스라는 인물의 등장으로 이론체계가 무너진다. 즉 점성술은 지구를 중심으로 여러 행성이 움직인다는 사유방식 속에서 등장한 것인데, 과학의 발전에 따라 위기에 봉착하게 된다. 즉 고대의 점성술을 타파하기 시작하면서 서양의 근세 과학적 천문학이 등장하게 된다. 태양계를 중심으로 지구가 움직인다는 지동설이 알려지면서 과학적 천문학은 더욱 발전하였다. 이러한 우주관의 변화는 점성술을 미신으로 추락시켰다. 하지만 점성술은 17세기까지도 행해졌으며, 지금도 사람들은 점성술을 통해서 자신의 현재 삶이나 불확실한 미래의 삶을 확인하고자 한다.

서양의 점성술의 영향으로 등장한 것이 현대인들이 자주 접하는 타로(tarot)카드 점이다. 타로카드는 처음에 어떠한 용도로 만들어졌는지 모르지만 모두 78장으로 이루어져 있고, 그 가운데 메이저 카드 22장과 마이너 카드 55장으로 나누어진다. 타로 카드는 종류도 다양하고 역사와 유래도 깊으며 사용된 용도도 무궁무진하다. 이러한 타로가 대중적인 인기를 끌었던 것은 타로 카드 속에 그려져 있는 그림들이 인간의 삶에 대한 애환을 잘 반영하고 있기 때문이다. 즉 타로 카드 속의 그림은 우주의 모든 물상의 삶, 죽음, 탄생, 희망 등 인간의 전체적인 모습을 상징적으로 표현하고 있다. 이것은 『주역』에서 64괘의 상징을 통해서 인간의 삶을 설명하는 방식과 유사하다. 그래서 요즘 타로 카드는 더욱 다양한 방식으로 변용되는데, 『주역』과 타로를 결합하여 새로운 점술을 발전시키는 경우도 있다.

위에서 살펴본 동양의 『주역』과 사주, 서양의 점성술과 타로카드는 모든 인간이 가지고 있는 불확실한 상황을 설명하는 것들이다. 이런 점술들이 단순한 미신이라면 어떻게 아직까지도 우리의 곁에 머물고 있는 것인가? 즉 이것들은 과학이 아무리 발전하여 미신으로 여기는 경우가 있을지라도, 동서고금을 막론하고 인간의 삶에 영향을 미치고 있다.

점과 과학

그렇다면 우리는 점을 어떻게 인식해야 하는가? 우리는 문명이 발전하면서 점을 미신으로 치부하는데도 우리의 주위에 존재하는 이유가 무엇일까? 이것은 점이 우리 사회에서 어느 정도 역할을 하고 있다는 의미로 볼 수도 있다. 그렇다면 이러한 점들은 미래를 예측할 수 있는 것인가? 아니면 예측 불가능한 것인가? 가능하면 어떻게 가능한가? 점의 본래 목적은 미래를 예측하는 것인데 이것은 과학의 목표이기도 하다.

예를 들어 내일 비가 올 것인가 오지 않을 것인가를 판단할 때 점과 과학은 어떻게 다른가? 점은 해와 달, 바람과 구름 등의 상징이나 조짐과 같은 현상을 통해서 비 내림의 여부를 판단할 것이다. 이러한 현상을 해독하기 위해서는 직관과 통찰이 필수적이다. 정확한 직관과 통찰은 많은 경험과 훈련이 필요하기 때문에 어느 정도 통계학적인 성향을 가진다. 과학은 기압과 기온과 바람과 구름 등의 요소를 수학적으로 기호화시켜 측정하고 데이터를 논리적으로 분석하여 비 내림을 예측한다. 요즘은 과학의 발달로 인하여 기상레이더, 기상위성, 컴퓨터 등 첨단장비를 사용하여 예측한다.

점과 과학의 공통된 목적은 미래에 대한 예측이지만, 예측하는 방법론에서 서로 다르다. 점은 이러한 방법론의 차이 때문에 현대사회에서 미신이나 사이비로 여겨져 비과학적이라는 딱지를 가지고 있다. 그런데 이것은 과학이 절대적 진리라고 생각하는 입장에서 논의될 수 있는 문제일 따름이다. 점이나 과학이 예측한 결과는 어떠한가? 점은 예측결과를 '비가 올 것이다'와 '비가 오지 않을 것이다'라고 말한다. 하지만 과학은 '비가 올 확률이 50%이다'와 '비가 100mm 이상 온다'와 같은 수학적인 표현을 사용한다. 점치는 사람이 내일 비가 온다고 했을 때, 그 결과는 맞을 수도 있고 틀릴 수도 있다. 그런데 일기예보에서 비가 올 확률이 50%다고 한다면 오지 않을 확률도 50%이다. 비가 100mm 이상 온다는 것은 1000mm가 올 수도 있다는 것이다. 과학은 일기예보를 수학적으로 수치화하여 정확하게 판단하는 것처럼 보이지만, 일기예보에 대한 과학적 한계를 드러내고 있는 것이다. 그런데 일반 사람들은 과학을 절대적 진리로 여기고, 점을 미신으로 여긴다. 물론 과학적 방법론으로 일기를 판단하는 것이 점보다 낫다는 것은 누구도 부인할 수 없는 사실이다. 하지만 과학이 어떠한 진리를 확립했더라도 그 진리가 깨지고 나면 새로운 과학이 탄생하게 된다. 즉 과학은 항상 변하고 최종적인 진리는 존재하지 않는다.

점술은 그 자체로 우리의 삶의 문제를 해결할 수 있는 대안이 될 수는 없지만, 과학이 넘을 수 없는 한계를 해결할 수 있을지도 모른다. 그렇다면 우리는 점을 통해서 미래를 예측할 수 있는가? 미래를 예측할 수 없다면 요즘 사람들이 점을 치는 이유는 무엇일까?

토론 주제

1. 사람은 일반적으로 현대과학이 발전함에 따라 점술을 미신적인 것으로 치부한다. 그런데 우리의 주위에 사주점이나 타로점이 존재하는 이유는 무엇인가?
2. 점술은 인간의 미래를 예측할 수 있는가? 예측 가능하면 어디까지 예측 가능한가?
3. 점의 예측 가능성에 대한 것은 신념과 진리의 문제이다. 즉 종교와 과학의 차이는 무엇인가? 종교가 비논리적이라면 과학은 절대적인 진리인가?

참고 문헌

이기동 역해, 2008. 『주역강설』, 서울:성균관대학교출판부.
이현덕, 2002. 『하늘의 별자리 사람의 운명』, 서울:동학사.
김홍철, 1995. 「韓國 占卜信仰에 關한 硏究」, 『한국종교사연구』 3집, 한국종교 사연구회.

찾아보기

ㄱ

가다머(H.-G. Gadamer) ········· 076
가족 유사성(family resemblance) ··· 246
가족주의 ···················· 142
간지(干支) ·················· 253
갈릴레오(G. Galilei) ············ 018
갈애(taṇhā, 渴愛) ········· 055, 199
감각기관의 작용 ············· 056
감각적 경험 ················ 019
감각정보 ·················· 043
개념 ······················ 120
개념적 통합의 불가능성(conceptual incommensurability) ········ 113
개인(個人) ·················· 123
개인의 종말 ················ 129
개인주의 ·················· 123
객관성 ···················· 053
객관성의 지반 ·············· 053
객관적 세계 ················ 043
객관적 진리치 ·············· 047
객관주의 ·················· 046
거북점 ···················· 250
검증 이론(verification theory) ··· 244
경량부(sautrāntika) ············ 052
경쟁(競爭) ·················· 123
경험 내용 ·················· 056
경험 대상 ·················· 056
경험론 ···················· 020
경험적 자아 ················ 204
고전 철학의 이원론 ·········· 031
공감 능력 ·················· 157
공공성의 지반 ·············· 056
공리의 원칙(principle of utility) ··· 109
공산주의 ·················· 071
공시태(synchronique) ·········· 238
공정으로서의 정의 ··········· 110
공정(fairness) ················ 110
공통 지반 ·················· 055
과욕론(寡欲論) ··············· 171

과학 ·· 257
과학문명 ·· 249
관계적 존재 ···································· 139
괴테(J. W. v. Goethe) ···················· 180
교화 ·· 173
구조주의(structuralism) ················· 235
국가주의 ·· 145
귀납법 ·· 019
균제미 ·· 227
균형미 ·· 227
그들(세인, Man) ···························· 085
그라마톨로지(문자학, grammatologie)
   ·· 242
그리스·로마 신화 ·························· 050
그림 ·· 044
그림 이론(picture theory) ······ 044, 244
그 부분들(avayava) ······················· 205
근본적인 번뇌 ································ 199
근원 ·· 168
기술적(記述的) ······························· 051
기의(signified, 시니피에 signifié) ···· 238
기정진 ·· 188
기표(signifier, 시니피앙 signifiant) ···· 238
기호학(semiology) ························ 237
기호(sign) ······································ 235
길흉 ·· 254

ㄴ

나무 열매를 열심히 먹고 있는 새 ···· 204
나와 남 ·· 205
노동(勞動) ······································ 061

노동의 소외 ···································· 068
노양진 ·· 054
논리실증주의(logical positivism) ···· 244
논리적 원자론(logical atomism) ····· 244
논리적 형식(logical form) ············· 244
논리·철학 논고 ······························ 044
느낌(受) ·· 055
니체(F. W. Nietzsche) ···················· 179

ㄷ

다문화주의(multiculturalism) ········ 216
다우리제도 ···································· 218
단수설(湍水說) ······························· 176
달콤한 마시멜로 ···························· 197
대응 ·· 052
대응 관계 ······································ 043
대중문화 ·· 211
더미트(M. Dummett) ···················· 046
덕성 ·· 170
덕(virtue) ······································· 108
데리다(J. Derrida) ························· 237
데미우르고스(demiourgos) ··········· 092
데카르트(R. Descartes) ····· 018-019, 033
도덕 세계 ······································ 138
도덕적 동물 ···································· 164
독점자본 ·· 125
동일성 ·· 043
동적 쾌락 ······································ 201
듀이(J. Dewey) ······························ 031
딜타이(W. Dilthey) ························ 084

ㄹ

라일(G. Ryle)	205
라파엘 울프(R. Woolf)	201
랑그(langue)	237
로고스(logos)	240
로크(J. Locke)	020
로티(R. Rorty)	236
롤스(J. Rawls)	108
루터(M. Luther)	079
리오타르(J. F. Lyotard)	078, 235

ㅁ

마르크스(K. Marx)	099
『마시멜로 이야기』	197
마음(心)	170
마음속의 몸	038
마음화된 신체	036
만다라	192
매슬로우(A. H. Maslow)	196
매킨타이어(A. MacIntyre)	108
맹자	156
메를로 퐁티(M. Merleau-Ponty)	029
메리 더글러스(M. Douglas)	045
명예살인	218
모건(L. H. Morgan)	214
모나드(monade)	128
모방(mimesis)	225
모사(模寫)	056
모형	044
목적(telos)	116

몸과 마음의 이분법	039
몸속의 마음	038
무아(無我: anātman)	203
무지의 베일(veil of ignorance)	111
무한한 실체	034
『문다까(Muṇdaka)-우파니샤드』	204
문맥(context)	050
문명(civilization)	210
문화 산업	212
문화상대주의	218
문화적 정체성	221
문화적 차이	216
문화 진화론	214
문화(culture)	209
물리적인 경험	055
물체(substantia finita sive corpus)	034
미래	249
『밀린다왕문경』	205
밀(J. S. Mill)	109

ㅂ

바른 앎	203
바벨	053
바벨탑	053
반성	177
반실재론자	047
반실재론(antirealism)	046
발전과정(Entwicklungsprozess)	096
『방법서설』	018
방법적 회의	019
백지설(白紙說)	175

변역(變易) · 252
범주의 오류(categorical mistake) · · · · 205
베이컨(F. Bacon) · · · · · · · · · · · · · · · 018, 079
벤담(J. Bentham) · 109
변환(transduction) · · · · · · · · · · · · · · · · · · · 049
보존(保存) · 172
복(福) · 050
본래성(Eigentlichkeit) · · · · · · · · · · · · · · · · 085
본성 · 167
본유관념 · 025
본질 현상 이분법 · 035
부동심(不動心) · 172
부르주아계급(bourgeoisie) · · · · · · · · · · · 122
부조리 · 191
부호(符號) · 049
부호화(coding) · 049
분석적 관찰 · 204
불교 · 198
불역(不易) · 252
불인인지정(不忍人之政) · · · · · · · · · · · · · 172
불혹(不惑) · 172
불확실성 · 249
붓다(Buddha) · 056
비과학적 · 257
비트겐슈타인(L. Wittgenstein) · · · 044, 237
비판의 비판 · 040

人

사단(四端) · 171
사띠나 · 217
사르트르(J. P. Sartre) · · · · · · · · · · · · · · · 190
사주(四柱) · 253
사태(state of affairs) · · · · · · · · · · · · · · · · · 244
사회(社會) · 119
사회계약론 · 122
사회적 합의 · 054
사회진화론 · 123
살아진 경험(lived experience) · · · · · · · · 039
살아진 세계(lived world) · · · · · · · · · · · · 039
상기(anamnesis, 想起) · · · · · · · · · 016, 102
상기설(想起說) · 184
상대주의 · 053
상이(相異) · 051
상징 · 256
상호의존 · 204
상호작용(interaction) · · · · · · · · · · · · · · · 054
상호적인 작용 · 056
『새 오르가논』 · 018
색(色) · 056
샌델(M. Sandel) · 107
생리적욕구(physiological needs) · · · · · 196
생명의 책 · 098
서점(筮占) · 251
선(善) · 168
선악(善惡) · 173, 176
선천적 · 154
선택적 강조(selective emphasis) · · · · · 054
선택적주의(選擇的注意) · · · · · · · · · · · · · 049
설일체유부(sarvāstivādin) · · · · · · · · · · · 048
성경 · 053
성냄(dosa) · 199
성무선무악설(性無善無惡說) · · · · · · · · 175
성선설(性善說) · 169

성악설(性惡說)	172	아리스토텔레스(Aristoteles)	013, 076
세계	044	아우구스티누스(Augustinus)	098, 186
세계자체	047	아우슈비츠(Auschwitz)	101
세르반테스(M. de Cervantes Saavedra)	077	아인슈타인(A. Einstein)	024
		아타락시아(ataraxia)	198
세움(Ge-stell)	085	아토몬(atomon)	126
소쉬르(F. de Saussure)	237	아트만(ātman)	203
소외	068	악(惡)	168
소유	064	안전욕구(safety needs)	196
소크라테스(Sokrates)	015, 088, 181	안정성	055
소포클레스(Sophocles)	185	애정(사회적)욕구(belongingness and love needs)	196
수다(gerede)	085		
수양	174, 177	양심(良心)	153, 170
수용(reception)	049	어리석음(moha)	199
수학적	257	억설	183
순자	162	언어게임(language game)	245
시각(眼)	055	언어적 전환(language turn)	236
시초점(蓍草占)	251	언어철학	045
신체화된 마음	036	언어(language)	044, 235
실용주의적인(pragmatical) 탐구	247	에키드나(Echidna)	050
실재론자	046	에피쿠로스(Epikouros)	104, 186, 198
실재론(realism)	046	여성할례	218
실존	204	역(易)	252
실존주의	191	『역사』	213
실천적 지혜	201	연고적 자아(encumbered self)	112
심리	250	연역적인 방법	026
		예(禮)	174
ㅇ		예술의 세속화	231
		예술의 자율성	231
아도르노(Th. W. Adorno)	078	예의(禮義)	173
아르케	014	예측	249
아름다움	202	예치(禮治)	175

예치 시스템 ········· 140	의미 이론 ········· 048
오류가능성 ········· 041	의사소통 ········· 048
와이셰시카(Vaiśeṣika) ········· 051	의식의 지향성 ········· 036
욕구 ········· 066	의욕(chanda) ········· 199
욕구 계층화의 예외성 ········· 196	이간(易簡) ········· 252
욕구단계설 ········· 196	이데아 ········· 015, 184
욕구이론 ········· 197	이로움(利) ········· 176
욕망(kāma) ········· 068, 167, 195, 198	이성과 감정의 이분법 ········· 039
욕망 그 자체 ········· 198	이성 능력 ········· 019
욕망의 대상 ········· 198	이익 ········· 173
욕심 ········· 170	인간과 자연 사이의 물질대사 ········· 068
용(龍) ········· 050	인간 본성 ········· 156
용기 ········· 172	인간학 ········· 167
우상(idol) ········· 019	인권 ········· 220
우시아 ········· 016	인민(人民) ········· 129, 130
우파니샤드(Upaniśad) ········· 203	인식 ········· 043
우환(憂患) ········· 250	인식론 논쟁 ········· 046
운동적 지향성 ········· 036	인식의 발생(觸) ········· 055, 056
원초적 입장(original position) ········· 110	인식 주관 ········· 052
월명사(月明師) ········· 180	인위적 ········· 175
윌리엄 블레이크(W. Blake) ········· 093	인의도덕(仁義道德) ········· 172
유교 문화 ········· 136	인의예지 ········· 177
유교 문화권 ········· 135	인정(仁政) ········· 172
유교적 근대화 ········· 136	인정투쟁 ········· 066
유기체-환경 상호작용 ········· 038	인지과학(cognitive science ········· 054
유대교 ········· 045	일반성에 관한 열망(craving for generality)
유사성 ········· 043	········· 245
유아론(solipsism) ········· 053	일반화된 비판 ········· 040
유한한 실체 ········· 034	
음성중심주의(phonocentrisme) ········· 240	
음식금기(food taboo) ········· 045	
의무론적 자유주의 ········· 108	

ㅈ

자기만족 · 203
자기보존 · 072
자기실현 · 072
자문화중심주의 · 215
자본주의 · 068
자아실현욕구(self-actualization needs) · 196
자연적이기는 하지만 필연적이지는 않은 욕망 · 200
자연적이지도 않고 필연적이지도 않으며 다만 헛된 생각에 의해 생겨나는 욕망 · 200
자연적인 동시에 필연적인 욕망 · 200
자유주의 대 공동체주의 · 108
자의성(arbitrariness) · 239
자족(autarkeia) · 203
장애 · 201
전체(avayavin) · 205
절대적 동시성(Gleichzeitigkeit) · 104
절제 · 195
점(占) · 251
점법 · 251
점사(占辭) · 250
점성술 · 253
점술 · 250
접촉 · 048
정서주의(emotivism) · 113
정신적-신체적 작용 · 204
정신(substantia finita cogitans sive mens) · 034
정언 명령 · 155
정의감(sense of justice) · 111
정의(justice) · 107
정적인 쾌락 · 201
정적 쾌락 · 201
정치적 동물 · 062
제2의 탄생 · 210
제망매가(祭亡妹歌) · 180
제의가치 · 231
조나단 · 197
존경욕구(esteem needs) · 196
존슨(M. Johnson) · 037
존양(存養) · 172
종(種) · 055
『주역』 · 251
주인과 노예의 변증법 · 065
주체 · 054
『중요한 가르침』 · 200
증자(曾子) · 179
지각(知覺) · 048
지동설 · 018, 255
지칭(reference) · 047, 052
지칭체(reference) · 052
진리(a-letheia) · 102
진화론 · 164
질료 · 016
집기(集起) · 055
집합개념 · 205

ㅊ

차도르 · 217

차연(différance) ······· 242
찰리 ······· 197
참된 나 ······· 203
창세기 ······· 053
천문학 ······· 254
철학적 서사(narrative) ······· 192
체험주의 ······· 054
충효 ······· 145

ㅋ

칵테일 파티 효과 ······· 049
칸트(I. Kant) ······· 155
코페르니쿠스(N. Copernicus) ······· 018
콘스탄티누스 대제(Constantinus I) ······· 017
쾌락 ······· 201
클린트 이스트우드(C. Eastwood) ······· 189
키에르케고르(S. A. Kierkegaard) ······· 190
키케로(M. T. Cicero) ······· 210

ㅌ

타로(tarot) ······· 255
탁월함 ······· 202
탈레스(Thales) ······· 015
탐욕(rāga) ······· 199
토마스 아퀴나스(Th. Aquinas) ······· 187
통계학 ······· 257
통시태(daichronique) ······· 238
트롤리 딜레마(trolley dilemma) ······· 109

ㅍ

파롤(parole) ······· 237
파르마콘(parmacon) ······· 240
평균적 그들 ······· 086
평정상태 ······· 201
표상주의(representationalism) ······· 236
프란시스 후쿠야마(F. Fukuyama) ······· 100
프로네시스(phronesis) ······· 116
프로메테우스의 운명 ······· 083
플라톤(Platon) ······· 015, 033, 092
피타고라스(Pythagoras) ······· 015

ㅎ

하느님 ······· 053
하이데거(M. Heidegger) ······· 078
한계 용량설 ······· 050
합리론 ······· 020
합리론자 ······· 024
합목적성 ······· 070
해탈(解脫) ······· 198
헤겔(G. W. F. Hegel) ······· 096
헤라클레이토스 ······· 015
헤로도토스(Herodotos) ······· 097, 213
헤르더(J. G. Herder) ······· 210
현상의 발생 ······· 056
현상학 ······· 035
현전의 형이상학(métaphysique de la présence) ······· 240
현전(présence) ······· 240
형상 ······· 016

형이상학적 인간관 ·············· **033**
형이상학적 자아관념 ··········· **203**
호기심(neugier) ················ **085**
호연지기(浩然之氣) ············ **172**
혼 ······························ **182**
혼란(混亂) ······················ **053**
확충(擴充) ······················ **172**
환경 ····························· **170**
회의적 방법 ····················· **020**
효의 윤리 ······················· **146**
후기 구조주의(post-structuralism) 계열
 ································ **235**
후기 언어철학 ··················· **045**
후기자본주의(Spätkapitalismus, late capitalism) ··············· **124**
후천적 ··························· **160**
히포크라테스(Hippokrates) ······ **081**

철학과 삶
토론하는 철학수업

1판 1쇄 발행 2020년 12월 18일
1판 2쇄 발행 2022년 6월 27일

지 은 이 | 김기성·김현·김현구·김혜영·류근성·이경배·이향준·정미라·조우진
펴 낸 이 | 김진수
펴 낸 곳 | 한국문화사
등   록 | 제1994-9호
주   소 | 서울특별시 성동구 아차산로49, 서울숲코오롱디지털타워3차 404호
전   화 | 02-464-7708
팩   스 | 02-499-0846
이 메 일 | hkm7708@daum.net
홈페이지 | http://hph.co.kr

ISBN   978-89-6817-944-0 03100

· 잘못된 책은 구매처에서 바꾸어 드립니다.
· 이 책의 내용은 저작권법에 따라 보호받고 있습니다.
· 책값은 뒤표지에 있습니다.

· 이 도서의 국립중앙도서관 출판예정도서목록(CIP)은 서지정보유통지원시스템 홈페이지
  (http://seoji.nl.go.kr)와 국가자료공동목록시스템(http://www.nl.go.kr/kolisnet)에서
  이용하실 수 있습니다(CIP제어번호: CIP2020052173).